鈴木一男
Kazuo Suzuki

湘南の考古学

六一書房

序文

相模湾に直面する大磯は、気候温順にして風光明媚な地域、そして〝湘南〟発祥の地でもある。その大磯町で生育、立正大学で考古学を修学の後、故郷の官衙に職を奉じること三八年の鈴木一男さんが、華甲を一区切りとして一書を物された。

題して『湘南の考古学』。五部一七章から構成される本書は、大磯を中心とする湘南の地を考古学の資料と方法によって、縄文時代から現代にいたる史的背景を究明した意欲的な論文集である。

大磯の考古学は、一九五〇年代の赤星直忠先生の横穴墓の研究、立教大学による愛宕山横穴墓群の調査が話題となって考古学界の耳目を集めていたことが、今も記憶に鮮明である。それは、一八八七年の大磯駅の設置により東都の別荘地として注目されていたことによるが、〝湘南〟が避暑・避寒の地として響き渡っていた所以でもあった。

鈴木さんは、一九七六年に大磯町に入庁、以降、教育委員会に席をおいて町の埋蔵文化財の発掘調査、郷土資料館の展示・企画運営に努め、町の要職を歴任されてきた。文化財担当の学芸員としての任務を重ねながら、職責と密接に関連する考古学分野の研究にも食指を間断なく動かしてこられた。

行政の文化財、とくに埋蔵文化財の担当者は、調査とその結果の報告書の執筆、成果の公開と保全など、気苦労の絶えない多くの仕事をかかえ、その職務を遂行する中での論文執筆は、決して容易ではなく、並大抵の努力ではなかったはずである。

『湘南の考古学』には、鈴木さんの軌跡が網羅されている。そこには大磯町を対象とした地域研究の精華が収められているといえよう。縄文時代から近・現代にいたる大磯町の物質的史料による地域の歴史が端然と説かれている。とくに、横穴墓と煉瓦を伴う遺構については地域性もさることながら瞠目される。ともに対象資料の多さにもよるが、古来、考古学で注目されてきた横穴墓群に対する分析視点、明治・大正・昭和と続く歴世の別荘建築群の盛衰に伴う建築資材である豊富な煉瓦に対する観察と調査の結果を踏まえての分析は興味深い。

論文の多くが、先学の還暦・古希・頌寿そして追悼の論集に寄せられ、また、立正大学で学んだ知友ともども結成し、今に続いている新進考古学同人会の『史峰』誌に掲載されたものであり、鈴木さんの礼節を尊び、友を大切にする心入れが切々と伝わってくる。

鈴木一男さんの退休が、新たなる前途の飛躍となることを信じ、『続・湘南の考古学』の刊行を鶴首したい。

立正大学名誉教授　坂詰秀一

目　次

【近現代】

【縄文時代】

大磯町の意匠把手二例

はじめに

ここで紹介する資料は、現在大磯町教育委員会で保管しているもので、1は城山遺跡（鈴木一九八二）、2は大磯小学校遺跡（鈴木一九七六、杉山一九八四）出土品である。

県西の縄文時代の遺跡は、数多くあるものの、報告書として刊行されたものは極めて少なく資料が不足しており、それが研究の妨げにもつながっている。

こうした状況下では、一つでも多くの資料を紹介していくことが必要ではないだろうか。今回、紹介する資料は、こうした理由と出土例の少なさにもとづくものであり、該期の研究の一助となれば望外の幸である。

一　遺跡の立地

城山遺跡は、血洗川を望む標高約一七mのほどの沖積段丘上に立地する遺跡で、これまでに、縄文時代後期の竪穴住居址や土壙・配石遺構などが確認されている。さらに、地点によっては中期と後期の土器が層位を異に（後期は黒色土層中、中期は砂層上[1]）出土しており[2]、非常に保存状態の良い遺跡であることが判明している。畑部分も多いが、宅地化もかなり進んでいる。

大磯小学校遺跡は、名前のとおり大磯小学校敷地内にあり、標高約一八m、現海岸線まで直線距離にして約三〇〇mの埋没砂丘上に立地する。過去の調査結果から、縄文中期～後期にかけての遺跡であることが確認されている。特に、配石遺構、甕被葬の人骨など興味深い遺構・遺物が発見されている[3]。

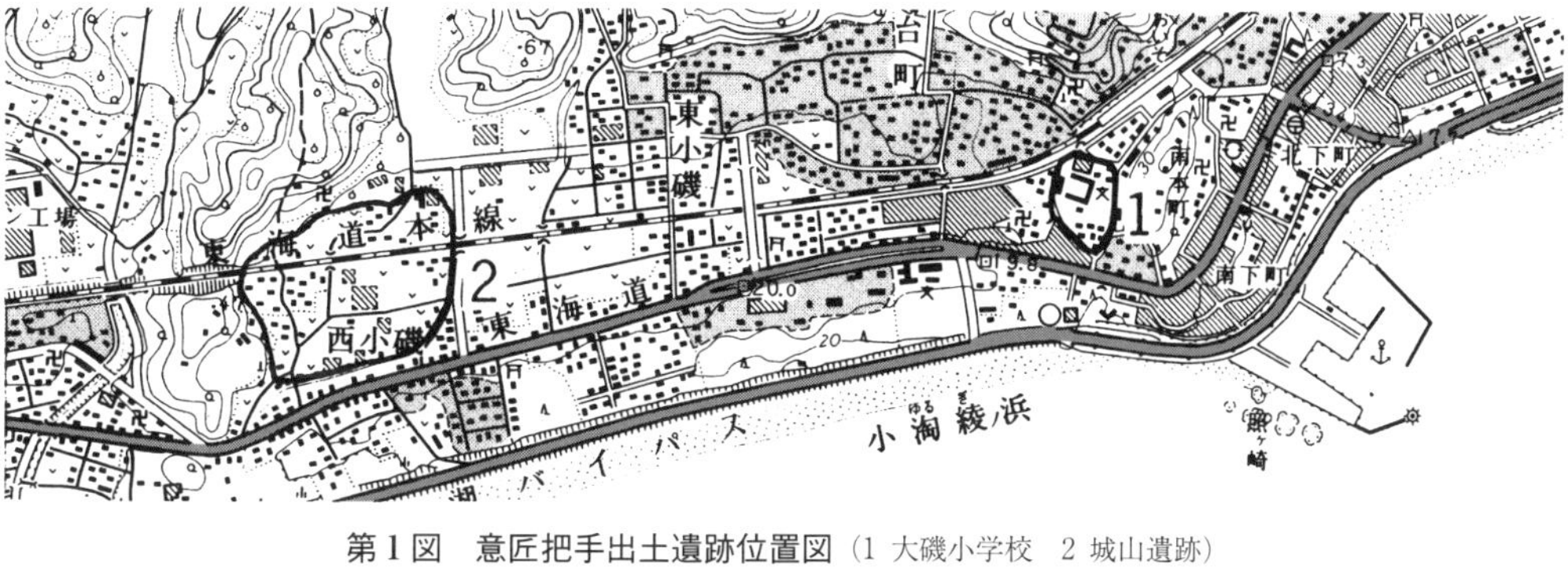

第1図　意匠把手出土遺跡位置図（1 大磯小学校　2 城山遺跡）

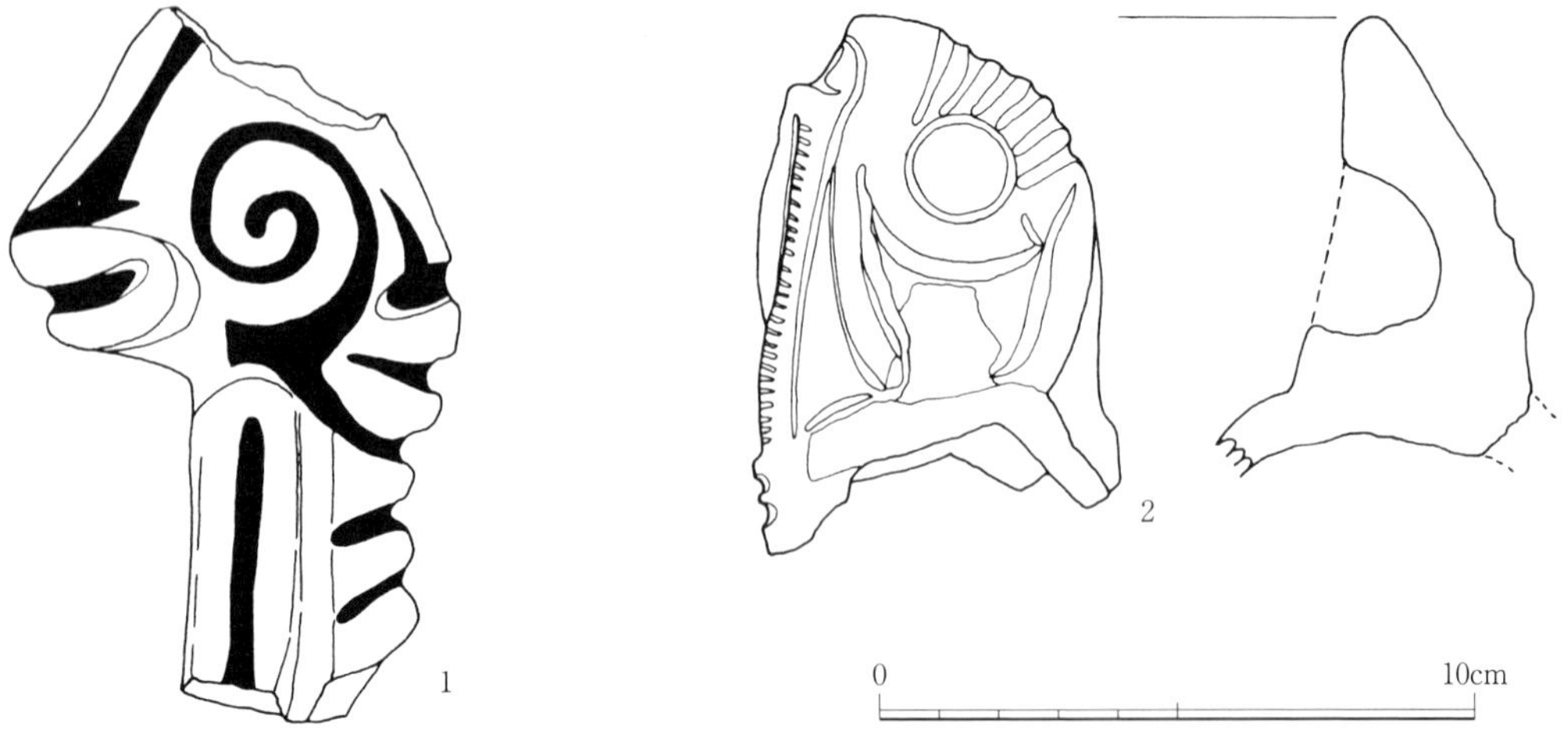

第２図　意匠把手実測図

一九八四年（昭和五九）、校舎建替えに際し、発掘調査が行われ、今まで知られていなかった古墳時代後期から平安時代にかけての竪穴住居址六軒が確認されている。[4] 縄文時代の遺構・遺物は、地表下二・七〜三・〇m下の埋没砂丘上に確認されている。従来、当地域では砂層中には遺物がないとされてきたが、この調査によって完全に覆されてしまったのである。

二　遺　物

1　現高一〇・九cm。頭部を一部欠損。焼成は良好で、胎土に長石、径一〜二mmの砂粒を多く含む。色調は褐色で、一部黒褐色。大きく厚い口、渦巻状の目が特徴で、頭部は△になる。凹凸状を呈し、みな太めの沈線で表現されている。正面下部に三叉文がある。下部破損部を見る限り、この把手は顔面部を内側に向けるものと判断できる。

2　現高八・二cm。焼成は良好で、胎土もしっかりしていて、黒雲母・長石を多く含む。

色調は黒褐色で、一部赤褐色。口・目などはすべて沈線で表現されており、目の上部には六本の沈線がある。破損部から推察すれば、顔面部は外側に向くものと判断できる。

三　小　結

この二つの把手は一体何を表現しているのであろうか。2は「魚」であろうが、淡水魚か鹹水魚か不明である。しかし、大磯小学校遺跡の立地からみて、後者ではないかと考えられる。

1は、口は「カエル」のようで、背中は「ヘビ」、一見すると「サカナ」にも見える。何種類かの「物」が混同し、構成されているのかも知れない。縄文人たちが空想で考えた生き物とも考えられる。

把手とは本来、考古学辞典によれば「器物をとりあげる手がかりのために、器物につけた突起をいう」とある。確かに、土師器や須恵器にはあてはまるが、縄文土器の場合は必ずしもそうした役目を果たしていない。

縄文中期の勝坂式土器には、人面をあらわした顔面把手、蛇身把手（蛇体把手とか蛇体装飾などともいう）など極めて特異な把手が多くつけられている。本例も勝坂式の範疇に入れて差し支えないと思う。

文献から神奈川県内を見てみると、顔面把手は、青ヶ台貝塚（佐野一九四三）、相陽中学校南方遺跡（岡本一九七九）、下溝遺跡（岡本一九七九）、比々多神社境内遺跡（岡本一九七九）、大谷遺跡（岡本一九七九）、大坂上遺跡（岡本一九七九）、当麻遺跡（山本一九七七）に、蛇身把手は、港南台（川上一九七七）、尾崎遺跡（岡本一九七七）にある。神奈川県史には、この他に林王子遺跡、大日野原遺跡に類例があるという。

この他、東京都や埼玉県、栃木県にも見られる。蛇身把手などは、装飾化するものの、大木7～8式の中にも認められ、さらに北陸地方の新崎式などにも散見できる。

こうした把手も、加曾利EⅠ式、曾利Ⅰ～Ⅱ式になると退化する。同じように勝坂式でも後半はデフォルメされたものが多くなる傾向にあり、その盛行期は藤内Ⅰ～Ⅱ式、井戸尻式と考えることができる。

いずれにしても、表現の方法は「顔面把手」、「蛇身把手」、「蛇体装飾」など「人間」と「蛇」の二つしか見られない。では、本例のような把手は何と表現したらよいのであろうか。先学諸氏のご意見をお伺いしたい。

註

（1）一九七七年（昭和五二）の調査による。

（2）一九八三年（昭和五八）の調査による。

（3）一九七四年（昭和四九）の調査による。

（4）現在、整理中である。遺構を確認することはできなかったが、復元可能な土器三点、打製石斧などがまとまった形で出土している。線刻のある土器片も出土している。

（追記）

脱稿後、一九八三年千葉県文化財センター「研究連絡誌」第6号、上森秀明の「市原市高滝柏野遺跡出土の鳥頭形把手」に接した。猛禽類である「ワシ」「タカ」を表現しているもので、時期は縄文中期末葉～後期初頭であるという。本資料とは時期的にズレがあるが興味深い資料である。

なお、千葉県文化財センター主任研究員である橋本勝雄によれば、石川県頁脇遺跡（十三菩提式並行期）、長野県尖石遺跡、同穴場遺跡（いずれも勝坂期）にも鳥型把手が出土しているという。

大磯小学校遺跡出土の注口土器

はじめに

ここに紹介する資料は、一九八五年神奈川県大磯町の大磯小学校遺跡から出土した注口土器である。遺物の時期は、縄文時代後期加曾利B式に属するものである。

神奈川県において、堀之内〜加曾利B式土器を出す遺跡はかなり多く、西部地域だけ見ても、遠藤貝塚（服部・寺田一九六八）、西富貝塚（服部・寺田一九六四）、堤貝塚（岡本一九六三）、万田貝塚（甲野一九二九）、上ノ入遺跡（小島・明石一九七八）、王子台遺跡（樋口ほか一九八四）、石神台遺跡（高山一九七五）など学史的に貴重な遺跡が多数存在している。

注口土器を組成の上から見た場合、その割合は非常に低く[1]、上記の遺跡においても全体の一割にも満たないようであり、深鉢・鉢が圧倒的多数を占めているのが実態である。出土量が少ない反面、完形もしくは完形に近い姿で復元できるものが意外に多く見られる。深鉢に比べて小型で、しかも直接火にかけることもなかったためであろう。

本資料は報告書作成前に、すでに大田区郷土博物館[2]や香川県埋蔵文化財センター[3]などに展示され、多くの人々の目に触れている。調査を担当した者としては一刻も早く「資料化」を図らなければならないと思い、ここに紹介するものである。この資料が該期の研究の一助となれば望外の幸せである。

一　遺跡の立地

大磯丘陵は丹沢山塊の南に展開する標高一〇〇〜三〇〇m前後の山々で構成され、その幅は東西約一〇km、南辺は断層崖で相模湾につづいている。この丘陵は頂上部附近に平坦地を有することを特徴としており、その部分には「台」・「平」といった小字名がつけられていて、ほとんどの場合、縄文時代の遺跡となっている。大磯町の石神台、平（鈴木一九七九）、二宮町の平台（日野・杉山一九七二）、林ノ台、大井町金子台（赤星一九七四）などはその典型的な例である。

また、丘陵の裾と汀線の間は海蝕段丘になっているが、ここもやはり縄文〜奈良・平安時代にかけての遺跡が多く分布している。大磯小学校遺跡もその例外ではない。

本遺跡は、その名前のとおり大磯小学校敷地内に所在する遺跡であ

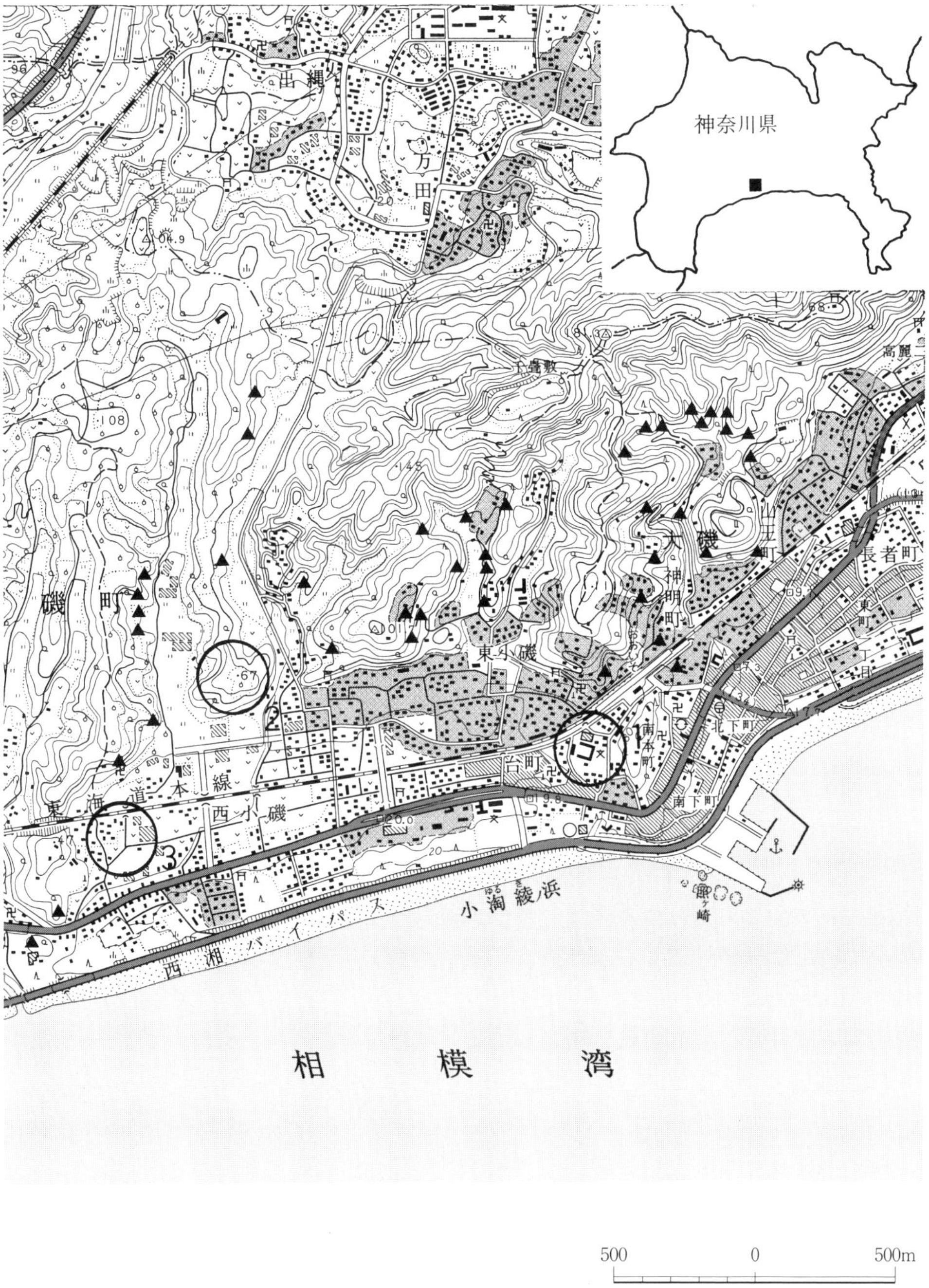

第１図　大磯小学校遺跡と周辺の遺跡位置図

1 大磯小学校遺跡　2 本郷山遺跡　3 城山遺跡　▲は横穴墓群

り、正確な地番は神奈川県中郡大磯町東小磯三番地である。遺跡は、羽白山・坂田山といった標高八〇〜一〇〇m前後の大磯丘陵南東端に位置する山々を北側に背負い、ちょうど南に向かって突き出すような舌状を呈する標高約一七mほどの段丘上に立地している。西側には、大磯丘陵を源とする「鴫立川」が遺跡の占地する段丘をクランク状に流れ、そのまま相模湾に注いでいる。現海岸線までは、直線距離にして約四〇〇mである。

本遺跡については、明治期に坪井正五郎が調査した記録があり[4]、戦後はいち早く池田彦三郎ら郷土史家による採集活動も行われていて、研究者間ではかなり知られた遺跡でもあったようである。遺跡の沿革については、次の3期に分けることができる（第2図）。

1期（一九五五〜一九五八）

県営水道工事や防火水槽設置などが主な原因となって、工事中を利用した採集活動が盛んに行われた時期。遺物は堀之内〜加曽利B式土器が主で、伸展葬の人骨が出土したらしいが詳細は不明である[5]。その他、石皿や石斧、配石遺構なども検出されていて、遺跡の時期や内容が初めて明らかにされた時期でもある。

2期（一九六九〜一九七六）

この間は、校舎のI〜III期改築工事および体育館新築工事など敷地中央部において盛んに工事が行われた時期で、貝類（マガキ、サザエなどごく少量）や大型魚類の脊椎骨など自然遺物が多く出土している。また、配石遺構も散見され、徐々に遺跡の性格がわかりはじめた時期でもある。なお、一九七六年の調査では甕被葬の人骨が出土している。

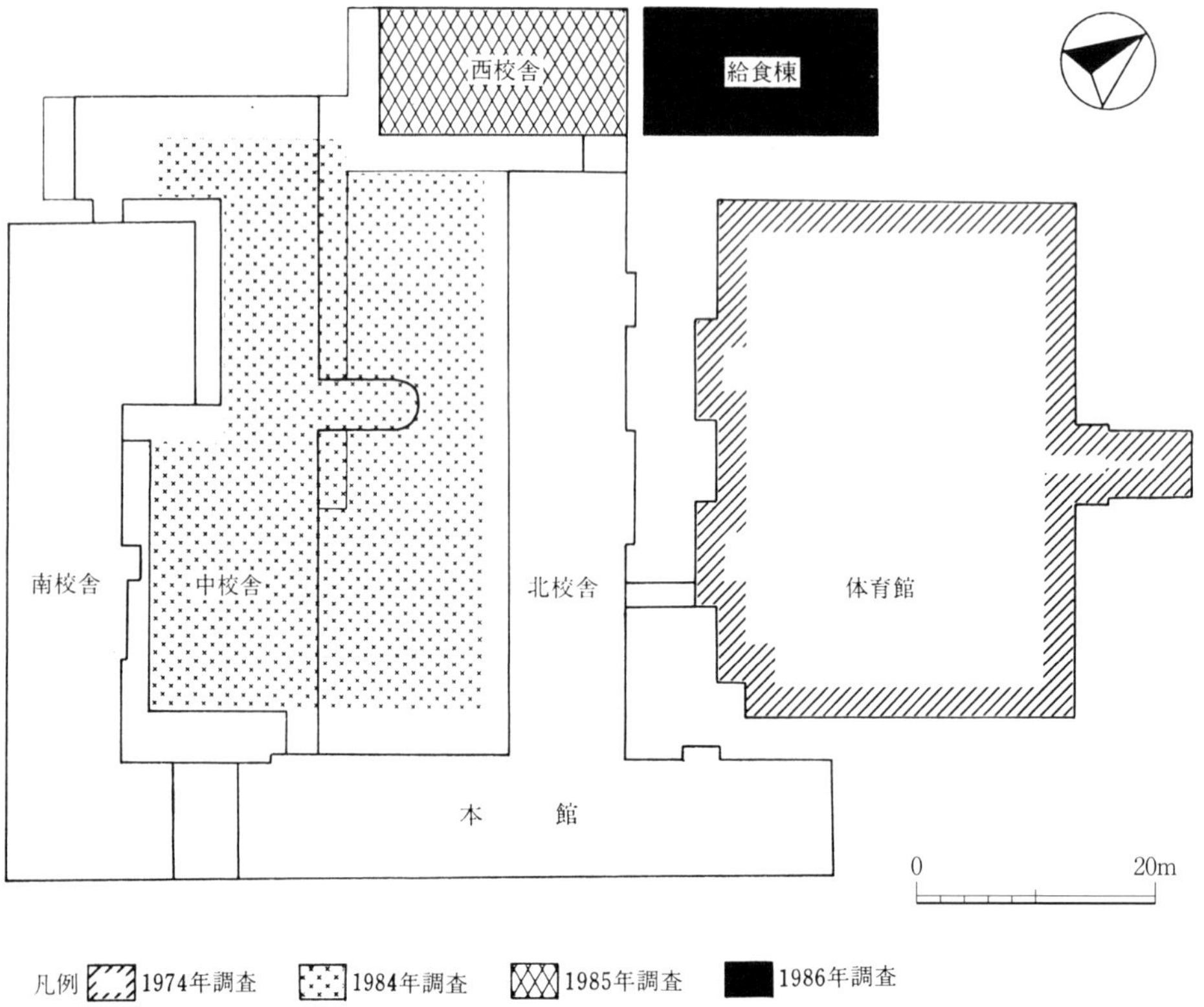

第2図　大磯小学校遺跡調査区全体図

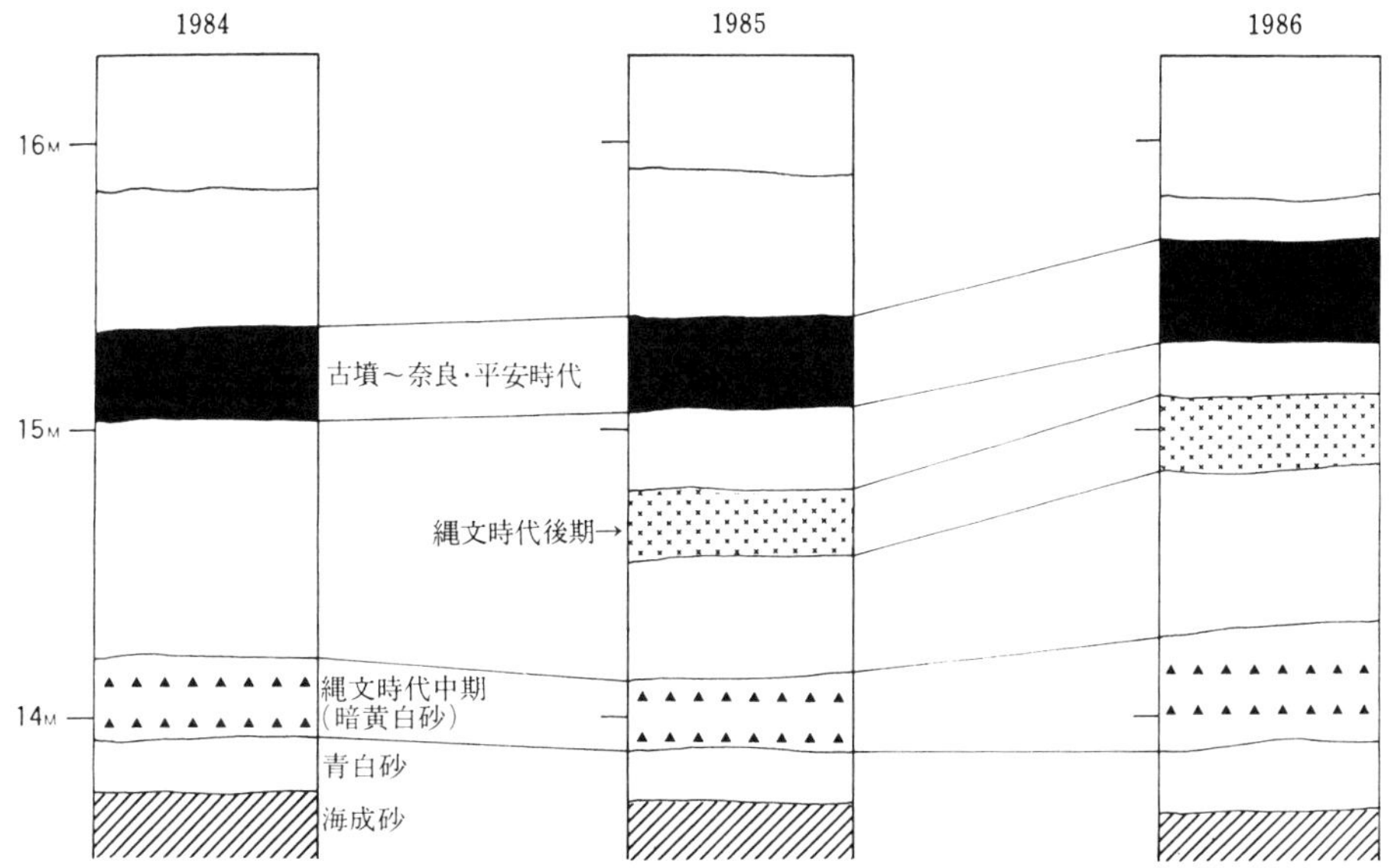

第3図　土層柱状図

3期（一九八三〜一九八六）

オープンスペースをはじめ、特色ある学校づくりが行われた時期で、埋蔵文化財に対する理解も深まり、正式な発掘調査が連続して行われた。古墳〜奈良・平安時代の竪穴住居址、掘立柱建物址が発見され、この遺跡が複合遺跡であることが確認された。さらに、縄文後期の竪穴住居址の検出など目ざましい成果があった。

このように、敷地内における遺跡の内容は1〜3期の調査を経て、かなりの部分まで明確にすることができたわけであるが、同時に遺跡としては運動場を残すだけとなったのも事実である。

本資料が出土したのは、3期のうちに西校舎改築（第2図）の際である。その土層断面は第3図のとおりで、古墳時代確認面より若干下がった部分に当たる。この土層は南側の調査（一九八四年）では確認されておらず、逆に北側の調査（一九八六年）の際には、やや高い位置で包含層と住居址が検出されていて、本地点の成果を裏付ける結果がでており、調査地点が近接しているにもかかわらず、土層の堆積が一様でなかったことを物語る好例の一つといえる。

一方、後期の包含層以下は無遺物層（南側は古墳時代確認面以下）になっていて、下層に向かうに従い砂質土層となっていくが、砂層中に縄文中期の包含層があることも確認されている。おそらく、陸化した段階に生活を営み、その後海風で吹き上げられた砂に完全に埋まってしまったものと考えられる。砂層になれば遺物もないのがこれまでの常識であったが、この事実はそれを完全に覆すものであった。[6]

二　注口土器

注口土器二点（第4図）は、いずれもトレンチよりほぼ同一レベルで出土している。周辺には土器片が集中しており、すべてポイントを落として取り上げているが、遺構に伴うものではないようである。

第4図1は、口径八cm、底径一一・七cm、器高一二・八cm（把手まで含めた数値は一七・六cm）、注口部の長さ九・三cm、先端外径二cm、基部外径三・三cmを測るやや大型の注口土器で、器厚は四～五mmと薄手で、破片を見る限りでは、まるで「おせんべい」のようである。底部や注口部も同様のつくりをしている。底部は平らで、曲線を描き口縁部に向かう。そこには向かい合う形で二個の把手がつけられており、片側は完全に残っているものの、一方は中程より上部が欠損している。把手上部は、径二mmの円形刺突で「クルミ」状の円形突起をつくり、その上に十字に切られたピーナッツ形の楕円形突起をのせる。これらの土台となる部分は、橋状の把手になっていて、この部分にも∽状の貼付が施されている。口唇部は、幅四mmの粘土紐でつくられており、細かな沈線が綾杉状に施されていて、一見すると縄文のように見え、装飾効果を高めている。

胴部には、八本単位（部分的には七本単位）の平行沈線が施される。この文様は、注口部附近とその反対側

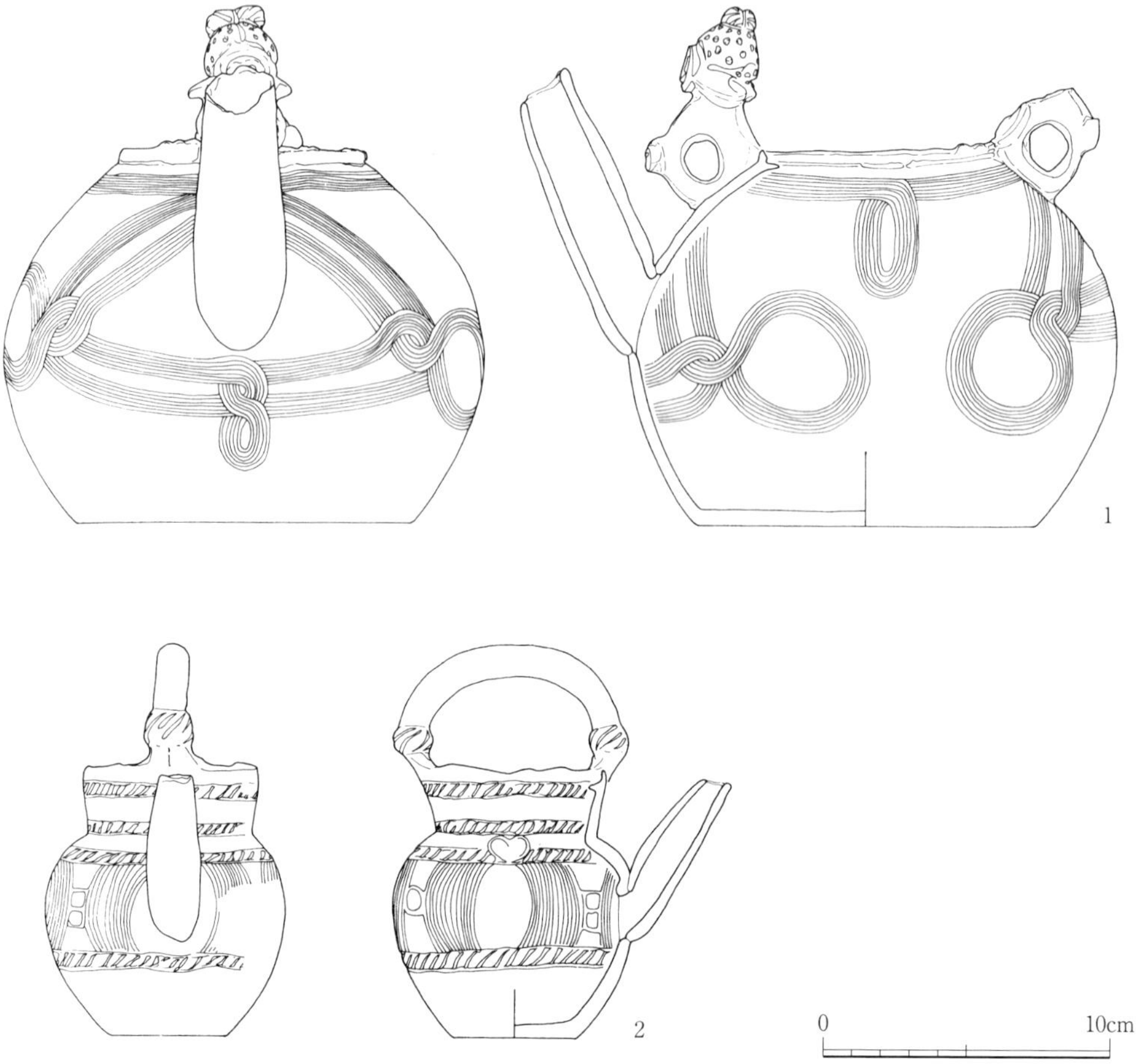

第4図　注口土器実測図

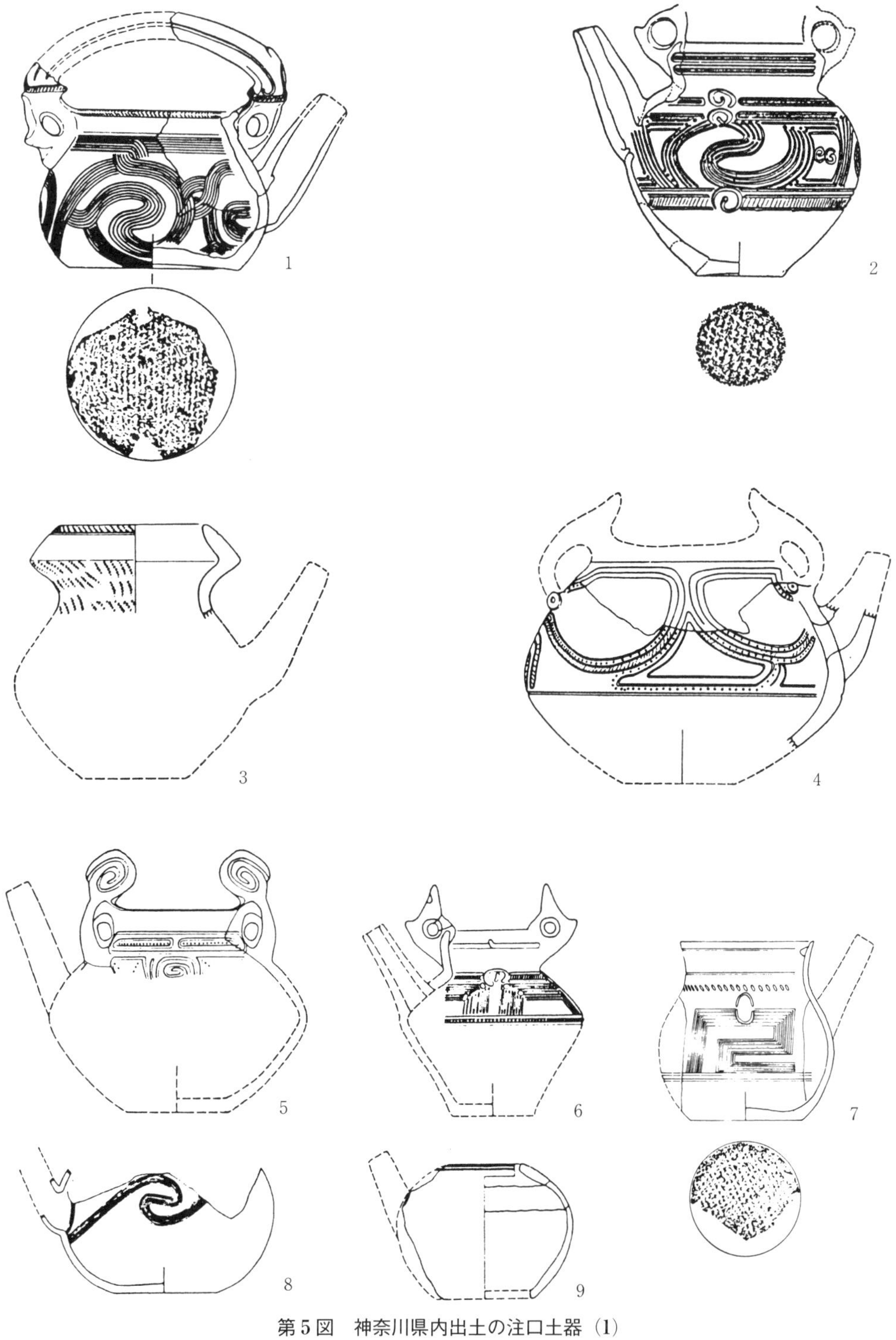

第5図　神奈川県内出土の注口土器（1）

1～4 東正院　5～9 下北原

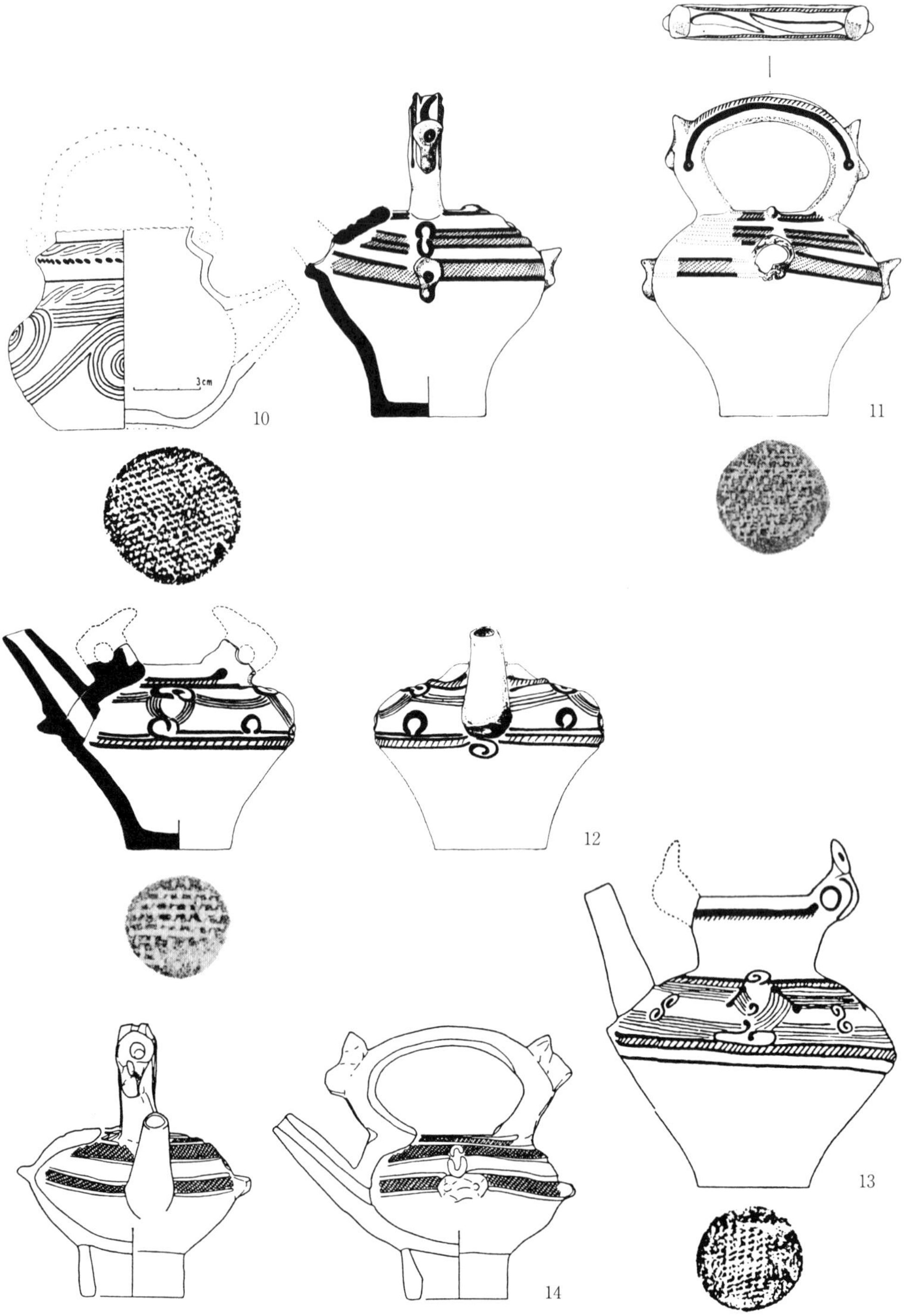

第6図　神奈川県内出土の注口土器（2）

10 金子台　11・12 上吉沢　13 西富　14 上吉沢

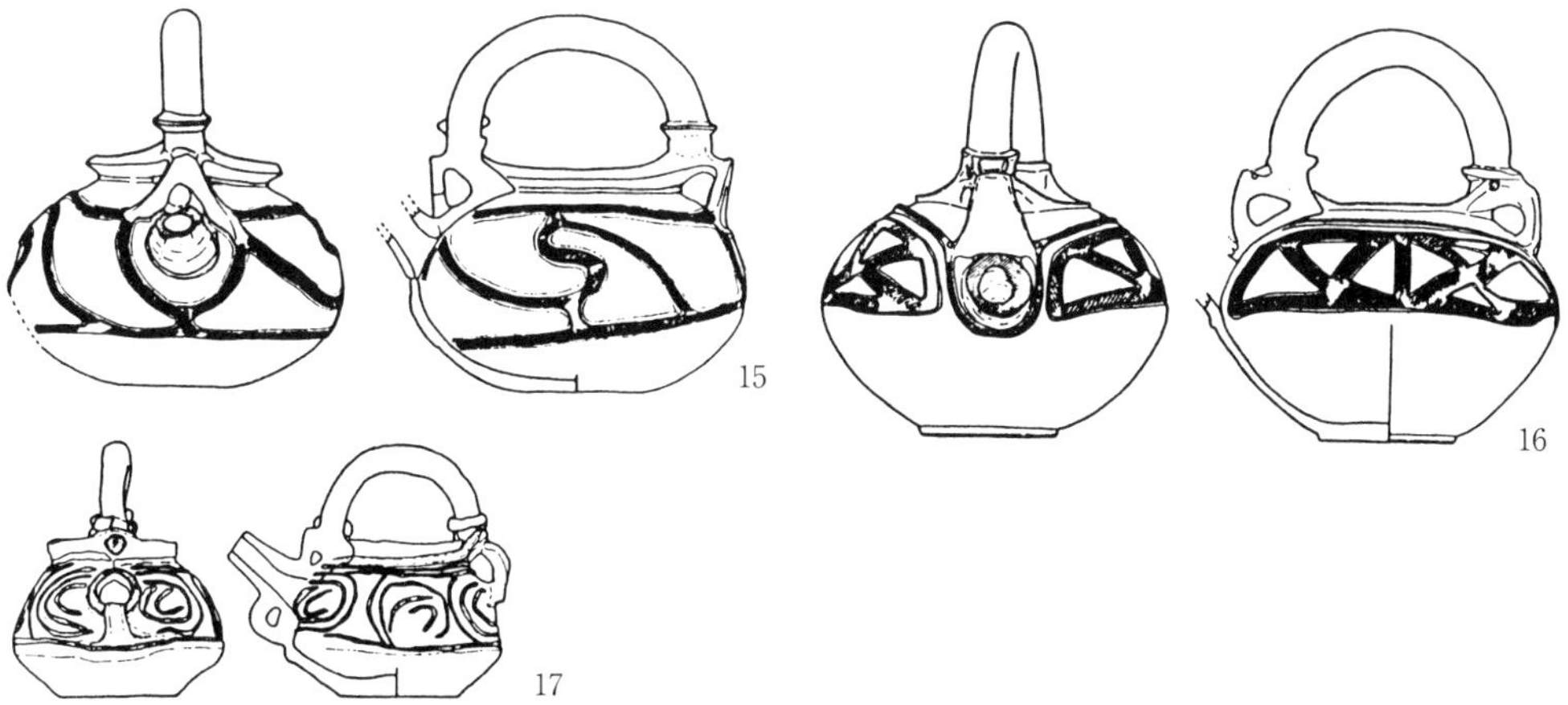

第7図　なすな原遺跡出土の注口土器（参考資料）

注口土器一覧表

（単位：cm）

No.	遺跡名	出土位置	計測値	遺存状態	つり手	網代	注口角度	文献
1	東正院遺跡	包含出土	10.0 × 10.0 × 9.2（14.8）	1/2	○	○	60	①
2	〃	〃	6.3 × 2.4 × 9.9	—	×	○	65	
3	〃	〃	6.6 × — × —	—	×	×	—	
4	〃	〃	— × — × —	—	×	×	△62	
5	下北原遺跡	配石覆土	8.8 × — × —	—	×	×	—	②
6	〃	環礫方形配石遺構覆土	4.8 × — × —	—	×	×	—	
7	〃	〃（小礫列内）	8.0 × 6.6 × 10.4	—	×	○	—	
8	〃	包含層出土	— × 6.0 × —	—	×	×	—	
9	〃	敷石住居床面	4.4 × — × —	—	×	×	—	
10	金子台遺跡	工事中	6.0 × 6.0 × 8.7	略完形	?	○	△33	③
11	上吉沢遺跡	敷石面上	5.2 × 5.4 × 10.1（15.8）	〃	○	○	△48	④
12	〃	〃	3.6 × 5.2 × 9.1	〃	×	○	53	
13	西富貝塚	住居址	6.8 × 6.4 × 16.0	完　形	×	○	68	⑤
14	上吉沢出土	不明	3.0 × 4.8 × 7.1（11.9）	略完形	○	×	37	⑥
15	なすな原遺跡	住居址床面	9.6 × 6.0 × 11.1（18.6）	〃	○	×	52	⑦
16	〃	〃	7.5 × 6.6 × 11.7（20.1）	〃	○	×	41	
17	〃	〃	5.7 × 6.0 × 7.5（12.6）	〃	○	×	37	

＊15～17は堀之内式　　△ 推定　— 不明　□ 径×底径×高さ（把手は含まない）（　）つり手までの高さ

①鈴木保彦　1972『東正院遺跡』神奈川県教育委員会
②鈴木保彦　1977「下北原遺跡」『神奈川県埋蔵文化財調査報告』14　神奈川県教育委員会
③赤星直忠　1974「神奈川県金子台遺跡」『横須賀考古学会調査報告』3
④江坂輝也・渡辺　誠・高山　純　1964「平塚市上吉沢敷石遺跡」『平塚市文化財調査報告書』第5集　平塚市教育委員会
⑤服部清道・寺田兼方　1964　西富貝塚発掘調査報告」『藤沢市文化財調査報告書』第1集　藤沢市教育委員会
⑥平塚市博物館並びに学芸員明石　新氏のご好意により実測させていただいた。なお，写真については『神奈川県史—考古編』340頁に掲載されている。また，同書には「上ノ入遺跡」となっているが,「上吉沢」が正しいようである。
⑦江坂輝也　1984『なすな原遺跡』同調査会

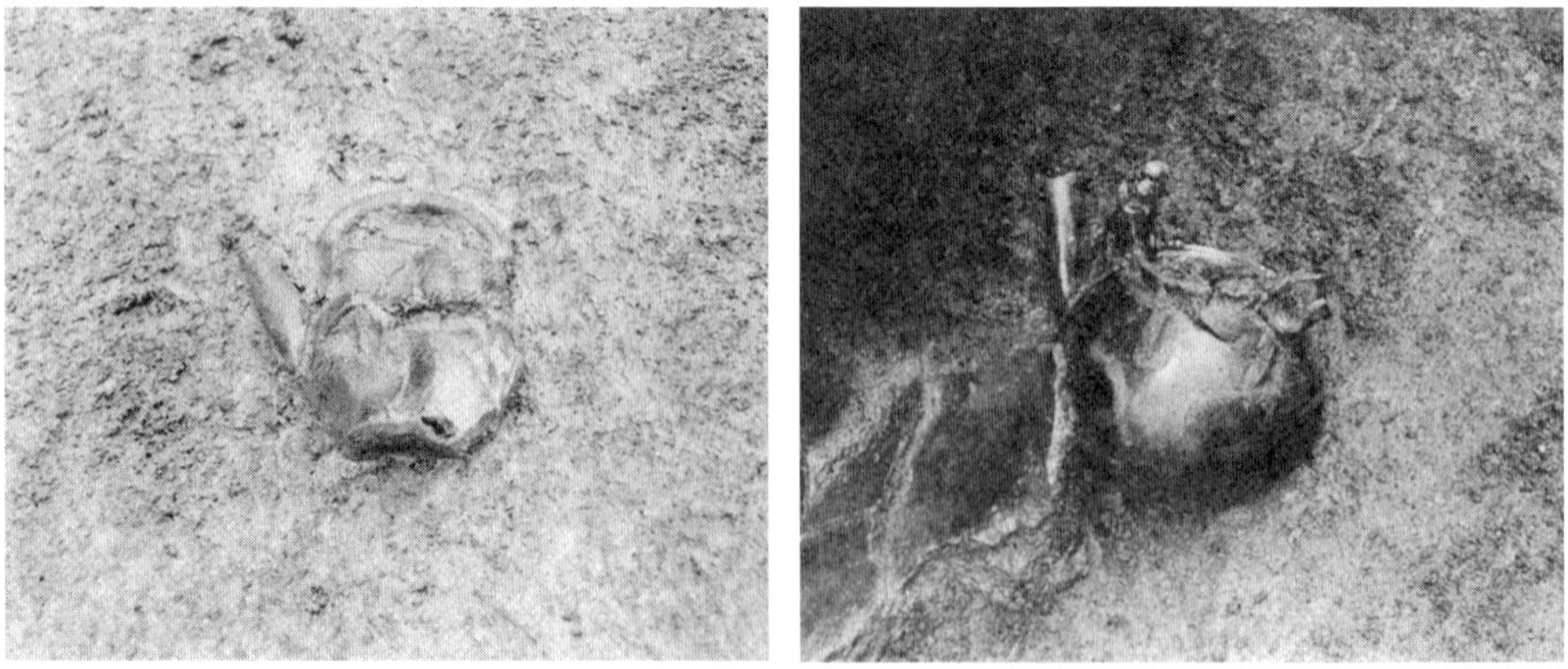

第8図　注口土器出土状態（大磯小学校遺跡）

では三角形（菱形に近い）にめぐり、両端は横位の鎖状を呈し、その他の面は口縁部よりU字（楕円）状に施され、ちょうど区切りの役目をしていて、文様構成上、左右対称のようになっている。注口部の角度は約六五度で、先端は斜めになっていて、口縁部と平行になっている。

また、口唇内面は、いわゆる「かえり」状のものがあって、蓋が存在した可能性を秘めている。

胎土には金雲母、長石を含み、焼成は良好である。全体的に褐色を呈いているが、胴部中～下半部にかけて部分的に丸く黒味を帯びている箇所があり、二次的に火を受けた可能性もある。

2は、「つり手」の付いた注口土器で、口径六・三cm、底径四・三cm、器高九・〇cm（つり手までの高さは一三・四cm）、注口部の長さ六・四cm、先端外径一cm、基部外径二・〇cmを測る小型の土器である。器厚は四～五mmと1と同様薄手であり、注口部においては三～四mmとさらに薄いつくりとなっている。底部から弧を描いて上部に向かうが、口縁部はやや外反する。そこから上部がつり手で、径一cmの粘土紐でつくられていて、両端基部には1と同様ピーナッツ形の楕円形突起があり、口縁部へ向かう。

この部分には、二本一組の平行沈線が二条めぐり、それぞれ斜め方向の沈線で填められている。

胴部にも間隔こそ違うが同じ文様区画がある。上下の沈線間は、一三～一四本単位の曲線的沈線で処理され、中央部に卵形をした無文部が見られる。この無文部は、器面の四箇所に見られ、それぞれ向かい合って1と同様の効果を出している。

ちなみに沈線と斜め方向の沈線は、施文上から見た場合、沈線が先に引かれている。注口部の角度は約五七度で、先端の形状は口縁部と平行している。また、1と同様内面に「かえり」がある。

全体的に暗褐色を呈して、胎土に金雲母、黒雲母を含み、焼成はさほど良くなく、注口部に黒味を帯びた部分がある。

三　考　察

大磯小学校遺跡出土の注口土器を通し、神奈川県内の同時期の注口土器との比較をまじえ、まとめと若干の問題提起をしておきたい。まず、図示した資料は全体の形から次の四タイプに分けることが可能である（第4～6図）。

Aタイプ　ソロバン玉の器形（第5図6、第6図11〜14）
Bタイプ　底部が大きく、胴下半部に器の重心をもつ器形（第4図1、第5図1・8、第6図10）
Cタイプ　胴部がきれいな弧を描く器形（第4図2、第5図2・7・9）
Dタイプ　胴中位で屈曲する器形（第5図4・5）

これら各タイプと文様帯との関係について気がついた点をあげておく。Aタイプは胴上部に文様帯が集中する傾向にある。これは器形自体と深いつながりがあると考えられ、瘤状の突起で器全体を四分割したり、「の」や「S」状の沈刻で文様帯を縦に切ったりしている。

一方、Bタイプでは器全体に及んでいて、渦巻状・鎖状にめぐるなどして、Aタイプとは全く対照的な文様構成となっている。また、Cタイプは胴下半に沈線がめぐり、それが文様帯の区画も兼ねていて、以下は無文となって底部に移行しており、A・B両タイプの中間的要素をもつものといえる。Dタイプについては、完形品がないため不明な部分が多いが、わずかに第5図4を参考にすれば、B・Cの中間タイプとして位置づけが可能である。

文様としては、縄文が施されるもの（第6図11・14）も確かにあるが、大半は沈線や沈刻・刻目などの組合せで構成されていて、特に沈線については、曲線的、直線的の二者が見られる。器の形と大きさとの関連は、Aタイプはやや小型で、Bタイプは大型という一つの傾向が読み取れる。把手は、各タイプとも見られるが、全く無いもの（第5図3・7・9）があり、また付く場合は通常対面二箇所である。いわゆる「つり手」の付くタイプは、A・B両タイプに見られ、他のタイプには存在していない。

こうして見てくると、本遺跡出土の土器はそれぞれB、Cタイプに属し、中でも1は第5図1と近似した内容（つり手の有無の差はあるが）をもっており、2も第5図2と深い関連をもつものといえる。

ここで、注口土器の用途・機能について若干述べておきたいと思う。注口土器は、今さらいうまでもなく、「そそぎ口」の付いた土器で、考古学辞典（水野・小林一九五九）によれば「土瓶のように、器内の液体をそそぎだすために注口をつけた」土器である。液体を入れたり、入れて置くという前提条件があるとすれば、わずかの揺れで倒れたのでは器の機能を果たさないわけである。そこで、まず第一に安定感の有無が問題となってくる。Aタイプは常に液体が入っていれば別かも知れないが、決して安定感のある形とはいえず、むしろBタイプのように底部が大きい方が器内の液体の有無にかかわらず安定度は高いと考えられる。

また、注口部が低い位置に付けられているもの（第5図8、第6図10・14）がある。液体を入れた場合、少量で注口部にまわってしまい、溢れ出る可能性と同時に量的にも少量しか入らないことになり、果たして器として注ぐことを意識して作ったものかどうか疑問に思う。

ところで、注口先端部が位置的に口縁部より上部（第5図1・2、第6図12・14）あるいは同一レベル（第6図13）または下部（第4図2）にあったりしている。今、現代の土瓶を例に取り上げることは無謀かも知れないが、その大半は口縁部と同一レベルかもしくは若干下部にあり、しかも注口先端の形状（口の部分）が口縁部と平行（—）かあるいは（／）状を呈していて、非常に類似する部分が多く、この一面を見る限りでは図示したほとんどの資料は、液体を外に出す役目を十分果たしていたと思われるのである。

なお、口縁部内面に「かえり」状の出っ張りをもつものが多く存在している。蓋の存在の有無はともかく、液体が溢れるのを防ぐ役割をしていたと考えられる。何度かの試行錯誤の後、出来上がったものだろうが、かなり意識して作られている。

　つり手の有無も当然考えなければならないだろう。その存在は、確かに機能的には有効かも知れないが、11や14など小型のAタイプのものは納得できるにしても、1のようにBタイプに属するものにつり手を付けることはどうも不自然に思えてならない。同時に、両端の把手についても、磨痕や細い溝状の痕跡などは見られず、ここに紐状のものを通し、持ち運んだり、つり手のかわりにしたとは考えられない。

　このように、注口土器については、器内に液体を入れたことは疑いないが、細部では未だ多くの謎が残っているようである。

四　おわりに

　注口土器の新出資料を紹介しながら、気がついた点を述べてきたが、疑問の羅列をしただけで終わってしまった。中でも興味深いのは、つり手の存在で、その有無が現代の土瓶と急須のような関係にあったのかどうか、つまり使い分けをしていたのではないだろうかということである。今後、これを機に注口土器について様々な角度から追求して行きたいと考えている。特に、時期は異なるものの、なすな原遺跡（江坂一九八四）や帷子峯遺跡（近藤一九八四）など特異な出土状態を示すものもあり、集落内でのあり方はもとより遺構との関連も含め、改めて用途機能について述べたいと考えている。

註

（1）藤村東男　一九八四『縄文土器の知識Ⅱ』東北地方晩期の遺跡における組成比率でも同様の結果が示されている。

（2）一九八七年五月一六日～六月一四日まで開催された特別展「注口土器―縄文の神秘―」をさす。

（3）一九八八年四月一日～九月二〇日まで開催された特別展「瀬戸大橋と埋蔵文化財―瀬戸内海を渡った縄文土器―」をさす。第4図1の資料が展示された。

（4）石野　瑛　一九五六『神奈川県大観四　湘東・湘中』羽白山南麓で石器（打石斧）とあるが、その場所が大磯小学校遺跡であるかどうかについては判然としない。ただ、本遺跡以外に周辺には遺跡がないので、まちがいないと思われる。

（5）東京大学人類学教室　鈴木 尚教授に鑑定を依頼したが、その後報告がないという。

（6）大磯町城山遺跡においても、砂層中より中期の土器が出土している。鈴木一男　一九八五「城山遺跡Ⅱ」『大磯町文化財調査報告書』第二六集を参照。

砂層出土の縄文土器

はじめに

神奈川県には、六七五二箇所の埋蔵文化財包蔵地が確認されており[1]、このうち縄文時代の遺跡は三〇三九箇所で、実に全体の四五％を占めている。また、立地の面から見ると、一部の貝塚は別として大半は洪積台地上に占地している。

これは自分のフィールドでもある湘南地域でも同様であるが、それでも何箇所かは沖積段丘上に立地している。そして、こうした遺跡からは稀に砂層から縄文土器が出土することがある。

私も一九七七年（昭和五二）、実際に調査に携った遺跡で土壙を調査中に掘り過ぎてしまい、一部海成砂まで掘ってしまったことがあった。その際、海成砂の上面で中期曽利式の小片が出土し困惑したことがある。当時の常識として、砂には遺物がないといわれていたし、一点しか出土しなかったこともあり、あまり気にも止めなかった。

しかし、近年わずかずつではあるが、沖積地からの縄文時代の遺物の出土が報告されるようになった。高層建築が増え、沖積地でもかなり深く掘削する例も多く見られる。これも発見例の増加の一因と考えられるが、私としては出るべくして出たという感じが強い。

現代の常識で縄文時代の人々の行動をとらえることは到底できないことであり、ましてやこうした事実を単なる流れ込みという一言で片付けることはなおさらできない状態になってきているといっても過言ではない。

本稿では、資料の紹介と若干の考察を行い、その意義について述べることにする。

一　遺跡と遺物

砂層から縄文土器が出土した遺跡は、第1図のとおり一七遺跡である。このほか、縄文時代のものと考えられる石器が出土した遺跡が何遺跡かあるが[2]、今回は対象から除外した。また、時間的制約から広範囲にわたる資料の調査ができなかったため、欠落してしまった遺跡も多いはずである。今後修正増補していくつもりである。

中堰遺跡（第2図1・2）

大磯丘陵の南、河川を望む東西に発達した沖積段丘上に立地する奈良～平安時代の遺跡で、一九八〇年に発掘調査が行われた。縄文土器

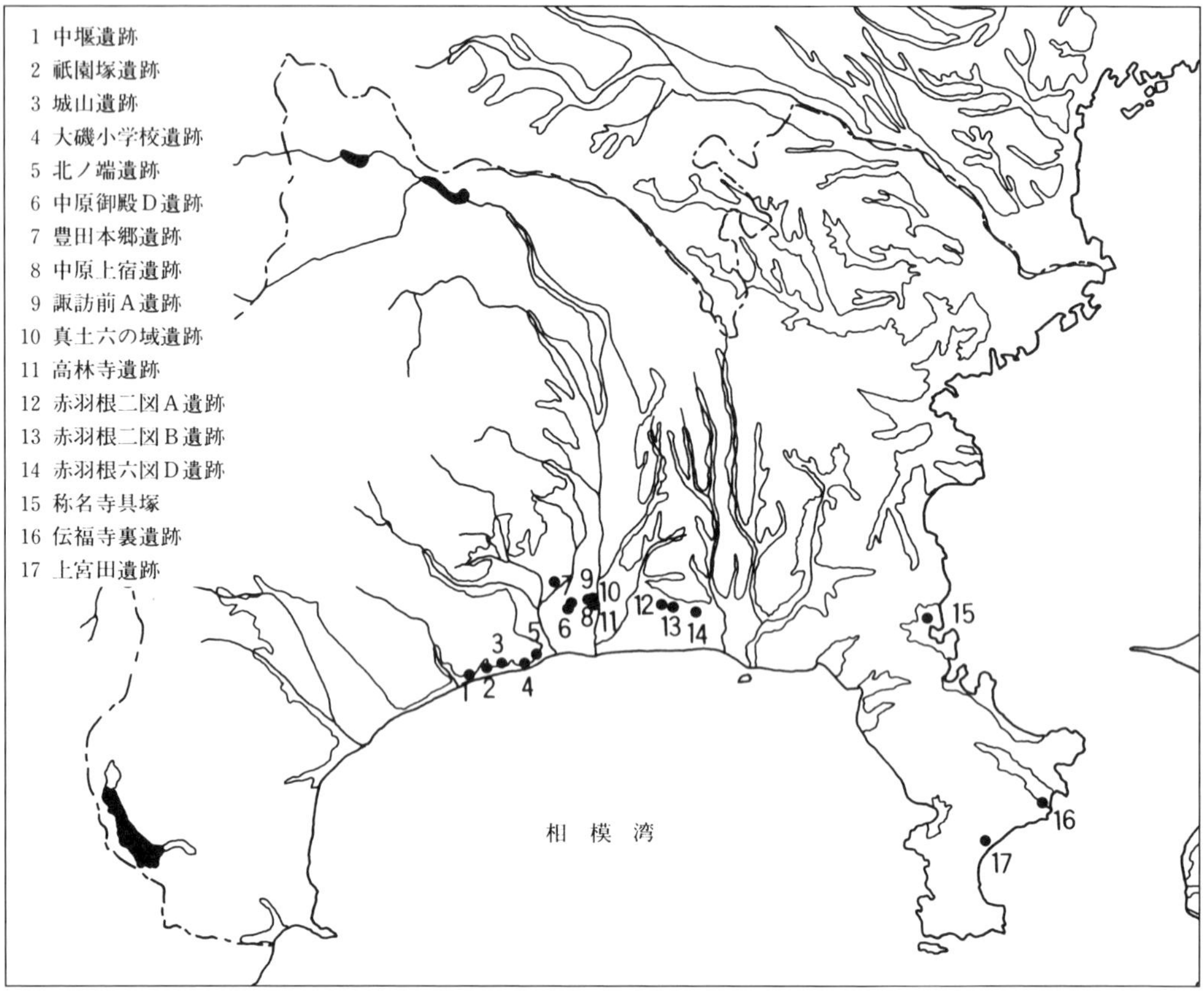

第1図　砂層より縄文土器が出土した遺跡

は二点で、[3]いずれも砂質土層下面、海成砂上面のやや茶色味を帯びた砂層から出土している。1は、条線と蛇行する隆帯などから曽利式に、2は渦巻状隆帯と縄文から加曽利E式にそれぞれ比定できる。

祇園塚遺跡（第2図3〜5）

大磯丘陵の南に広がる沖積段丘上に立地する弥生〜古墳時代の遺跡で、一九八四年に小規模な発掘調査が行われた。

縄文土器は三点出土している。海成砂上面出土。すべて深鉢で、いずれも小片だが、5はやや厚手で蛇行する隆帯が見られる。曽利式に比定できよう。3・4は縄文のみである。これらは堀ノ内〜加曽利B式に属するものと考えられる。

城山遺跡（第3図）

大磯丘陵から南に延びる独立丘陵の東側、沖積段丘上に立地。一九七七年以来数度の発掘調査が行われた。図示した遺物は、一九八三年に調査（鈴木一九八五）された地点のものである。1は五領ヶ台Ⅱ式、2〜5は角押文、連続する三角状の爪形文や半截竹管の押圧による蛇行状の沈線など勝坂式の古い部分に属する土器群と考えられる。6〜20の資料は藤内Ⅱ〜井戸尻にかけてのもので、関東西部でいうところの勝坂Ⅱ〜Ⅲ式に該当する土器群である。これらの土器は、標高約一七mの砂層中より出土している。[4]

大磯小学校遺跡（第2図8〜24）

大磯丘陵の南、現海岸線に最も近い位置に存在する縄文時代の遺跡で、名前のとおり小学校の敷地内に分布の中心がある。一九七四年の調査では甕被葬の人骨が出土している。

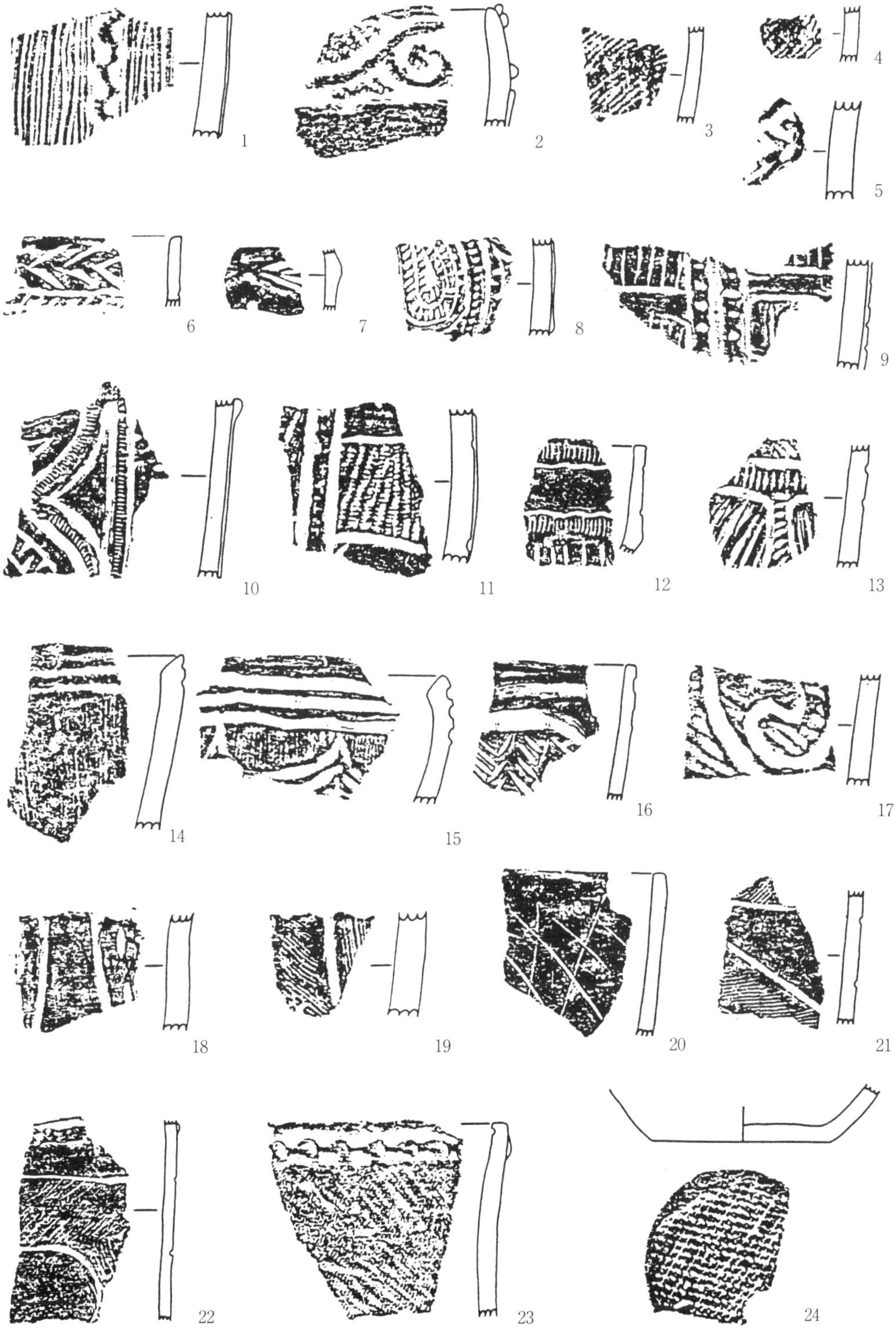

第2図　遺物拓影図（1）（1/3）（1・2 中堰　3～5 祇園塚　6・7 北ノ端　8～24 大磯小学校）

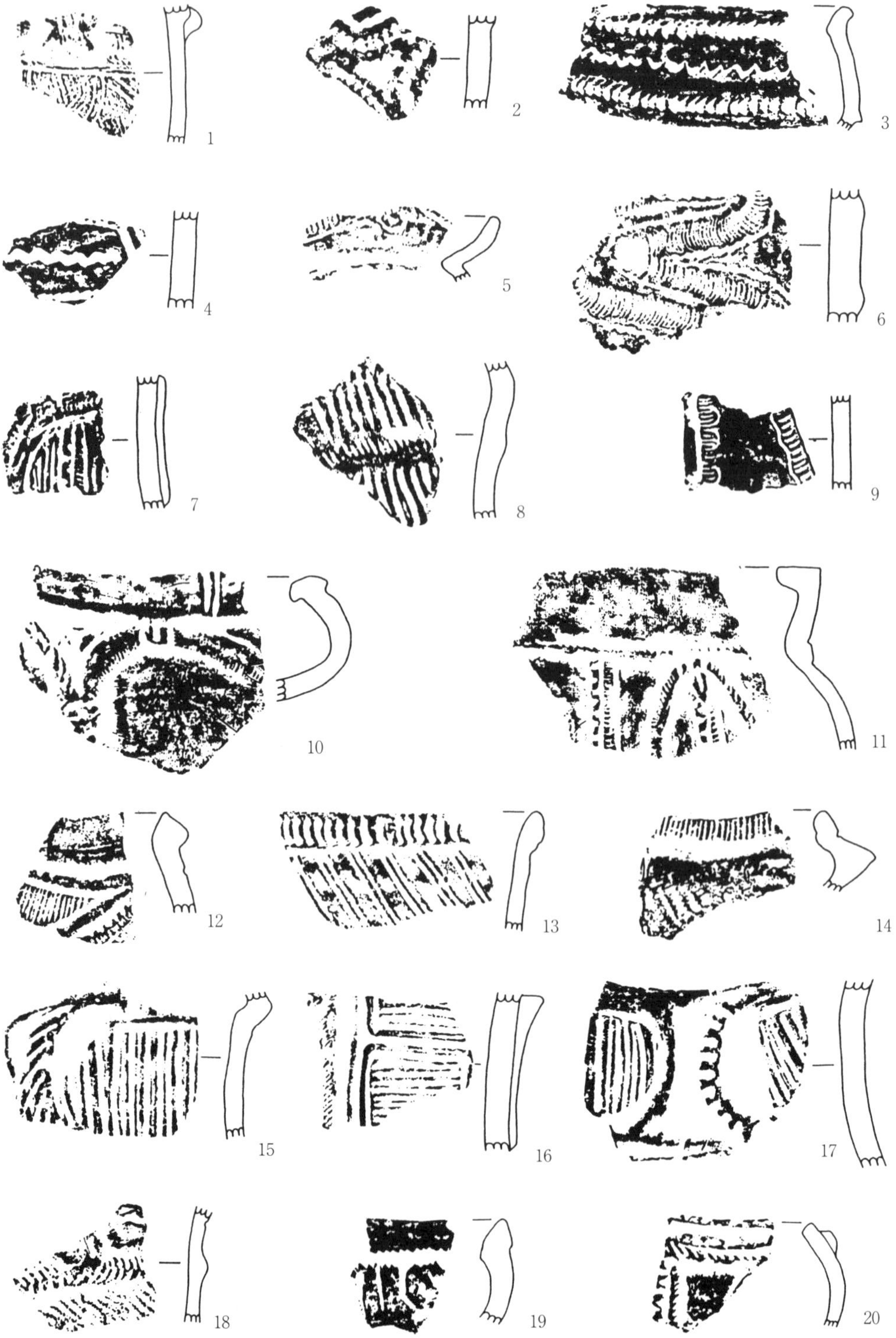

第3図　遺物拓影図（2）（1/3）（城山）

第2図8～24は、一九八四年の調査のものである。黒色土層中には古墳時代の竪穴住居址があり、その下部は第10図のとおり砂層で、しかも無遺物層であり、これを掘り抜くと縄文土器が出土するが、[5]その部分の砂はやや黒味を帯びた色調を呈していた。さらにこの下は海成砂となっている。第2図8～16は中期の、17～24は後期の資料である。また、8～13は勝坂式に属するもので、8は古手、他は新しい部類に属する。14・15は連弧文土器で、加曽利EⅡ～Ⅲ式の範疇に入るものであろう。16は綾杉状の文様から曽利Ⅳ式に比定できよう。17～19は太い沈線や列点などから称名寺式に、20～24は加曽利B式に比定できる。

北ノ端遺跡（第2図6～7）

大磯丘陵の東端南に広がる沖積地に占地する古墳時代の遺跡で、一九七九年を皮切りにA～Cの三箇所発掘調査が行われている。図示した遺物は第2図6がA地点、7がC地点より出土した遺物である。前者は明確な型式が不明だが、後期後半に、後者は疣状の粘土粒と浮彫文の隆線などから、大洞A式にそれぞれ平行する資料と考えられる。

中原御殿D遺跡（第9図2～4）

相模川の右岸、平塚砂丘上の西側に位置し、一九八二年に発掘調査が行われた。縄文土器は三点で、いずれも土器片錘である。第9図3と4は比較的新しい溝から出土しているが、この遺構は砂質土層で確認され、掘り方は黄褐色砂まで達している。中期後半の資料。

豊田本郷遺跡（第4図8・9）

平塚砂丘の最も北の砂丘列西側に占地し、一九八一年に発掘調査が行われた。縄文土器は二点で、第4図8は溝状遺構、9は方形状土壙出土である。ただし、両遺構とも縄文時代のものではない。8は器厚も薄く、直線的な沈線などから後期堀ノ内Ⅱ式に、9は縄文だけであるが、器厚も厚く中期後半の資料と考えたい。

中原上宿遺跡（第4図2～7）

相模川の右岸に連なる砂丘列上に立地。一九七八年に発掘調査が行われ、古墳～奈良・平安時代にかけての遺構・遺物が発見されている。豊富な遺物は、相模川以西の土師器研究には欠かせない資料といえる。

図示した資料はいずれも遺構外出土である。第4図2・6は連続角押文やキャタピラ文など勝坂式の古手の様相を呈している。7も勝坂式に属するが、比較的新しい部類に属するものと思われる。4は縄文と隆帯及び沈線などで文様が構成されており、加曽利EⅡ式として良いと思われる。

また、5はいわゆる連弧文土器と考えられる。3は底部破片であり、明確な時期の決定はできない。これらの資料は、排水管溝内から出土したもので、正確な層位が不明であるが、土器片には砂が付着していたところから、他の資料と同様に砂層から出土したものと判断した。[6]

諏訪前A遺跡（第4図1）

湘南砂丘の一角、平塚海岸から北へ四・三㎞の平塚砂丘に占地。一九八五年に発掘調査が行われた。遺物は一点で、掘立柱建物址の柱穴下部より出土している。砂層出土の例としては唯一の完形品である。キャリパー形で三角形区画、三叉文や連続爪形文など中部地方の新道式の伝統を受け継いだ土器で、藤内式の古い部分に該当するものと考えられる。

真土六の域遺跡（第9図5）

諏訪前A遺跡同様、平塚砂丘に占地し、一九八六年に発掘調査が行われた。遺物は一点で、八世紀の竪穴住居址覆土下より出土している。

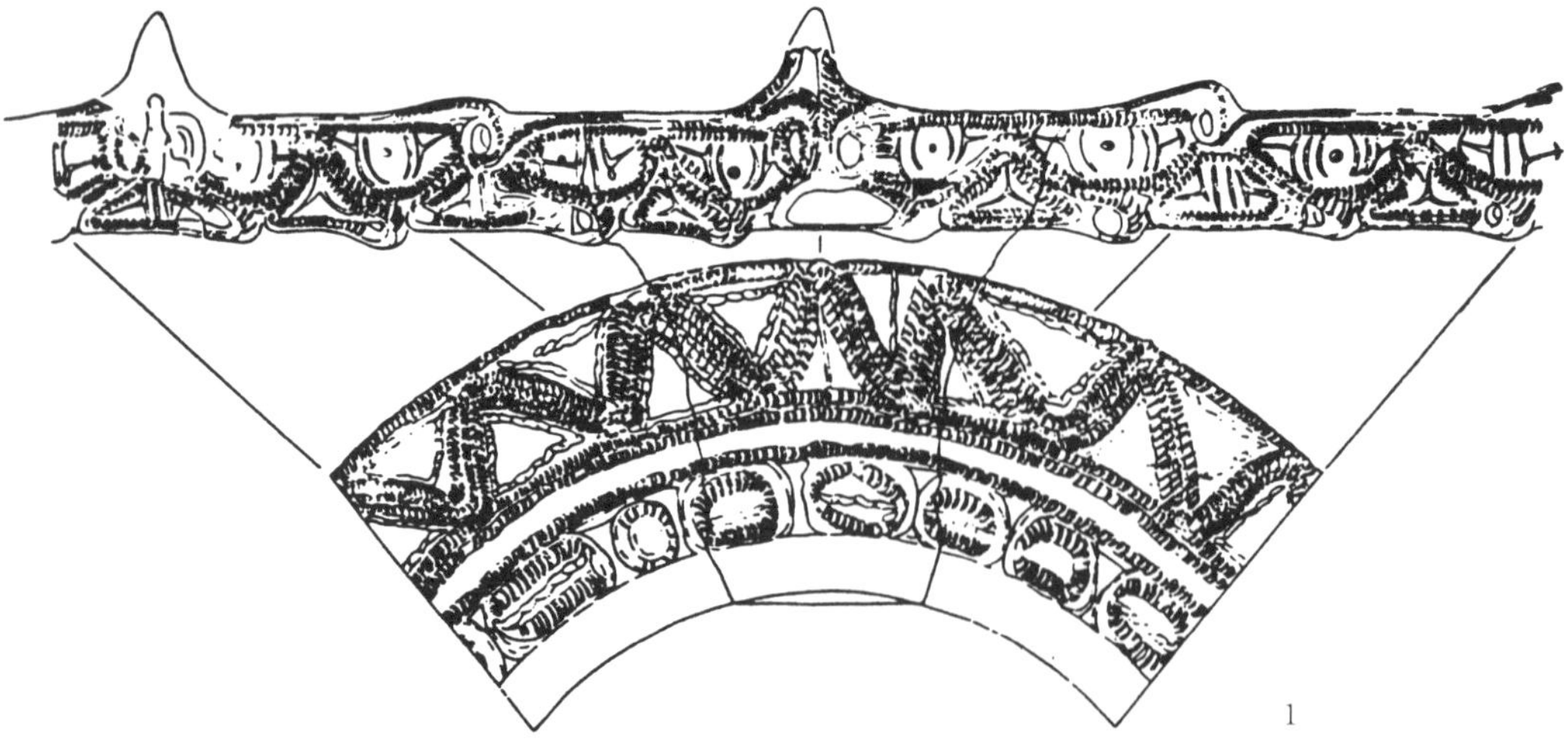

1

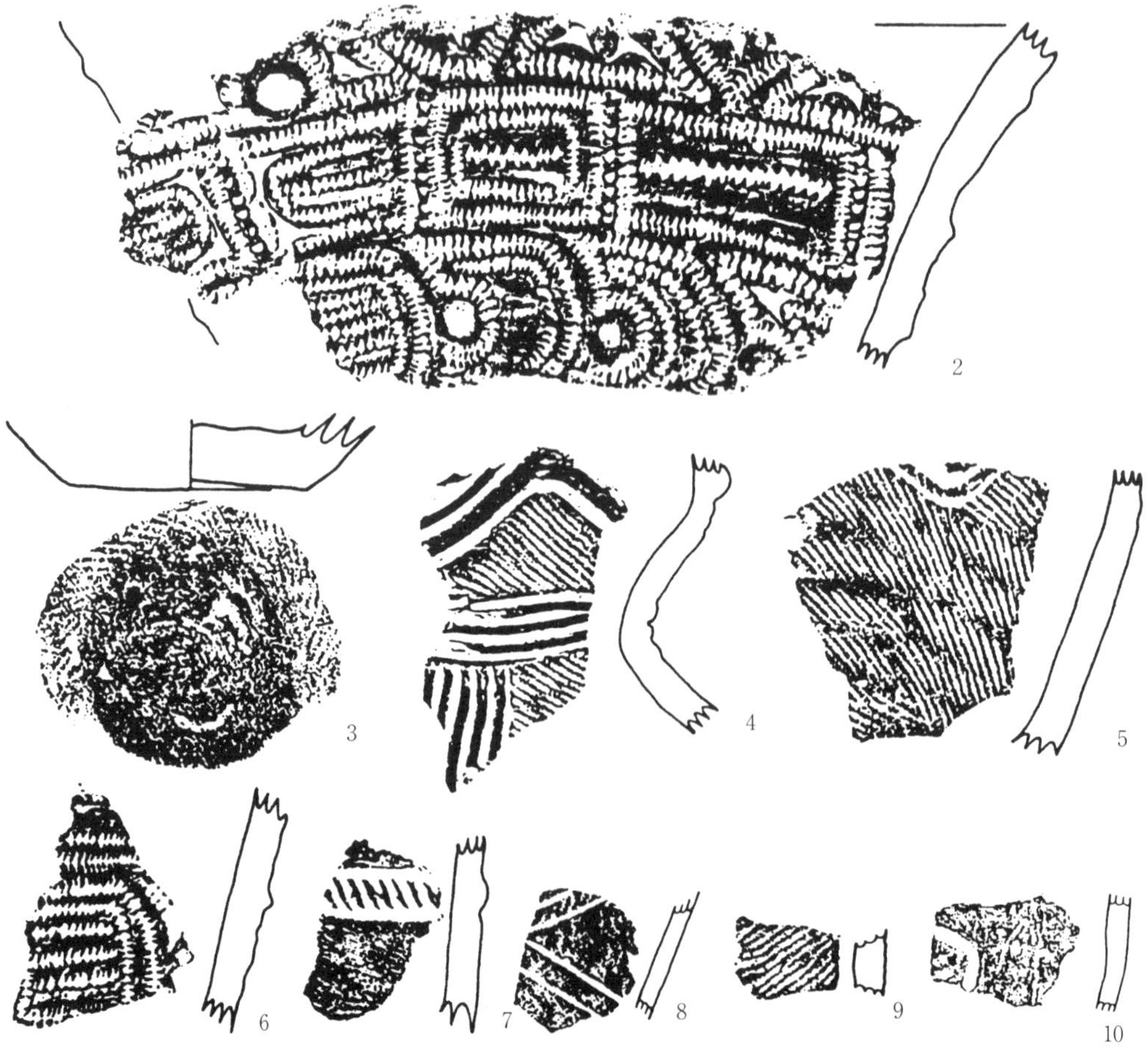

2　3　4　5　6　7　8　9　10

第4図　遺物拓影図（3）（1/6・1/3）（1 諏訪前Ａ　2〜7 中原上宿　8・9 豊田本郷　10 高林寺）

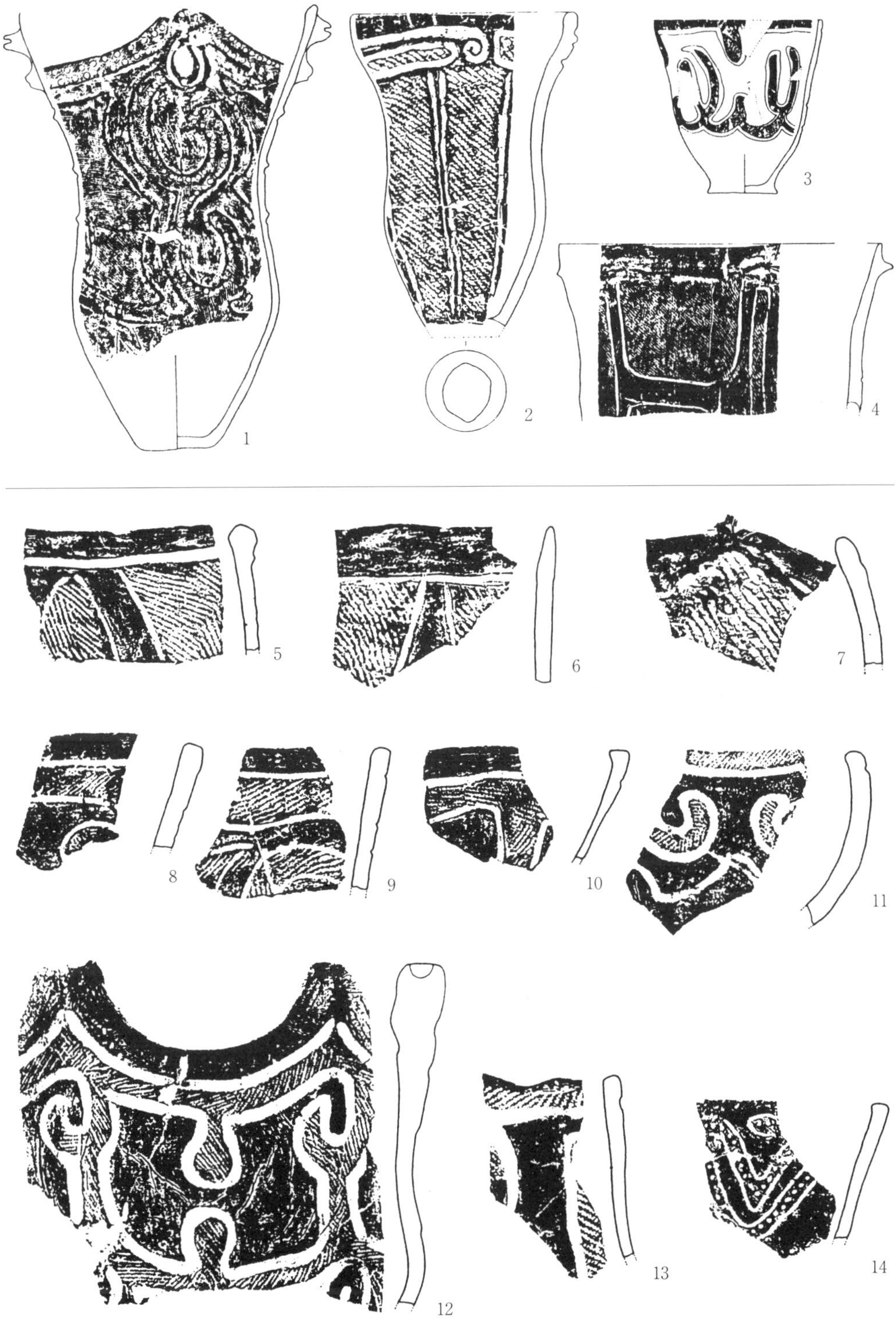

第５図　遺物拓影図（4）（上段約 1/6・1/3）（1～14 称名寺Ｉ貝塚）

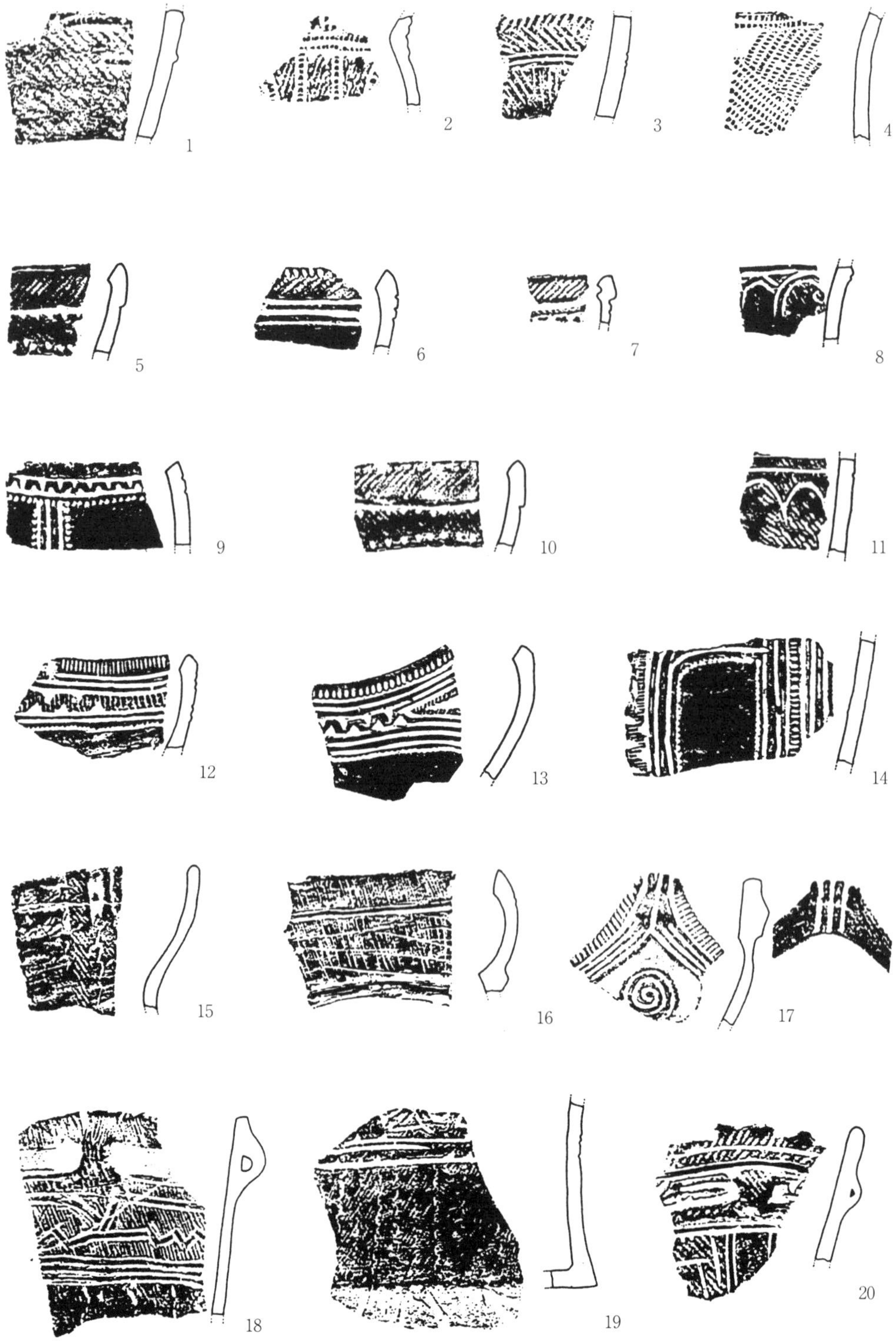

第6図　遺物拓影図（5）（1/3）（1～20 称名寺参道区）

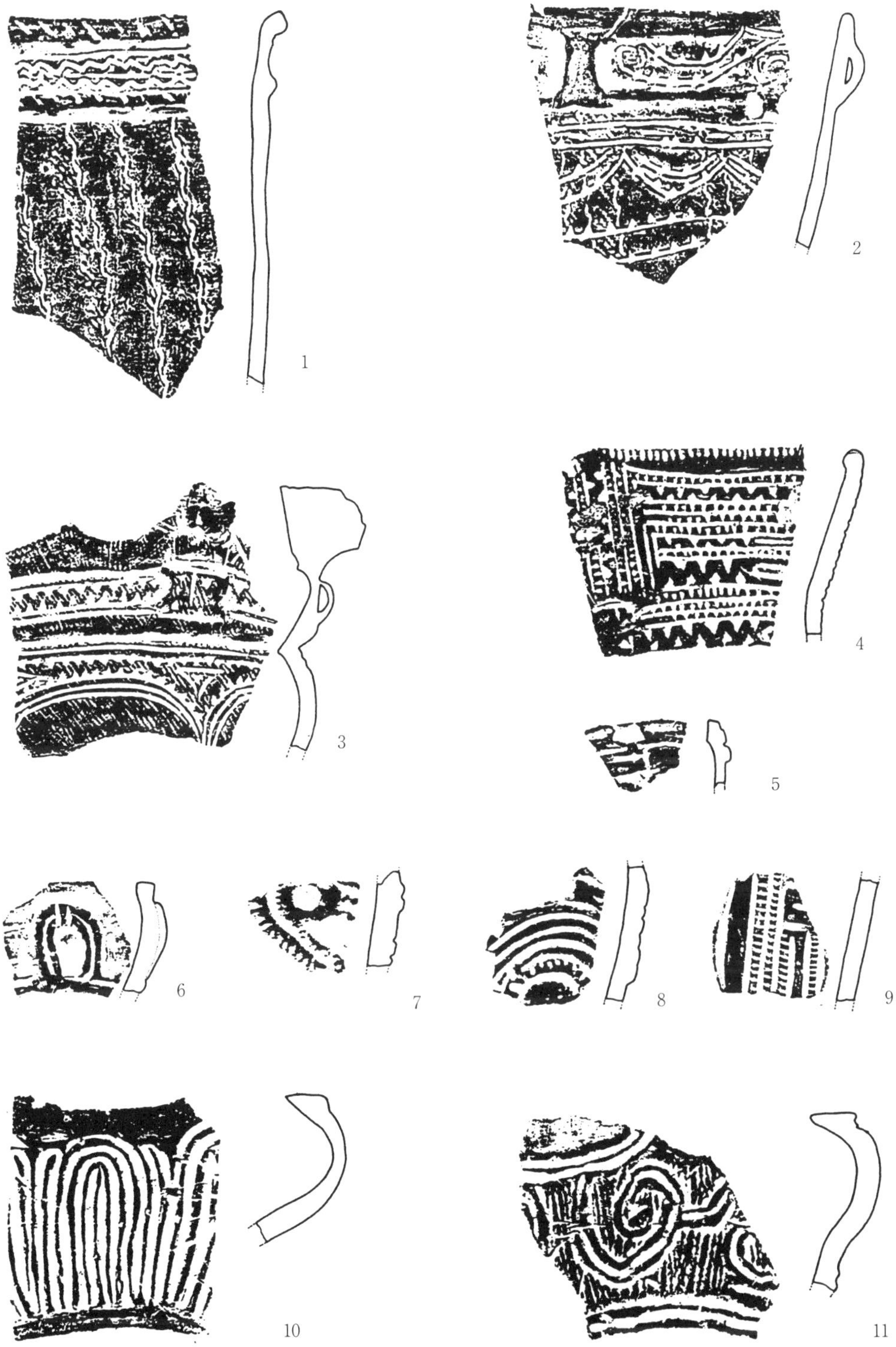

第７図　遺物拓影図（6）（1/3）（1～11 称名寺参道区）

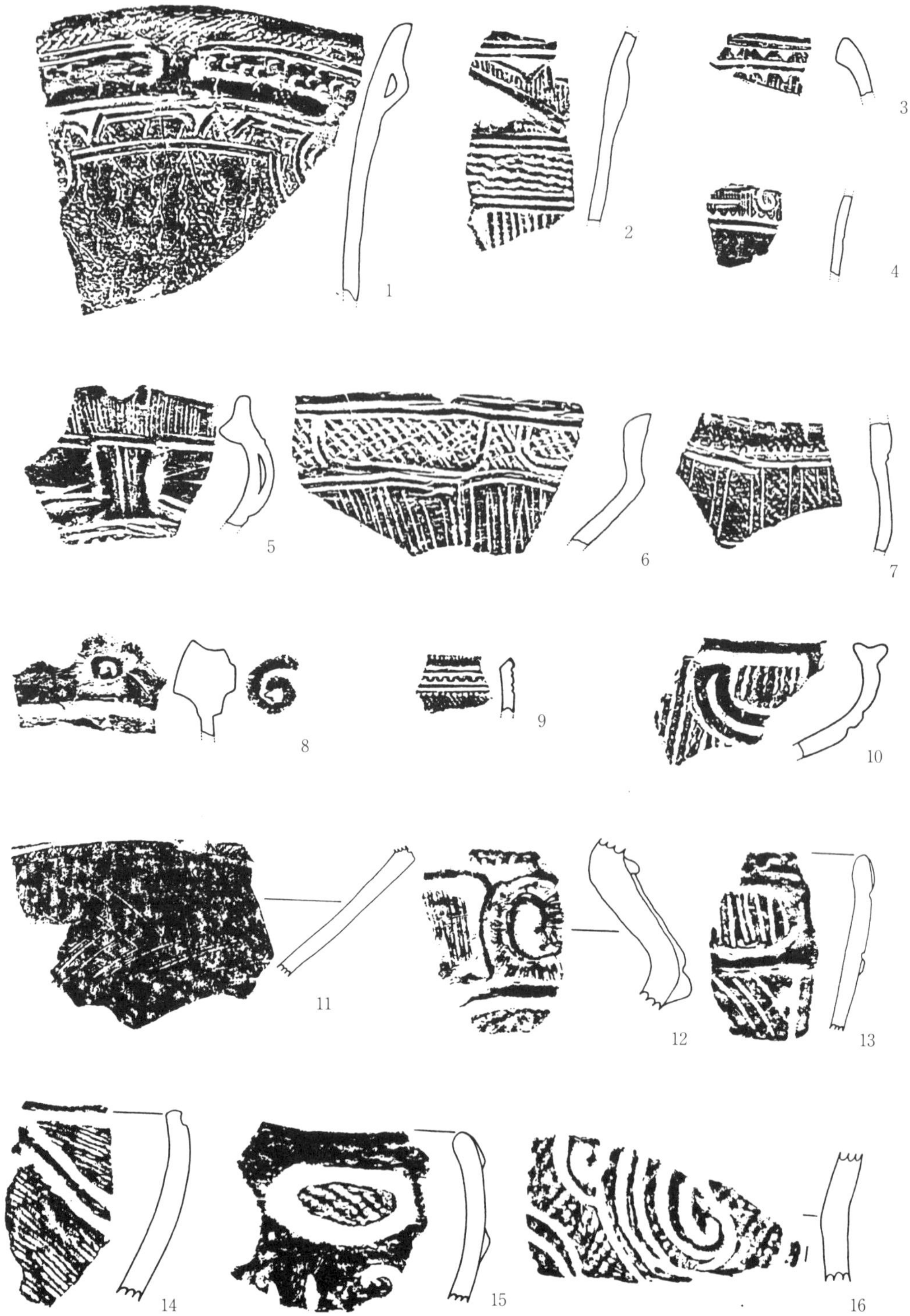

第8図　遺物拓影図（7）（1/3）（1〜10 称名寺参道区　11〜15 赤羽根二図B　16 赤羽根二図A）

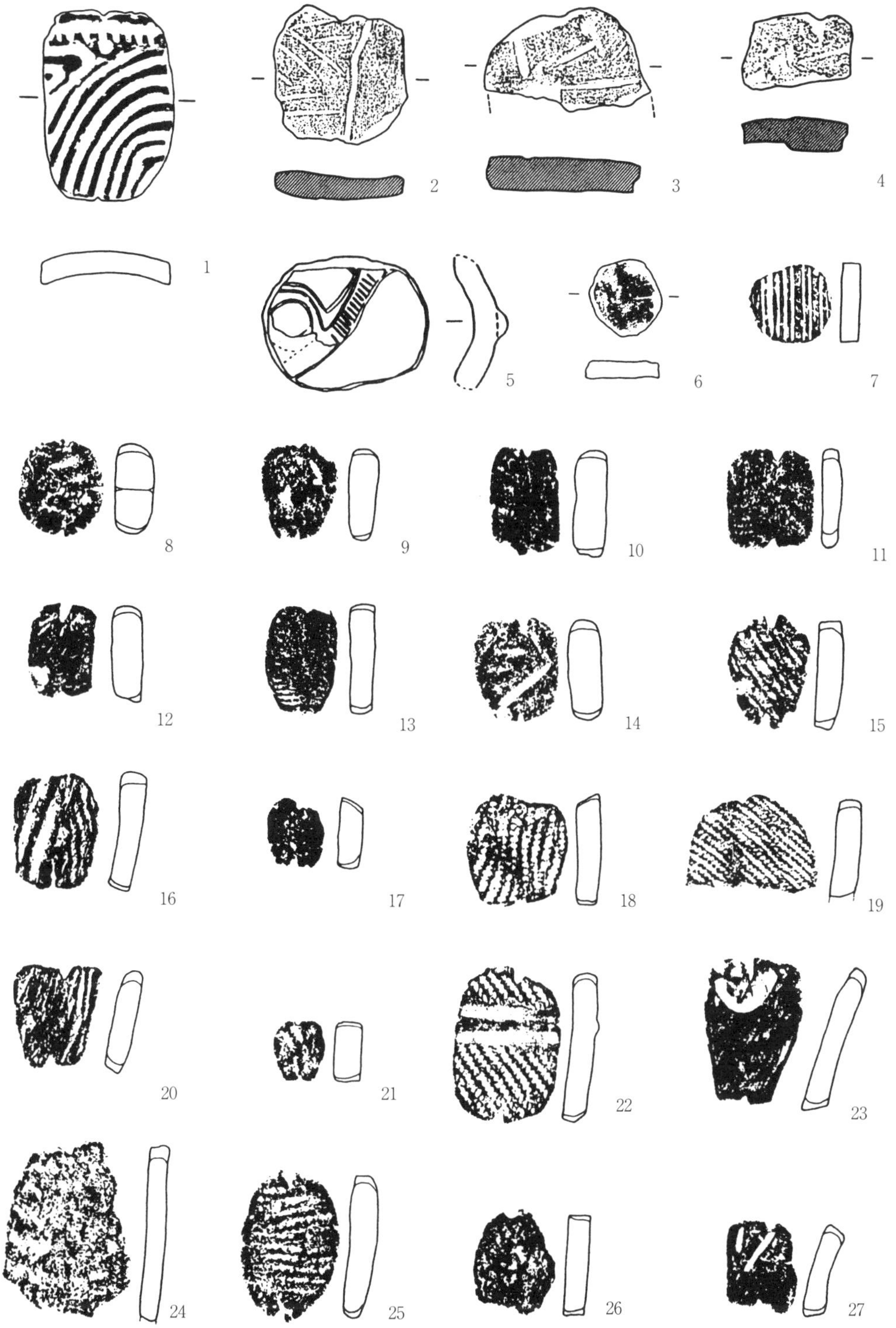

第９図　遺物拓影図（8）（1/3）（1 赤羽根六図Ｄ　2～4 御殿Ｄ　5 六の城　6 城山　7～27 称名寺参道区）

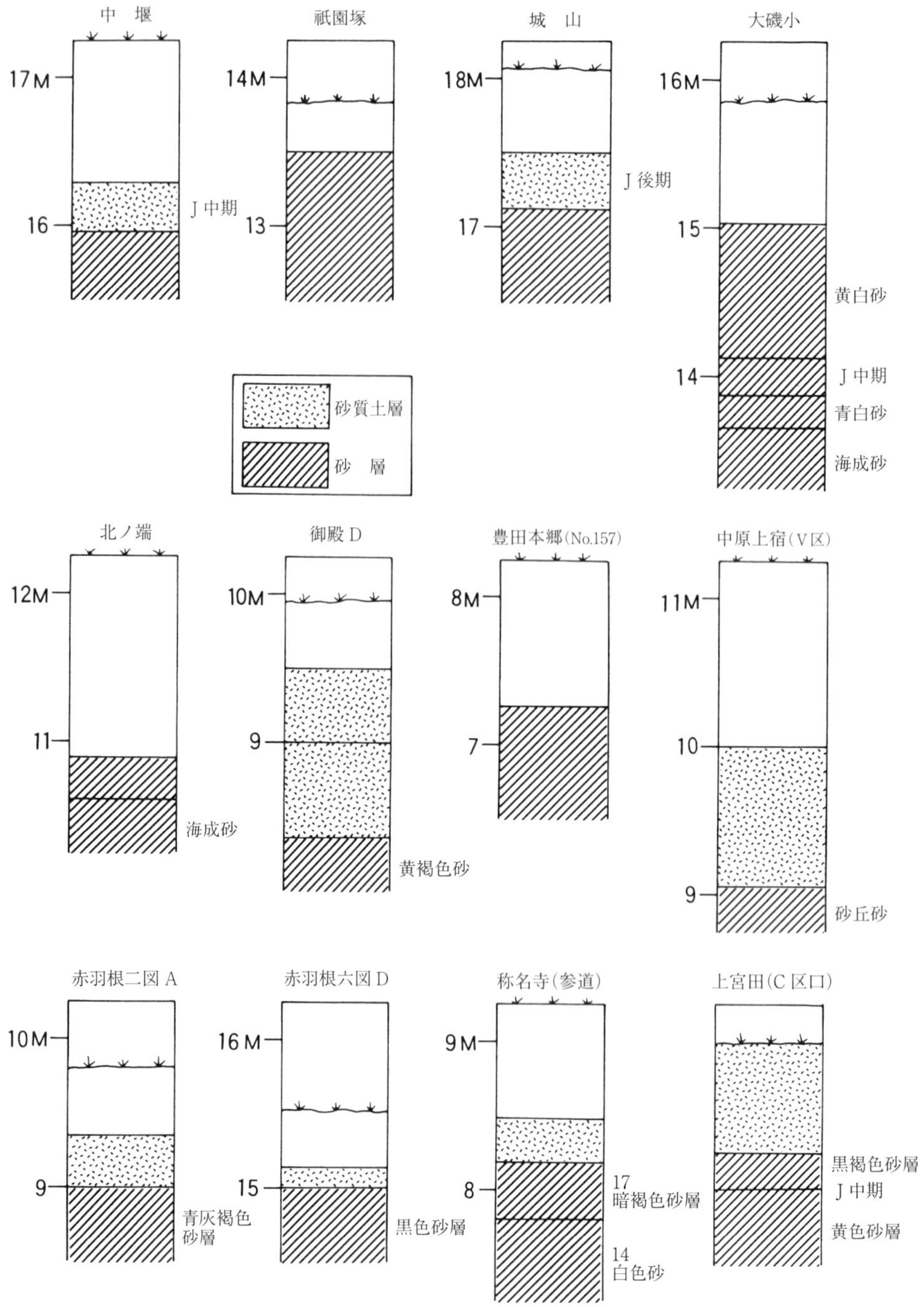

第10図　各遺跡における土層堆積状態

図で見る限りは中期後半の資料に思われる。土製円盤としては大型の部類に入るのではないだろうか。

高林寺遺跡（第4図10）

　真土六の域遺跡の南約四〇〇ｍに位置していて、正確には高林寺遺跡K4地区といい、一九八三年に発掘調査が行われた。遺物は一点で、遺構外出土である。やや太い沈線で区画された中に縄文が施されている。加曾利E式の新しい部分に該当するものと考えられる。

赤羽根二図A遺跡（第8図16）

　相模川左岸の海岸線より数えて五番目の砂丘列（厳密には砂州）に立地していて、一九八二年に発掘調査が行われた。遺物は一点で(7)、中期勝坂式に属するものである。

赤羽根二図B遺跡（第8図11～15）

　赤羽根二図A遺跡に隣接して所在する。遺物は五点で(8)、内訳は浅鉢二点、深鉢三点である。第8図11は羽状の沈線が施されるもので、加曾利BⅡ式の浅鉢に該当すると考えられる。12は渦巻く隆帯と区画内の条線などから曾利Ⅲ式の浅鉢に相当するものと思われる。13はキャリパーが崩れた深鉢で、区画内を沈線で処理しており曾利Ⅲ式に、14は加曾利E式終末に、15は円形区画と胴部懸垂文などから加曾利EⅢ式にそれぞれ比定できるものと考える。

赤羽根六図D遺跡（第9図1）

　赤羽根二図A、B遺跡の東方に位置し、同じ砂丘列に立地する。遺物は一点で(9)、土器片錘である。刻み目の隆帯、曲線的な沈線など堀ノ内Ⅰ式の特長をもった土器である。暗褐色砂層中の出土。

称名寺貝塚（第5～7図、第8図1～10、第9図7～27）

　横浜市金沢区に所在する。標高九ｍの現海岸線に近い砂丘上に立地する。学史的にあまりにも有名であり、後期称名寺式の標式遺跡でもある。現在A～Iまでの九箇所の発掘調査が行われている。図示した資料は、一九八三年に行われたI貝塚（第5図）と参道区出土（第6～9図）のものである（報告書より一部抜粋）。

　第5図2は加曾利EⅡ式、4～7H加曾利EⅣ式、1・3・8～13は称名寺Ⅰ式、14は称名寺Ⅱ式にそれぞれ比定される資料である。これらは貝層及び砂層から出土したものである。

　第6・7図は第14層の白色砂層中より出土した資料である。第6図1・2は前期末十三菩提式、3・4は五領ヶ台Ⅰ式、5～20は五領ヶ台Ⅱ式に属する資料である。また、第7図1～4も五領ヶ台Ⅱ式に、5は五領ヶ台直後型式、6～9は勝坂式でも比較的新しい部類に、10は曾利Ⅱ式、11は加曾利EⅠ式に属する資料である。

　一方、第8図は第17層の暗褐色砂層より出土したもので、第8図2～4は五領ヶ台Ⅰ式、1、5～9は五領ヶ台Ⅱ式、10は加曾利EⅠ式に相当する資料である。なお、第9図7～27は参道区から出土した土製円盤と土器片錘である。本稿では図示していないがI貝塚からも同様なものが出土している。

伝福寺裏遺跡

　三浦半島東南部、平作川が流れ出る久里浜湾の南岸の海抜5～7ｍの砂丘上に立地する。一九八一年より発掘調査が行われた。この遺跡は、独木船が出土した遺跡として有名である。自然貝層が二枚含まれる砂層中より勝坂式・阿玉台式に属する土器が出土し、東半区では、十三菩提式、五領ヶ台式が出土している。本報告されていないため、今回は図示していない(10)。

上宮田遺跡

三浦半島南端近くの標高7～8ｍの低台地上に立地。一九五二年発掘調査が行われた。黒褐色砂層より五領ヶ台・阿玉台式が出土し、そのやや下層から前期諸磯式が出土している。また、黒褐色砂層の下の黄色砂層からも無文土器と黒曜石片が出土している[11]。記録されている遺物が手書き（スケッチ風）であったため、本稿では図示していない。

二　まとめと課題

砂層中より縄文土器が出土した遺跡及び遺物について、その概略を述べたが、ここで若干の整理を行い、まとめとしたい。

まず、検出例の古いものとしては、三浦半島では上宮田遺跡[12]（報告では上宮田砂丘遺跡、神奈川県史では大芝原遺跡となっている）の一九五二年であろう。ちょうどこの三年前、日本考古学協会縄文部会による称名寺貝塚の調査が行われている[13]。

湘南での初見は、中原上宿遺跡の一九七八年で、ほんの十数年前のことで、三浦半島とは実に二〇年以上のひらきがあるわけである。しかし、湘南ではこれ以後頻繁に出土例が増しているのに比べ、三浦半島ではその後一九八一年の伝福寺裏遺跡まで約三〇年の空白期がある。全くなかったわけではないだろうが、それだけ湘南地域の開発のスピードが急速であったことだけは確かだろう。

遺跡の層位を見てみよう。中堰や城山など沖積段丘上に立地する遺跡では、海成砂の上部より出土する傾向にあり、砂丘上に立地する平塚地域の諸遺跡も砂丘砂上部で検出されている。大磯小学校のように海成砂上部に存在しながら、再度吹き上げられた砂により埋没した遺跡（埋没砂丘遺跡）もあり、調査の際の参考例として貴重である。

ところで、称名寺や上宮田、赤羽根では完全に砂層出土となっている。海成砂より上なのか中なのか今一つ判然としないが、今後確かめてみたいところである。

各遺跡の発掘調査報告書から標高を見てみると、段丘上の遺跡で一四～一七ｍ、砂丘上の遺跡で、七～九ｍである。確かな数値は、赤羽根六図Ｄ（第9図1）の一四・五ｍ、諏訪前Ａ（第4図1）の七・五ｍで、詳細な土層断面図のある称名寺では第17層が8ｍ前後、第14層が七・五ｍ前後と大まかに読み取れる。

砂と標高の関係については、平塚市のように地域における基本土層の確立が絶対条件となることは論を待たないが、これには地質関係の方々の協力が絶対必要である。なぜならたとえ出土した標高を記録してもそれ以上の言及ができないからである。

遺物の時期について少し触れておきたい。最も古い時期としては、今回は図示できなかったが、伝福寺裏及び上宮田の諸磯式であろう[14]。これに続くのが出土量は少ないが、称名寺の十三菩提式で、ここでは五領ヶ台式の好資料も多く出土している。湘南では、城山で五領ヶ台式の出土があるだけで、量的に多いのは勝坂式である。その中で、諏訪前Ａの完形土器は極めて突出した好資料といえる。この他、祇園塚、大磯小学校、豊田本郷、赤羽根などでは後期称名寺～加曽利Ｂ式の資料が出土している。

こうして見てくると、一部の地域では前期よりその進出が認められるが、中期により活発化したことがうかがえる。現在までのところ晩期の遺物は、北ノ端で一点確認されているだけである。神奈川県では晩期に属する遺跡は非常に少なく、湘南地域でも数えるほど少ない。

そういった意味で、この資料の持つ意義は非常に大きいと考える。

　このように、全体では前期～晩期の遺物が出土しているわけであるが、圧倒的に多いのは中期の遺物であり、遺跡数の増加とこうした現象とは全く無関係とはいい切れないと思われる。その背景には、縄文海進の問題とともに地域におけるミクロ的な地形の変化と、それに伴う堆積状態の相違などさまざまな解決しなければならない問題があることも否めない。

　いずれにしても、早期から貝塚を形成した縄文人は、海とは切っても切れない関係にあったことは確かであり、砂上で一定期間生活を営んだり、ある目的をもってほんの数日間キャンプ的に過ごしたりしたことは容易に想像できることである。

三　結　語

　砂層から出土する縄文土器は、決して流れ込みではない。私は自分の経験からそう信じて疑わなかったし、もちろん今でもその考えは変わっていない。流れ込みなら少なくとも土器自体丸味を帯びているはずである。ところが、そういった資料は全くといってよいほどなかった。大磯の海岸では、縄文土器を拾うことができる[15]。山崩れなどで遺跡が破壊され、川から海へ、そして海岸に流れついたものであろう。その間、土器は自然の力で丸まって、石器も元の石に戻ってしまったと考えられる。

　遺跡からは土器の他にも立派な石器が出土する。これも流れ込みでない証拠となろう。そういった意味では、いささかくどくなるが、諏訪前A遺跡の完形土器の存在は流れ込みという考え方を一掃する好資料といえる。一日も早く、湘南地域における該期の遺構の検出を望むものである。

註

（1）一九八三、神奈川県埋蔵文化財センター年報1による。
（2）平塚市四ノ域、笹本、大神、五合屋敷などの遺跡がある。また、大磯町馬場台でも石錘が一点出土している。この他、砂層ではないが、小田原市の小田原城三の丸遺跡でも縄文中期後半の資料が一点出土している。
（3）一九八二年に刊行された報告書には掲載されていない。
（4）鈴木一男　一九八五「城山遺跡Ⅱ」。
（5）土器の他に石器も出土している。
（6）平塚市博物館、明石新氏のご教示による。
（7）富永富士雄・大村浩司　一九八五「新湘南国道埋蔵文化財調査報告書」の中には掲載されていない。両氏のご好意で資料を実見させていただき、尚且つ掲載させていただいた。
（8）前掲（7）に同じ。
（9）前掲（7）に同じ。
（10）横須賀市博物館、大塚真弘氏にご教示賜った。
（11）C区試掘部断面図のC区-ハに記載がされている。
（12）横須賀考古学会の報告では上宮田砂丘遺跡、神奈川県史考古資料の遺跡解説（一一四頁）では大芝原遺跡となっている。
（13）この調査の二年後にも同部会による発掘調査が行われている。これがB貝塚である。
（14）土器のスケッチを見る限りでは諸磯C式と判断できる。
（15）大磯町国府新宿～二宮町にかけての海岸で採集することができる。特に夏場の台風シーズン後に多い。

【弥生時代】

馬場台遺跡出土の弥生土器

はじめに

ここに紹介する土器は、一九八四年（昭和五九）八月下旬、神奈川県中郡大磯町国府本郷字馬場台（馬場台遺跡と呼ばれている）(1)にて、道路拡張工事の際、出土したものである。工事担当者の福島章氏および長岡建設諸氏の話によれば、この土器は水道管にはさまれたような形で、口縁部を北西に向け、横倒しの状態で出土したという。

重機による出土のため、口縁部の一部と胴下半部（すでに失われていたものと判断できる）を欠いているものの、非常に形の整った弥生土器といえる。

従来から当地域周辺の弥生土器については先学諸氏により研究がなされているが、(2)細部については、まだ数多くの問題が残されている。本資料は、特に文様がいわゆる「王字文」で、その分布もさることながら、当地域では非常に稀な存在である点を重視し、ここに紹介するものである。本資料を当地域を含めた弥生土器の研究の一資料に加えていただければ望外の幸せである。

一　遺跡の概観

馬場台遺跡は、大磯町国府本郷〜生沢にかけて展開する、弥生時代中期〜奈良・平安時代にかけての遺跡であり、三方を小河川、一方を低い丘陵に囲まれた沖積段丘に立地し、その範囲は、東西約七五〇m、南北約三〇〇mにも及ぶ。

この遺跡については、その重要性が広く知られていたにもかかわらず、これまで組織立った発掘調査はほとんど行われていなかった。こうした状況のもと、一九八〇年、国と県の補助を得て、遺跡の範囲及び内容を確認するため、九箇所の発掘調査が実施された。その結果、平安時代の竪穴住居址三軒、弥生時代後期の竪穴住居址一軒と炉址一基が発見されている。そして、遺跡の範囲は遺跡地図のデータとほぼ同じであったこと、さらに、弥生時代の遺物が台地縁辺部分に分布していることなどが確認されている。

続いて一九八二年には、県の補助を得て五箇所の発掘調査が行われ、前回の調査成果を裏付けるような結果が発表されている。また、一九八三年には、町単独による学術調査（二箇所）が行われている。

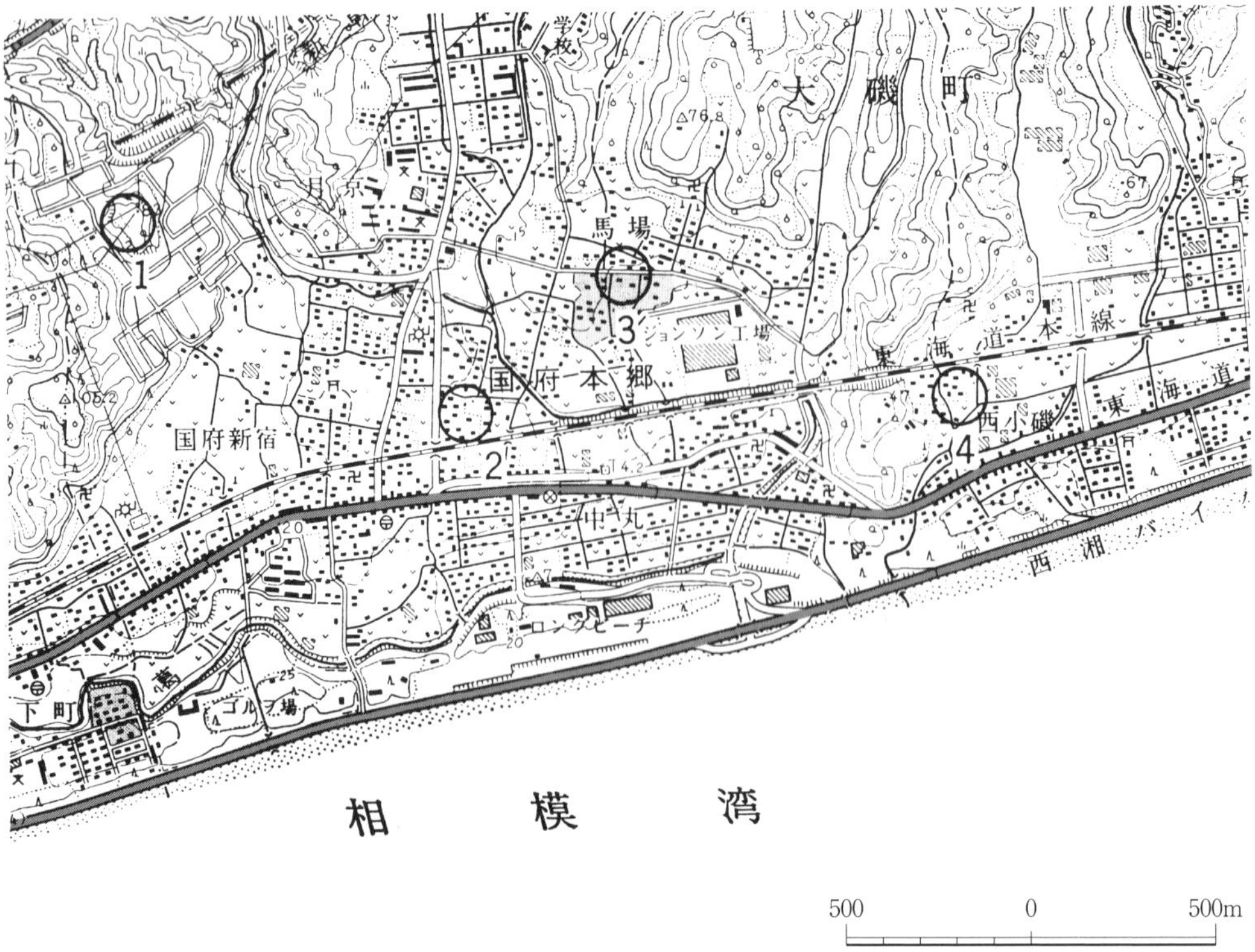

第1図　馬場台遺跡付近の地形図

1 石神台遺跡　2 祇園塚遺跡　3 馬場台遺跡　4 城山遺跡

　このように、馬場台遺跡については一九八三年まで一六箇所の発掘調査が行われてきた。しかし依然として「相模国府」の存在を裏付けるような遺物・遺構は発見されておらず、「幻の相模国府」の名を欲しいままにしている。「相模国府」については諸説あり、未だ正確な位置についてはわかっておらず、文献などからの追求にも限界があることを考えると、今後ますます発掘調査に対する期待が大きくなってくることは事実であり、正確な調査の実施が望まれる。

　馬場台遺跡の周辺には、石神台遺跡③、祇園塚遺跡、城山遺跡④など大磯町を代表する遺跡が点在している。特に石神台遺跡からは、配石遺構とともに二五体以上の人骨が出土し、配石＝墓地という考え方を有利にしたものとして注目された。城山遺跡においては、縄文時代後期と中期の土器が層位を異に出土しており、遺跡の保存状態が極めて良好であることが確認されている。

　近年、馬場台遺跡はもちろん、こうした諸遺跡も個人住宅の建設などにより年々その姿を変えつつあり、早急な対応策が必要となってきている。

出土土器

　現高四六・二cm、口径二四・五cm、胴部最大径四一・〇cm、胴下半部以下を欠損する大型の壺型土器である。器形は、胴部が球形に膨らみ、やや短くて太い頸部が垂直に立つ。口縁部は鋭く外側にひらく。胴部最大径はほぼ中位にある。胎土は、砂粒、小石を含みやや粗い。焼成は良好で堅緻。色調は褐色を呈し、部分的に黒班を持つ。その器面は、刷毛調整の上に篦磨きを行う。光沢が出るほど篦

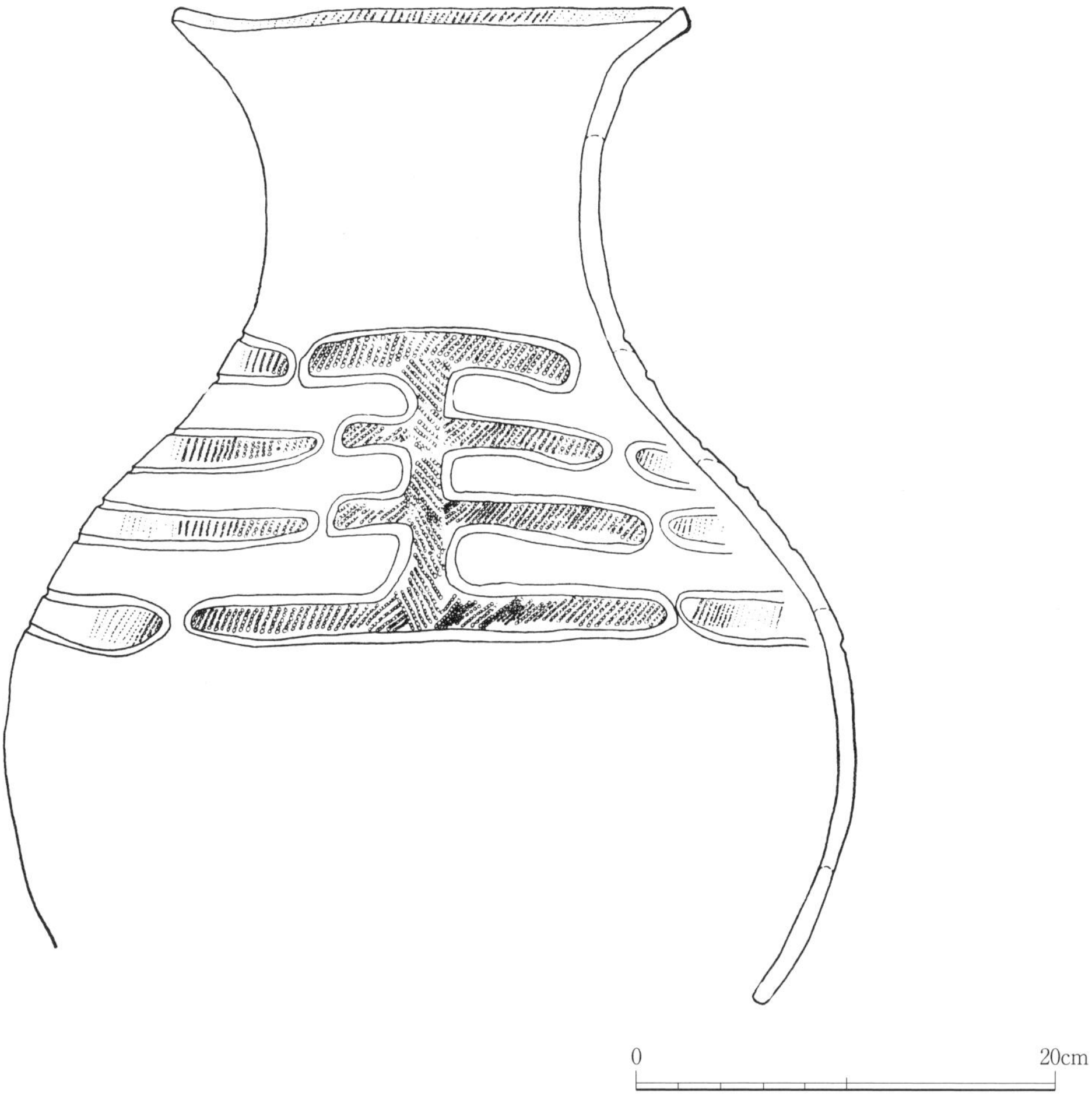

第２図　馬場台遺跡出土土器実測図

磨きを緻密に行っている部分がある反面、箆磨きが粗く、下の刷毛目が残る箇所もある。特に、口縁部から頸部にかけて顕著である。

装飾文様は、口唇端部を幅一㎝ほど面取りし、そこに縄文を施す。胴上半部には四段のいわゆる「王字文」を施文する。（この文様については、あとでさらに触れる。）

この文様の施文順序は次の通りである。（第３図）

①　胴上半部の輪積みの接着部分に上から重ねるように、四段の横の縄文帯を巡らす。

②　縦の縄文帯を横の縄文帯と直交するように、上から四箇所で垂下させる。

③　棒状工具によるやや太めの沈線で区画する。

④　沈線から外側へはみ出した縄文を磨り消す。

なお、留意点として、胴部の破損端面の一部に磨いたあとが認められる。明らかに焼成後破砕後の磨き痕であり、当時、胴下半部以下を欠失した状態で使用したことが想定できる。

考　察

１　分布と編年的位置

本例土器（第２図）は、伴出遺物を持たず偶発的かつ単発的な出土であるため、直接その編年的位置を求めることは困難である。そこで、他遺跡出土の

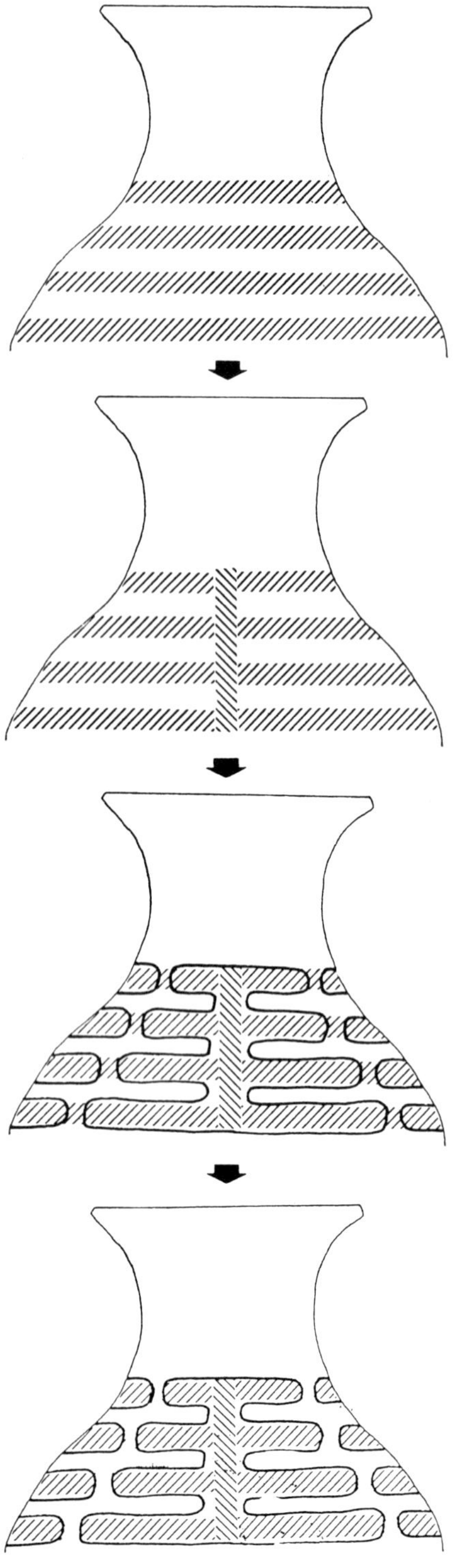

第３図　施文順序模式図

類例土器から間接的に検討してみたいと思う。

まず、本例土器のような文様をもつ土器の分布は第4図のとおりである。破片などをより細かくチェックして行けば類例はもっと増加すると思われるが、大筋の傾向は変わらないだろう。分布図から見るかぎり、その中心は駿河湾沿岸から伊豆諸島、相模湾沿岸にある。

特に駿河湾沿岸に分布の密度が濃く、他と比べて意外と完形品が多く出土している。（第4図では、「王字文」だけでなく、「工字文」と呼ばれるものも含めている。理由は、双方を同時期・同系統の文様と考えるからである。詳しくは後述する。）

次にその編年的位置については、本文様土器が隣接する厚木市子ノ神において、弥生中期後半と思われる土器群とともに出土していることから類推できる。ただ、子ノ神の一連の土器群は中期中葉まで遡る可能性もあり、より古くなるかも知れない。

一方、鎌倉市南御門、横浜市折本西原においては、出土した土器群全体をⅢ期に区分し、本文様はそのうちの第Ⅰ期に伴うものとされる。本例土器も同様に宮ノ台式の古い段階と考えることができるかも知れない。

また、市原市菊間・同大厩の場合も、宮ノ台式土器の古い時期の土器群と伴出しており、上記の判断を裏付けられる。

他方、駿河湾沿岸と伊豆・三宅島出土例は、学史的に矢崎下層式、あるいは矢崎Ⅰ・Ⅱ式、原添式、向原式など多くの名称で呼ばれてきた土器様式の中に位置づけられている。[5] これらの土器様式は、南関東地方の編年と対比させるならば、宮ノ台式にやや先行し、あとはほぼ重なるものと思われるから、先述のとおり、本例土器が宮ノ台の古い段階に属するという判断は、誤ってはいないだろう。

ただ相模湾西部においては、近年、厚木市根ノ神、平塚市王子台な

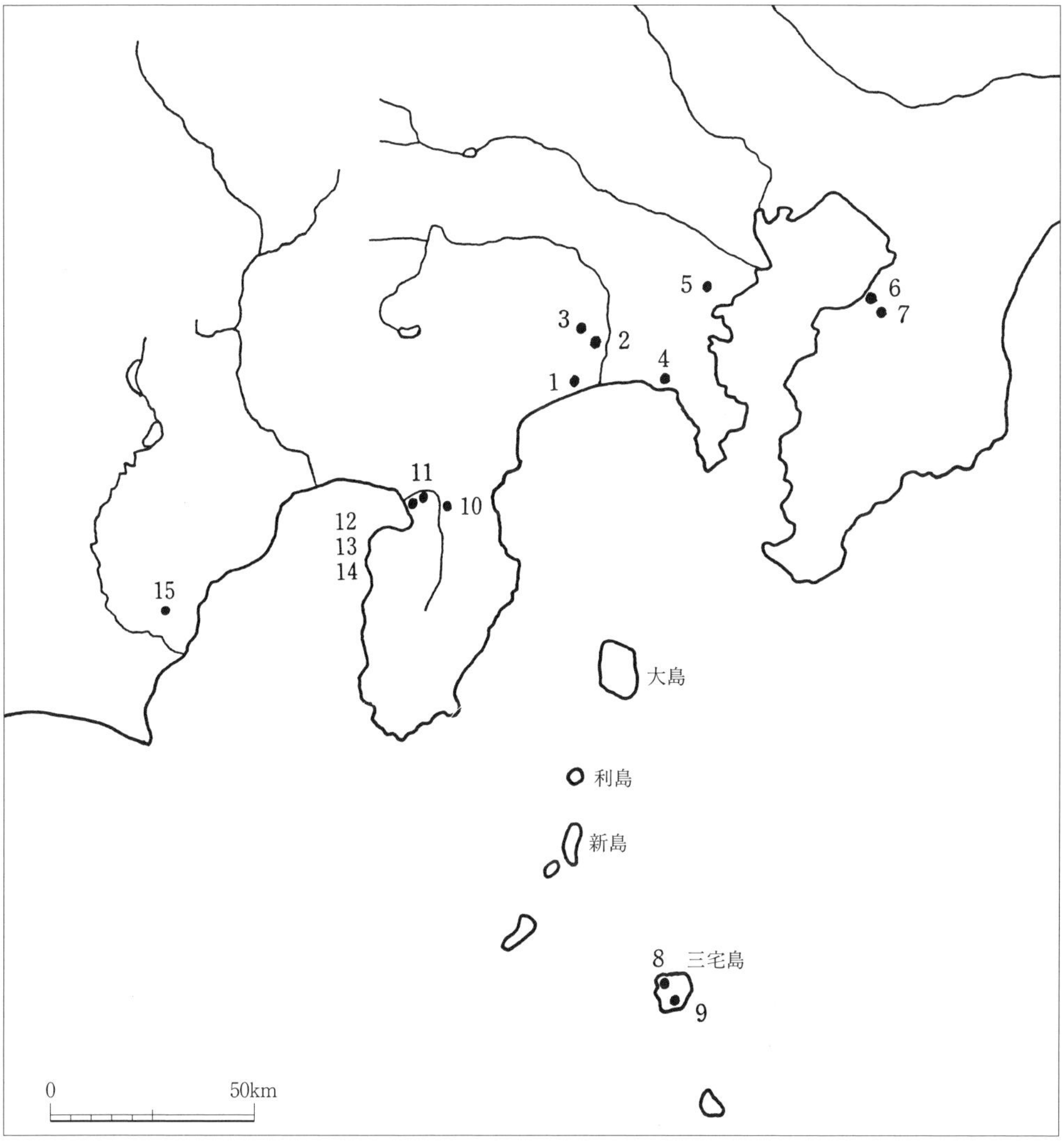

第４図　王字文・工字文を有する土器の分布図

どで、従来理解されてきた、須和田〜宮ノ台の流れとは必ずしも合致しない土器群が出土しており、今後、再検討の必要がある。その中で、自ら本例土器の帰属も明確になってくるだろう。

2　文様とその名称

本例土器の文様は、今まで「王字文」あるいは「王字状文」と呼ばれてきた。しかし、類例を求めそれを検討していくうち、次のような疑問にぶつかった。

それは、横の縄文帯が三段の場合に「王字文」と呼ぶのは納得するにしても、二段の場合は「工字文」と呼んでおり、あるいは四段の場合の名称をどのように称するかということである。そして「王字文」と「工字文」という文様の名称の相違は何を表現するのか。使い分けることに、何らかの意義があるのかどうか。

たとえば、『図解・考古学辞典』[6]で「工字状文」の項をひくと「晩期縄文式土器に用いられる工字状の文様をいう」とあり、南関東の中期弥生土器の文様に、この名を使用するのは適切でない。

また、「王字文」という名称も、北関

王字文・工字文出土遺跡一覧表

No.	遺跡名	所在地	文様	文献
1	馬場台	神奈川県中郡大磯町国府本郷字馬場台	4段	
2	子ノ神	〃　厚木市戸室小字子ノ神	2段	①　②
3	厚木パークシティ No.1	〃　〃　玉川小字川野・荻原	2段	③
4	南御門	〃　鎌倉市雪ノ下	2段	④　⑤
5	折本西原	〃　横浜市緑区折本	3段	⑥
6	菊間	千葉県市原市菊間字北野	3段	⑦
7	大厩	〃　〃　大厩	2段	⑧
8	坊田	東京都三宅村伊豆坊田	3段	⑨
9	大里	〃　〃　坪井大長井	3段	⑩
10	向原	静岡県田方郡函南町柏谷字向原	2段	⑪
11	矢崎	〃　駿東郡清水町徳倉	3段	⑫　⑬
12	軒通	〃　〃　東椎路	2・3段	⑭
13	芝切	〃　〃　石川	4段	⑭
14	荒久上	〃　藤枝市郡	3段	⑭
15	郡		2段	⑮

（文様とは縄文帯の段数をさす）

① 杉山博久ほか　1978『子ノ神』厚木市教育委員会
② 望月幹夫ほか　1983『子ノ神Ⅱ』厚木市教育委員会
③ 井上隆之ほか　1975『厚木パークシティー開発地域内埋蔵文化財調査報告書』
④ 河野真知郎ほか　1981「鎌倉市雪ノ下・南御門遺跡」『第5回神奈川県遺跡調査・研究発表会・発表要旨』
⑤ 河野真知郎ほか　1981『掘り出された鎌倉　新発見の鎌倉遺跡と遺物展図録』神奈川新聞社・鎌倉考古学研究所
⑥ 石井　寛　1980『折本西原遺跡』横浜市埋蔵文化財調査委員会
⑦ 斎木　勝　1974『市原市菊間遺跡』千葉県都市公社
⑧ 三森俊彦　1974『市原市大厩遺跡』
⑨ 橋口尚武　1983「三宅島坊田遺跡」『東京都埋蔵文化財調査報告』10　東京都教育委員会
⑩ 橋口尚武　1975「大里遺跡発掘調査報告」『三宅島の埋蔵文化財』
⑪ 小野真一ほか　1972「北伊豆函南町向原遺跡発掘調査報告」『駿豆考古』13
⑫ 江藤千萬樹　1938「矢崎遺跡予察」『上代文化』16
⑬ 小野真一　1971「駿河矢崎遺跡調査報告　第一次～第三次」『駿豆の遺跡研究』(1)　沼津女子高校郷土研究部
⑭ 小野真一　1979『特別展図録　静岡県の弥生式土器』駿豆考古学会　加藤学園考古学研究所
⑮ 磯部武男　1971「藤枝市郡遺跡出土の弥生式土器」『駿豆考古』11

第5図　霞　文

東から東北南部にかけての初期弥生土器において使用されることがある。

したがって、文様の混同を避けるためにも、これらの名称は使用するべきではないだろう。さらに詳しく土器を観察していくと、多くの例において「王字文」「工字文」を問わず、第3図に示したような技法により施文していることがわかる。[7]そして、横の縄文帯を二段にするのか、あるいは三段、四段にするのかを決めるのは、製作者の意思・表現や文様の相違というよりも、土器の大きさによる装飾空間の都合によるのである。つまり、大型の土器であれば装飾空間が広く、当然、縄文帯を三段ないし四段に配置しなければ、文様と土器とのバランスがとれないだろう。逆に小型の土器であれば装飾空間が狭いので、縄文帯は二段で充分である。要するに、土器の大きさによって縄文帯の数が制限されるという、ある種の規則性があったのではないだろうか。[8]だとするならば、縄文帯の数によって文様の名称を変えるのではなく、より包括的で統一的な名称を設定する必要がある。

そこで、同じようなモティーフをもつデザインを探してみたところ、日本古来の家紋の中に似たデザインがあった[9]。それは、自然現象の「霞」を図案化したもので『霞文』と呼ばれている。第5図に示したものは、「王」の字の中の一本を横に長くのばしたカタチであるが、この紋は他の紋と組み合わせることが多く、二段あるいは四段となったり、横に長くのびたり、縦の帯が喰い違うこともある。

これは、あくまでも仮ではあるが、駿河湾から相模湾にかけて出土する中期弥生土器において、縄文帯を沈線で区画し、磨消縄文手法を伴う文様について、従来、「工字文」あるいは「王字文」と呼んでいたものを、「霞状文」として一括してはどうであろうか。その中で横の縄文帯の数に応じて、「二段の霞状文」「三段の霞状文」「四段の霞状文」と呼んだらよい。そうすることによって、この種の文様が同時期に属するということを表現できるし、同じ系統の文様であることがわかるのではないだろうか。先学諸兄の御意見を伺いたいと思う。

おわりに

以上のように、馬場台遺跡から出土した壺形土器について、文様及び施文順序・方法の特徴、他遺跡との比較など、各分野から観察をしてきた。編年的位置についてはまだ検討の余地はあるものの、大略宮ノ台式の範疇に入れて差支えないとの結論に達した。輪積みと縄文帯の関係については、今後裏付けを急ぎたいと考えている。また、そうした中で、結紐文・舌状文・十字文などと呼ばれている文様との関連も追求していく必要があり、大きな意味で、県西における弥生土器の編年の再検討も考えていかなければならない。

註

(1) 鈴木一男　一九八一「馬場台遺跡」『大磯町文化財調査報告書』二一集　大磯町教育委員会
杉山博久・鈴木一男　一九八三「大磯町馬場台遺跡発掘調査報告」『神奈川県埋蔵文化財調査報告』二五　神奈川県教育委員会

(2) 杉原荘介　一九三六「相模小田原出土の弥生式土器に就いて」『人類学雑誌』第五一巻第一・四号
杉原荘介　一九六一「神奈川県小田原市中里遺跡」『日本考古学年報』九
坂詰秀一　一九六八「神奈川県小田原市町畑出土の弥生式土器に就いて」『上代文化』一九
神沢勇一　一九六八「相模湾沿岸地域における弥生式土器の様相について」『神奈川県立博物館研究報告』一—一
神沢勇一　一九六九「神奈川県考古資料集成」一『弥生式土器』神奈川県立博物館
杉山博久　一九七一「小田原市諏訪の前遺跡」『小田原考古学研究会調査報告書』二

(3) 高山純ほか　一九七四『大磯・石神台配石遺構発掘調査報告書』大磯町教育委員会

(4) 鈴木一男　一九八二「城山」『大磯町文化財調査報告書』二三集　大磯町教育委員会

(5) 佐原真編　一九八三『弥生土器Ⅰ』小野真一「東海東部」ニューサイエンス社

(6) 水野清一・小林行雄編　一九五九『図解　考古学辞典』東京創元社

(7) 未発表資料だが、細かく観察する機会を与えられた鎌倉市南御門例でも、本例土器と全く同一の施文順序によって文様が表現されている。このほか、技法の省略や順序の逆転はあるが、拓本写真などからほぼ同一の技法と判断できるものに、横浜市折本西原、三宅島坊田、沼津市軒通がある。

(8) 具体的な例をあげるならば、本例は現高四六・五cmだが復元すれば六〇cm程度にはなるだろう。そのうち装飾空間として利用できる胴上半部の幅は一五cmである。これに対して鎌倉市南御門例は、復元高約二五cmで、装飾空間である胴上半部は幅七〜八cmとなる。そこから、横の縄文帯の数が決定されるのだろう。

(9) 丹羽基二　一九七一『家紋大図鑑』秋田書店

弥生時代焼失住居の一例

――構造と空間を探る――

はじめに

わが国における火災の発生件数は、一九九五年中に限っていうならば、およそ六万二九一三件で、うち建物火災は三万四五三九件、焼損家屋は五万七九五七棟に及ぶ。また、神奈川県における建物火災は一五六一件で、この数値は全火災の六〇％弱に当たり、焼損棟数は実に二一三一棟に及ぶ[1]。こうした惨劇は、承知のとおり何も最近始まったことではなく、原始・古代から頻繁に発生していたことが考古学的調査によって明らかにされている。

被害の度合いを同一視することは無謀であるが、各家庭における消火器の普及や日頃の訓練等、いわゆる初期消火の充実を考えると、その被害は現代の方がはるかに少ないはずである。

一方、火災の原因を究明したり、それを教訓として各種の対策が講じられてきたこともまた事実である。この背景には、実際の火災はもちろん、数多くの犠牲が存在するが、原始・古代において、火災により焼失した竪穴住居址から学ぶべき点は多い。例えば、上屋の構造や空間の利用状況等、通常ではなかなか得られない貴重な情報を提供してくれる。もっとも、そうした情報にもある程度の制限、制約があることは否めない。

ここに紹介する焼失住居は、神奈川県中郡大磯町馬場台遺跡において、一九九〇年度に発掘調査により検出されたもので、後述するように緊急調査であり、しかも完掘したものではない。そのため、前述した制約も通常に比べはるかに大きいものと思われるが、あえて紹介するものである。

写真1　焼失住居近景

一　事例の概要

馬場台遺跡から検出された竪穴住居址は、長軸八・二m、短軸六・九m、主軸方位N―10°―W（Nは真北）、平面形態は所謂隅丸長方形を呈するものと推測される比較的大きな住居址と考えられるが、これは第2図に示すとおり、住居址の中央部分が幅約四mのトレンチにちょうどかかっていたものであり、推測の域を出ないためである。

壁高は約九〇cm、床は堅く締まっており、遺存状態は良好である。掘り方は特に存在しないが、黄色粗砂を床にしていたと思われ、使用期間中に硬化し、斑状になったものと考えられる。硬化面は一～二cmの厚みを有する。壁に沿うように周溝が巡るが、南側では途切れており、全周するかどうかは不明確である。

炉はやや北側に位置し、九九cm×七四cmの楕円形を呈し、深さは二一cmを測る。なお、厚さ約一〇cmほどの灰の純層が確認されている。

柱穴は三箇所で確認されており、P7は九七cm×八〇cmで深さ九七cm、P9は八六cm×七三cmで深さ八五cmを測る。トレンチの壁にかかっていた柱穴は、真半分ではないが、径六四cm、深さ八四cmを測る。このように確認できた柱穴は、比較的規模が類似するものであることがわかる。また、これら柱穴の断面は第1図に示すとおりで、柱の様子が観察できる。P7の断面では、1及び3が柱の痕跡を物語り、それを囲むように両側に埋土がみられる。1にはブロック状に炭化物が混ざるが、3に全くみられない。P9ではいまひとつ不鮮明であるが、1が痕跡でやや東に傾いて建てられていたようである。また、柱穴ではないが、径二〇cm前後、深さ一〇数cmのピットが一〇箇所以上検出されている。

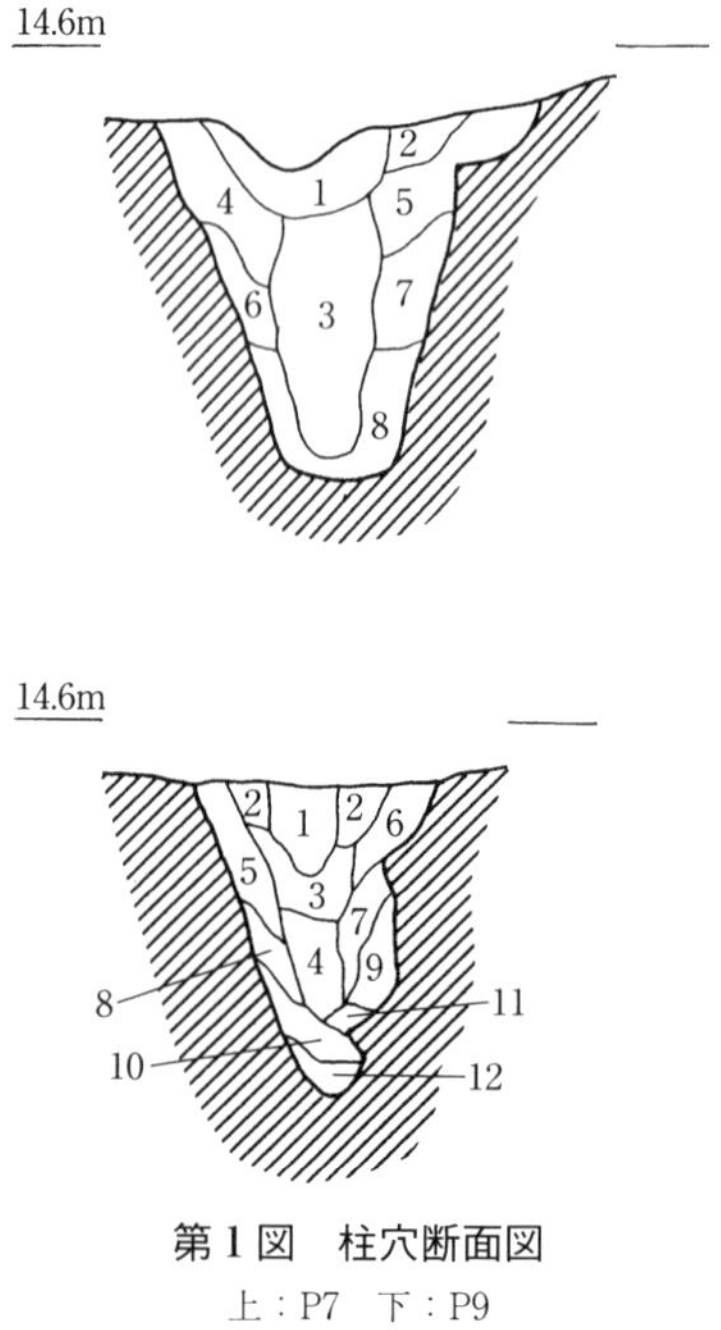

第１図　柱穴断面図
上：P7　下：P9

炭化材は、第2図に示すとおりで、小片は調査区全体に及んでいるが、比較的太い炭化材は相対的に北側に集中している傾向が読み取れる。断面での観察によれば、ほとんどの炭化材は床に接して存在し、壁部分では折れ曲がった状態を示しており、火災発生後倒壊した経緯が看取される。床から壁に向かって直線的に存在する炭化材は、本来は繋がっていたものと考えられる。また、平面での観察では、部分的に放射状になっている箇所が存在する。

一方、焼土の分布は住居址の中央に多くみられる。もっとも、中央には空白域があるので、その外側に分布しているといったほうが適切かも知れない。炭化材との関連では、その下部に、あるいは全く懸け離れた場所に存在する場合等が見られる。この他、ごくわずかではあるがカヤ状植物の炭化したものが見られ、これは屋根材の一部ではないかと考えられる。

遺物はほとんどが炭化材の下部、すなわち床直に存在し、南側貯蔵穴付近では壺[2]、炭化米、骨、北側の炉周辺では、壺、甕、石器の他に

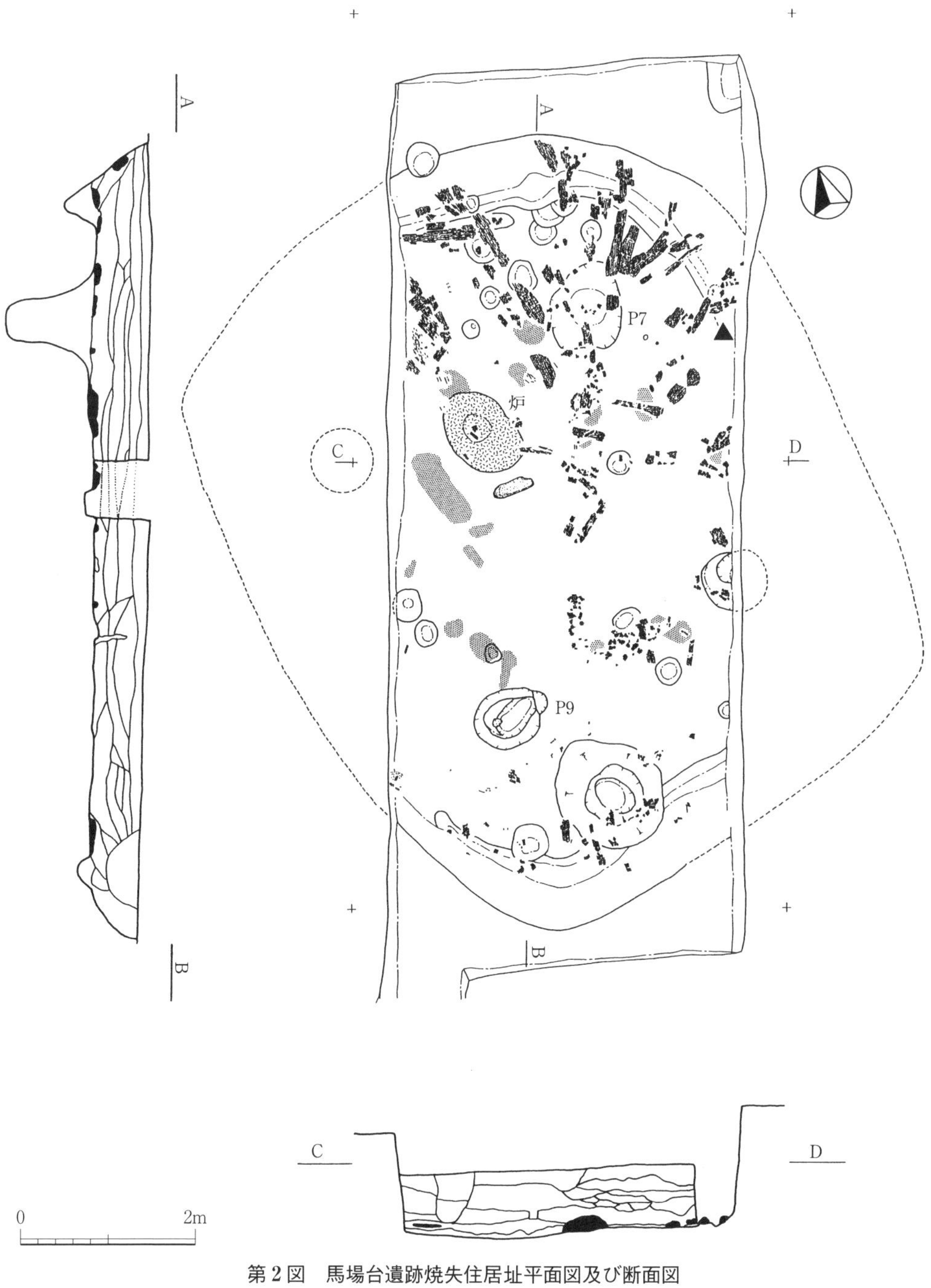

第2図　馬場台遺跡焼失住居址平面図及び断面図

鹿角製鈎が出土している。

二　研究小史

焼失住居に対して検討を加えた早い例は、やはり千葉県安房勝山田子台遺跡（大川一九五四）であろうが、その中で大川清は、火災の種類として「不慮の火災」と「忌避的意図によった放火」が有り得ると指摘し、さらに焼失住居に往々にして存在する焼土に対しても本来屋根に葺かれた土が落下し、焼土化したものと考えた。

一方、大塚実は、埼玉県大谷遺跡（大塚一九七三）の中で、焼土の認められる竪穴住居址にはある種の傾向が読み取れるとした上で、焼土の性格として「防火の為に屋根の内面に塗り付けられた「火の粉よけ」状の塗り土が、火災で焼土化して落下したものであろう」と結論づけた。また、焼土が柔らかくサラサラしているとか、混入物が認められない等、焼土そのものの細かな観察をしている点は高く評価できよう。

寺沢薫は、大阪府観音寺山遺跡の復元住居の火災をもとに、A～Eの諸パターンの存在を指摘する（寺沢一九七九）。このうち炭化木材＋炭灰層＋焼土面の広がりという三要素を具備したもの（A）は火災住居として認定してまちがいないとし、炭化木材を欠くもの（B）も同様であり、炭化木材＋焼土面（C）あるいは炭化木材のみ（D）の場合は慎重な検討が必要であると指摘した。そして、焼土のみ（E）の検出をもって焼失の根拠とはなし得ないとして、「大部分の住居跡記載報告の徹底した不備」で、十分な検討と報告をすべきであることを強調された。これには、常に問題意識をもって調査に望む姿勢が必要ではないかとの戒めが込められていた。

鈴木敏弘は、これらに遺物（土器）の多少をからめ、失火と放火の判定基準を明確にした（鈴木一九八一）。すなわち、最も多い焼失住居は「使用した土器がそのまま出土」し、「炭化材も多量に残存」するが、一方では「土器類が殆ど出土しないで生活用具」を残さないものや「土器類を多く出土し、炭化材が若干存在」するものがあるとした上で、土器が存在しない住居址は、「土器を全々持たなかった場合を除き、焼失以前に持ち出す余裕があったか、または処分を目的として火を自分達でつけたものであろう」と解釈した。

石野博信は、弥生時代から平安時代にかけての四〇〇軒余りの火災住居のうち、遺存状態の良好な一八〇余軒を対象に詳細な分析を行っている（石野一九八五）。具体的には①全炭全焼、②全炭外焼、③全炭内焼、④全炭少焼、⑤外炭全焼、⑥外炭外焼の六タイプに分類するとともに、土器の多少（A・B）を加味し、以下のように結論付けた。

ア　全炭全焼A　放火・失火・飛火等による不慮の火災
イ　全炭全焼B　自らの意図的放火、あるいは他による放火を事前察知していた場合の火災
ウ　外炭外焼A　住居址中央部を火元とする放火・失火・飛火
エ　外炭外焼B　住居址中央部を火元とする意図的放火

そして、「弥生・古墳時代の集落火災は局地的であり、奈良・平安時代は壊滅的である」と結論付けたが、火災住居に関する研究の進展には、やはり「正確な発掘調査と記録」はもちろん、「火災専門家による現地検証と討議」が必要であることを説いている。

三　構造と空間利用

1　周溝の構造と役割

焼失住居の調査で確認し得た情報としては、まず第3図に示す周溝の構造があげられる。炭化した板状の部材が立った状態で検出されているわけであるが（第2図▲部分）、その工程としては、まず周溝を掘り、その際に出た土、すなわち基盤を成す黄色粗砂（第3図2）を周溝壁寄りに敷き、板状の部材を立てる。次に暗褐色土と粗砂が混和した土（第3図3）で前面を圧える。ちなみにこの上面は硬化しており、床面となっている。更に板状の部材がぐらつかないように、壁との隙間に炭化物を含む黒褐色土を入れる。

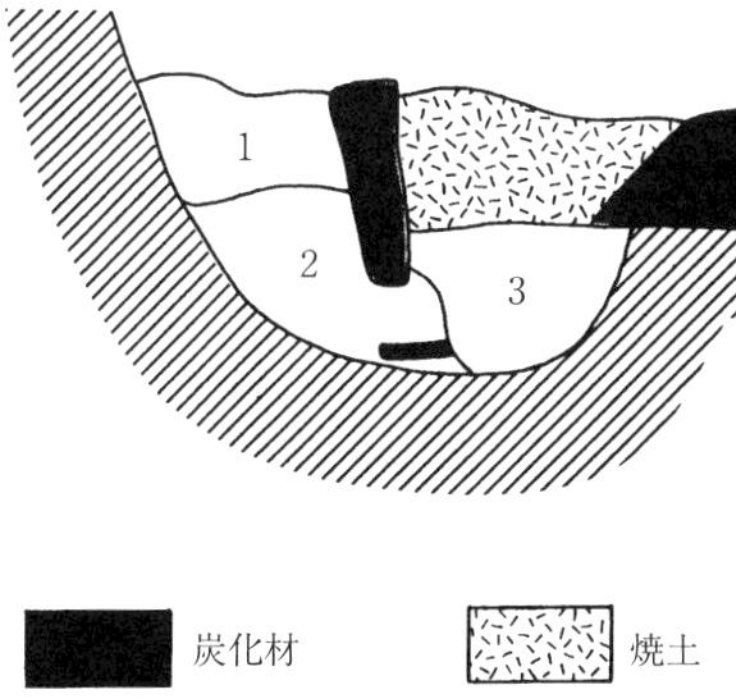

第3図　周溝断面模式図

前項で指摘したように、周溝が全周するか否か不確かなので、こうした様子が全体に認められるとはにわかに判断できないが、いずれにしても羽目板状の部材が存在していたことは確かである。また、周溝内にピットが存在するが、これらを部分的に補強する目的をもつものと考えられる。横浜市大塚遺跡（岡本ほか一九九一）46号住居址や同新羽大竹遺跡（岡本ほか一九八〇）10、17、31号住居址は好例であろう。この役割として、まず壁の崩壊止めが考えられる。本址が立地する馬場台遺跡周辺では砂質土層が主体を成すので、壁の崩壊は一般住居より発生し易い状況にあったことが充分窺え、壁を補強することは必然的な措置であったことが考えられるのである。

板材の存在は静岡県登呂遺跡や大阪府芝谷遺跡でも確認されているが、いずれも長さが約一・二mと長いもので、周堤の土留め用施設との指摘もなされている。本址では周堤の存在を認めるような証拠は何も無かったが、住居掘削時に搬出される土砂は当然その周りに置かれることが予想される。本址の場合は、その規模からおよそ三四㎥の土砂の搬出が見込まれるが[3]、住居址の周囲に幅一mとして積んだと仮定すると、高さは約一・一mとなり、周堤頂部から床面までは約一・七mとなる。ちなみに前記した二遺跡から検出された板材の長さに合わせた場合、周囲に一・五mくらいの幅で積み上げることになる。多少出入り口は低く設定されたにしても、床面までは相当の落差があり、梯子の存在が予想されるが、大塚遺跡の例はまさにその典型であろう[4]。本址では入り口さえ特定できない状況であり、机上の推論といわざるを得ないが、炉の集面の南側に入口を求めた場合、小さなピットが一箇所認められ、僅かながら梯子の可能性を示唆している。

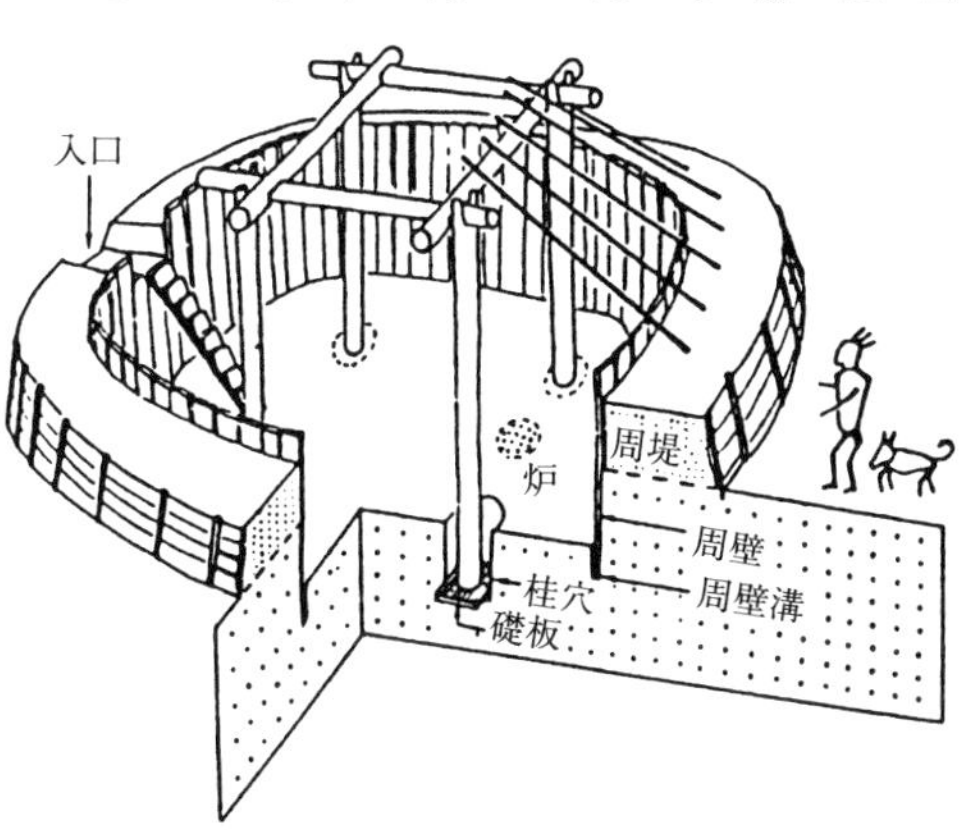

第4図　周堤の様子（都出1975）

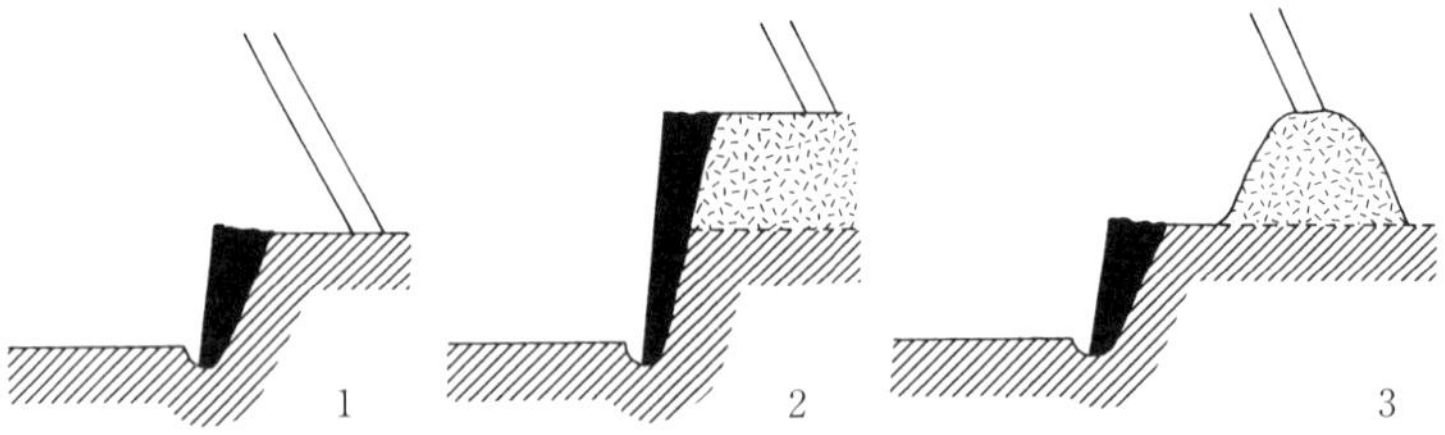

第５図　構造想定模式図

もう一つ考えられるのは、板材と壁の間に土が入れられており、明らかに裏込めされた状態であったことから、置場面積を確保したのではないかというものである。普通、屋根材を葺くために斜めに立て掛けられた垂木が地面と接する部分と壁との間には棚状スペースができる。ここをいくらかでも広く取ることにより、物を置く場所が確保できるのである。

しかしながら、この考えは構造によって左右される場合が多い。想定例を図示してみた。第5図1は、発掘調査で検出されたまま推測した状態、2は周堤を考慮に入れた状態、3は同じ周堤でもやや外側に設けた状態を示した。1では壁際部分は完全にデッドスペースになっており、屋根の勾配によっては立つことが困難な状況が想定される。その点2や3はそうした心配をする必要がない構造といえる。いずれも、板材をやや斜めに設置することにより面積を確保しているが、壁が垂直で板材もそれに合わせたような場合は、単なる土留めとしての役割に終始し、置場面積の確保という考えは成立しなくなるため、構造にかかわる重要な問題を内包しているといえるのである。

ところで、本址の場合は周堤はもちろん、住居址外側のピット等も検出することができなかったので、どのような構造を呈していたのかにわかには断定できず、2や3の構造である可能性も完全には払い切れないが、単純な土留めの役割を果たしていたにしても、住居構築の際に当初から計画され、造られたものと思われる。

2　遺物の分布と空間利用

炭化材とともに出土した遺物はかなり詳細に取り上げたが、完全には整理できていない状態である。主だった遺物としては、甕、壺、石器、釣鉤、炭化米、骨などがある（第6図）。平面的な分布の特徴は、中央に少なく壁よりに多いことである。具体的には貯蔵穴周辺と炉北側である。

まず、貯蔵穴周辺を見てみよう。壺の分布が顕著であるが、特に貯蔵穴より出土している壺は位置的には貯蔵穴の底よりもだいぶ上である。具体的な数値でいうと、一四・二六m附近である。ちなみに、床面は標高一四・五mで、ロート状にすぼまり、下部がやや袋状を呈する貯蔵穴の底部分は十三・八五mである。また、同様に検出された炭化材は十四・三二mである。壺には横倒しの状態で、明らかに二次的加熱がみられたが、これは家屋焼失に伴う部材の落下によるものである。このことから、壺は元々標高一四・二六mの所にあったことが窺え、このときそれ以下の部分、つまり貯蔵穴中～下位は土で覆われていたことが考えられる。同時に、床とは二四cmほどの落差があったことも確かなようで、浅い穴状を呈していたと考えられる。小田原市羽根尾堰ノ上遺跡（杉山一九八六）では、貯蔵穴内に甕が存在するが、やはり底から二〇cmほど浮いた状態が看取される。貯蔵穴東側、入口と考えられる附近には扁平片刃石斧が存在する。

貯蔵穴北側に位置するP9（主柱穴）附近では、獣骨がみられたが、未鑑定である。また、やや壁寄り、床面よりやや上位であるが、炭化米が検出されている。DNA分析法によりジャポニカに属するものとの結果が出ている。[5] なお、炭化米は横須賀市鴨居上の台遺跡（岡本ほか一九八二）一三五号住居址（火災住居址＝弥生時代後期）でも検出されている。

炉北側では、壺や甕の他、礫、小形柱状片刃石斧、鹿角製釣鉤が検出されている。甕のうち一点は底部を欠いた状態で周溝内に逆位で検出されている。前に述べた棚状スペースに置かれていたものが火災時に転倒した結果というよりはむしろ、もともとそのような状態で存在した可能性が高い。[6] 土器が存在する部分の周溝が、そこだけ膨らんでいることからも窺える。

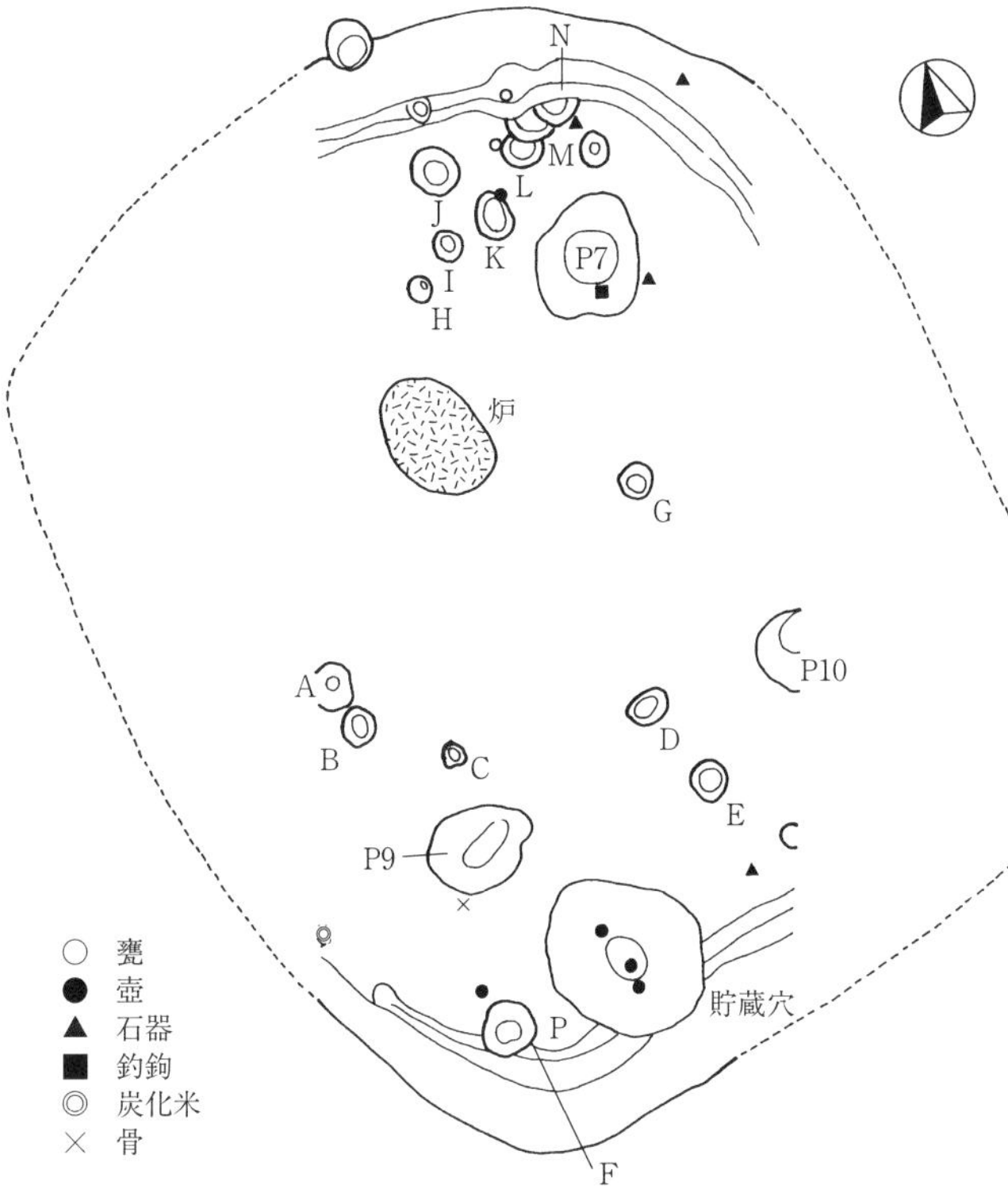

第6図　馬場台遺跡焼失住居址の遺物の分布

遺物の大まかな分布と全掘していない状況から、本址の空間利用を吟味することはいささか危険であるが、本址が火災により焼失し、家財道具の大半を持ち出せなかったことを前提に若干考えてみたい。

まず、想定される本址の空間利用として、①貯蔵スペース（貯蔵穴と主柱穴P9周辺）および②作業スペース（炉北側の小ピットH～N周辺）があげられる。特に貯蔵穴周辺については壺の存在が顕著であり、炭化米の存在と併せて「貯蔵」の場として機能していたことが窺える。そして、附近からは獣骨等もみられ、「解体・調理」の場であった可能性をも示唆している。ここには小ピットA～Fが存在するが、この役割は何であったのだろうか。ABとCDは共に主柱穴を結ぶ線上、つまり梁ないし桁のほぼ真下に位置する。弥生時代の住居址には往々にして、主柱穴以外に用途不明な小ピットが検出されるが、類似する例を掲げてみた。第7図1の新羽大竹遺跡17号住居址では南北方向同一線上に平行に位置し、2の大塚遺跡Y42号住居址では炉北側の主柱穴を結ぶ線上、3の鴨居上の台遺跡137号住居址では柱穴を結ぶ線上よりやや外側に、4の折本西原遺跡26号住居址では1と類似するが片側のみ見られる。

大塚遺跡（第7図2）では、Y42号をはじめこのほかに、5・8・50・53・61号等いずれも炉の北側にこうした小ピットが存在する例が多い。一方、新羽大竹遺跡ではどちらかというと、炉の左右に存在し、折本西原遺跡でも同様なタイプが見られる。前者では「奥」が、後者

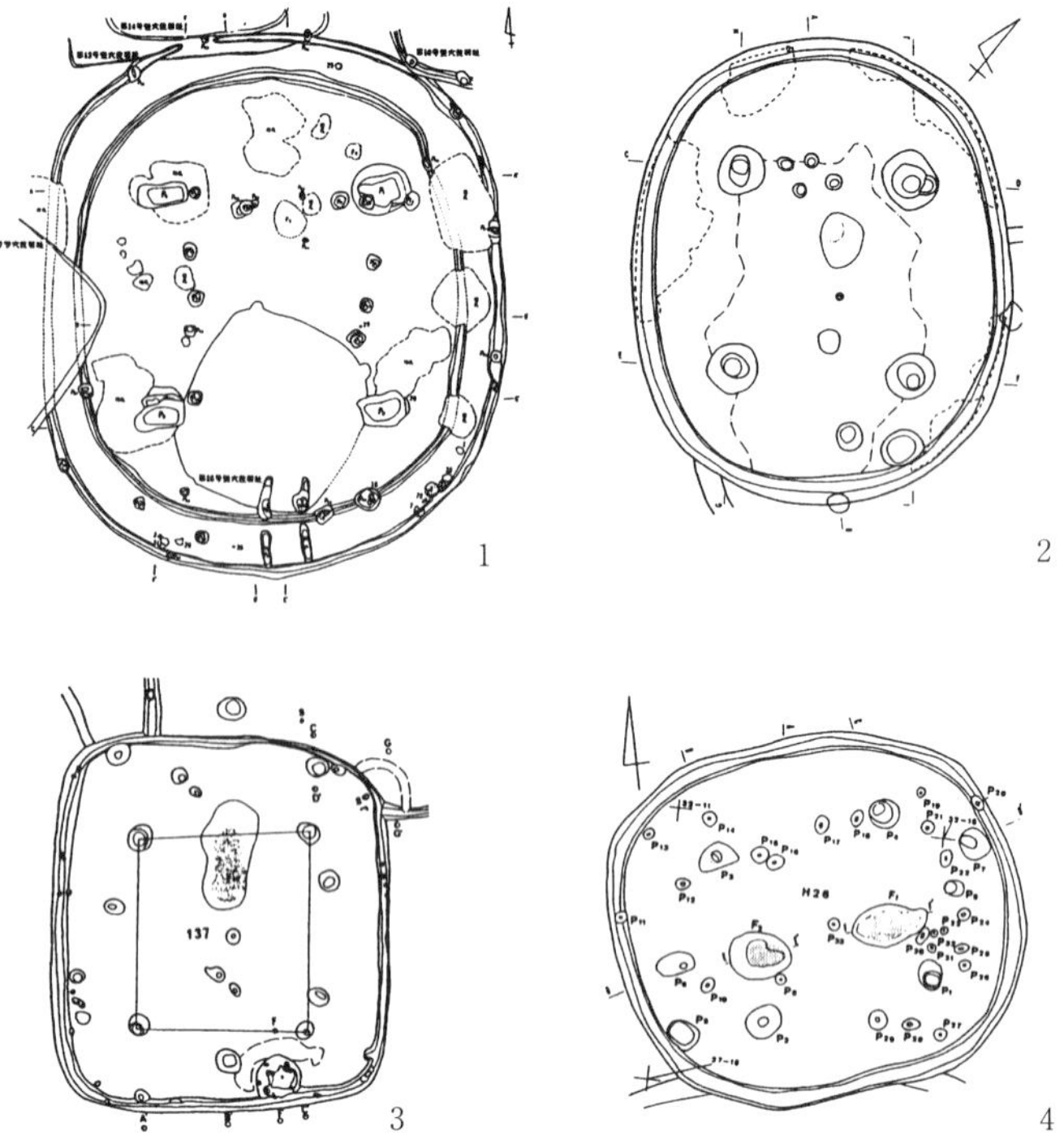

第7図　小ピット検出類例（1）
1 新羽大竹 17 号　2 大塚 Y42 号　3 鴨居上の台 137 号　4 析本面原 26 号

では「左右」が強く意識されていたものと考えられるが、これらはすでに指摘されているように間仕切りであった可能性が高い。

　本址の場合も、貯蔵の場を明確なものにするために、E—D—P9—Fのような形で囲ったことが想像される。またP9—B—A—も想定されるが、これは新羽大竹及び折本西原遺跡例と極めて類似するものであるといえる。ただ、どのようなもので、どのように間仕切りしたのかが課題として残る。たとえば、梁あるいは桁まであるような高いものであったのか、腰高程度のものなのか、また板材か、ムシロ状のものか、などである。つまり、高低の差こあれ、壁状を呈していたのかどうかという点に集約される。この点で会田進は、長野県橋原遺跡（会田一九八一）において、「間仕切りの壁のためではなく、…場を区分する間仕切り柱」として「間柱」を提唱されている。住居址の中央ではないが、主柱穴を結ぶ四角形の内側のピットを有する例は大塚遺跡Y38～40号住居址、新羽大竹遺跡6号住居址、炉の回りにピットを有する例としては、大塚遺跡Y20や81号住居址をあげることができ、充分考慮しなければならない問題といえる。

　さらなる課題は、こうした小ピットが果たして同一に存在していたかどうかという点であり、[7] より慎重な調査が要求される。

　炉の北側（第6図）はどうであろうか。土器、石器、釣鉤の出土が見られ、あたかも作業スペースのような感じを受ける。しかし、土器はともかく石器の数は少なく、ここで何らかの作業をしていたとは到底考えにくい。問題はここに存在する小ピットである。

　本址と同様に炉の奥に小ピットが多数検出される例は少なくない（第8図）。例えば、折本西原遺跡（第8図1）では、このほかに、19・25・Y18・Y23号住居址など多数存在し、大塚遺跡でもほかに、39・45・48・49号住居址など10軒以上の住居址において認められる。

　特に折本西原遺跡Y49号住居址では土器（壺）が据えられており、「壺のような安定性の悪い土器を埋置した」可能性が高く、「物を置く空間として意識されていた可能性」を示唆するものとされている。また、同遺跡Y11号住居址では、多数存在する径二〇cm、深さ五cm程度の小ピットのうちの一穴から土器片が密着して出土している。さらに、大塚遺跡Y26号住居址（火災住居）では、壺や甕、石器などが集中的

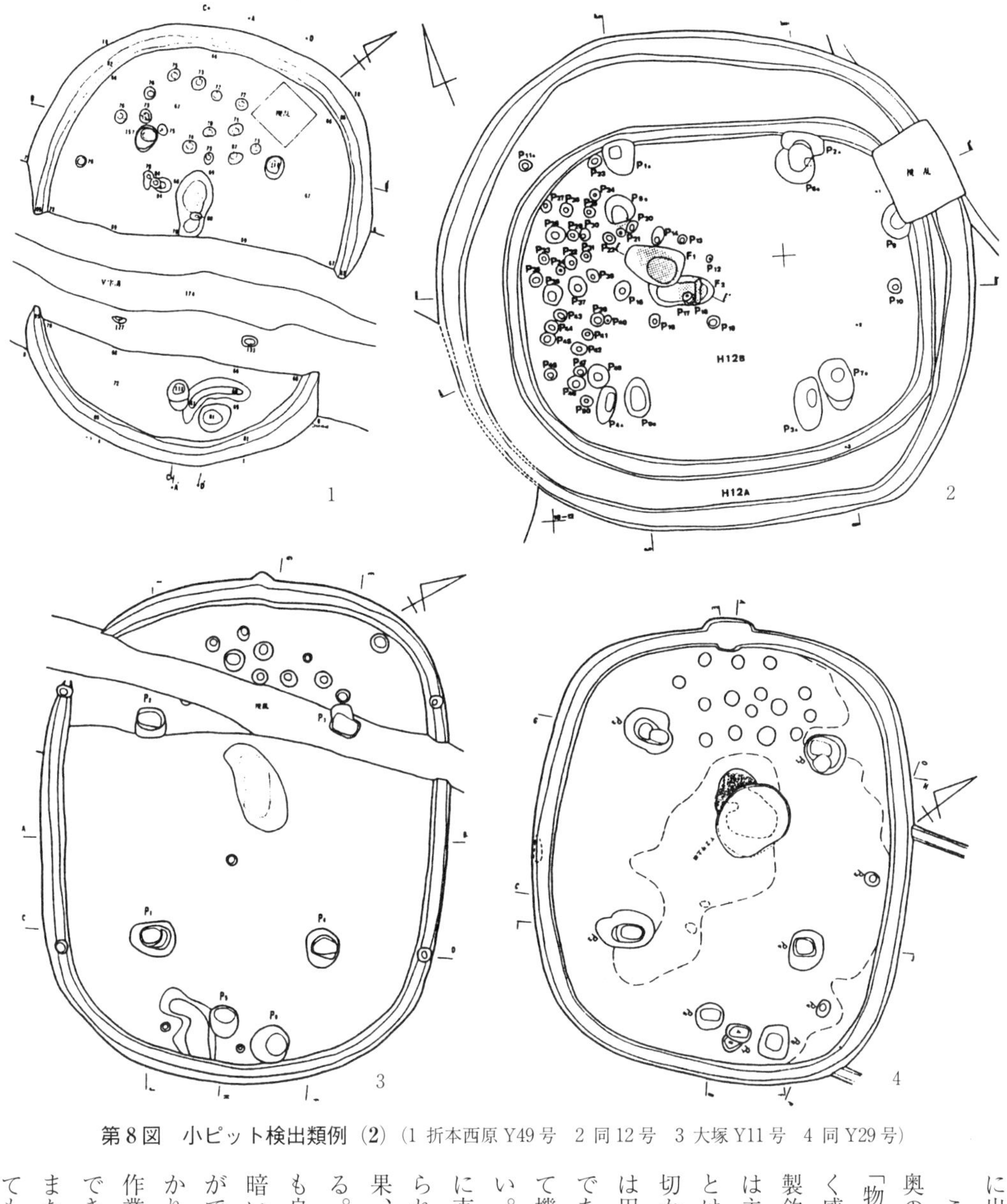

第８図　小ピット検出類例（2）（1 折本西原 Y49 号　2 同 12 号　3 大塚 Y11 号　4 同 Y29 号）

に出土している。

　このような点から考えると、炉の奥の部分は「作業の場」ではなく、「物を置く場」であった可能性が高く感じられるのである。ただ、鹿角製釣鉤の存在が気になる。位置的には主柱穴P7附近で、厳密には炉の奥とはいいがたく、脇といった方が適切かも知れない。釣鉤は当然単独では用を成さず、やはり竿や糸が必要である。しかも、いつでも道具として機能を発揮できなければ意味がない。とすれば形状から察しても、床に直置きするのではなく、立て掛けられていた可能性が高く、焼失の結果、釣鉤だけが残ったとも理解できる。一方、道具はほとんどといっても良いほど「手入れ」を必要とする。暗い住居址の中で、どの程度の作業ができたか判然としないが、炉の明かりの側で手先を使った短時間の軽作業、例えば釣鉤の手入れ等は充分できたのではないかと考えられる。また、夜間でなくとも雨天時においてもこうした作業を行っていたものと考えられる。

このように、炉の脇は「物を置く場」あるいは「軽作業の場」であったことが窺え、炉の北側部分＝主柱穴P7を含む一帯が「物置」並びに「作業場」として機能していたことが推察されるのである。

村田文夫は、折本西原遺跡12号住居址（第８図２）の小ピットに対し、弥生時代において板材や割材が比較的多く検出される事実に注目し、「この奥部空間には簡易な板張りがあり、無数の小ピットはそれを下部から支える一種の束柱ではないか」と推察している（村田一九九二）。これは、奥の部分を神聖な場（祭祀）としてとらえたもので、当然一種の区切り的なものが必要となろう。ただ、本址の場合はどちらかというと先述のとおり、「物を置く場」として利用されていたようであり、炉の近くでの軽作業と併せ考えると、この部分の間仕切り的なものはかえって邪魔になり、空間の有効的利用が妨げられるのではないかと考えられる。

四　収　束

馬場台遺跡において検出された弥生中期（宮ノ台式期）の焼失住居の調査をとおし、確認できた事実と想定される事象について述べてきた。

本址の場合、部分的な調査であったため、炭化材や焼土の分布状態が今ひとつ把握できないものの、先の石野氏の分類に従えば「全炭全焼A型住居」に該当する可能性が高い。これは放火・失火・飛火等による不慮の火災であり、また住居址内に残された遺物の量から、ほとんど運び出す余裕がなかった、つまりそれほど火のまわりが早かったことが想定される。

寺沢薫による大阪府観音寺山遺跡の復元住居址の火災状況でも、「屋根よりもうもうとたちこめる白煙で気がつき、直後に火の手が上がった。…発見から約30分、屋根は全焼して落下し、骨組木材は火に包まれていた」ということからも窺えよう。

確かに木造では火のまわりも早いだろうが、家財道具を持ち出せなかった理由としては、屋内の、あるいは外部の人間がいつの時点で火災に気がつくかということもかなり重要なウェートを占める。例えば、夜間就寝後さほど時間的に経過していない、つまり完全に寝入ってしまった場合とか、日中たまたま一家全員が外部にいた場合等は当然発見が遅れ、気がついたときはすでに手の施しようもない状態であったことが考えられる。そして、前者の場合はそれこそ着の身着のままで外に出るのがやっとであったろうし、後者の場合は火の勢いや熱で、とても住居内部に入って家財道具を持ち出すことは不可能であったことが想像される。

やはり出火の要因は屋内に求めるべきであろうが、火元を特定するに至っていない。これには上屋の構造も関係してこようが、全掘していないため不明といわざるを得ない。ただ、上屋構造に関して気になる点がいくつかある。まず、炭化材の中に主柱穴らしきものがあまり見られない点である。これには幾つかの可能性が指摘される。

①　鎮火後に抜き取った。

②　火災発生前にすでに無かった。

③　建物の倒壊に伴い倒れ、燃え尽きた。

①は、いわゆる片付けの行為に該当するが、その場合、周辺に存在する炭化材や焼土が確実に柱穴内部に混入する。本址の場合、検出し

た柱穴において、そうした状況は認められなかったので、片付けの行為はなされなかったと考えられる。ただ、柱穴の断面を詳細に観察できたのは、二箇所だけであることから、一概に片付け行為が無かったと断定することはできない。

②については、元々無かった場合と事前に抜き取った場合が想定される。前者は建物構造上必要なかった場合であるが、本址ではこれに該当しない。後者は建物解体に起因するが、遺物の量や出土の状態から、その可能性は極めて少ない。

③の場合はどうであろうか。倒れた主柱穴は燃え尽きる場合も充分考えられるが、地中に埋まっている部分までは及ばない。だから柱穴上部、つまり床直部分にはそうした痕跡が認められるはずである。本址の場合は、柱穴断面観察で少なからずそうした痕跡が認められ、特にP9ではかなり大きな炭化材も検出されている。したがって、③の可能性が強いといえる。また、柱穴断面の観察では、柱痕の幅は二〇〜三〇cmを測るが、それに近い炭化材はP7附近で三本纏まって存在している。この在り方から、梁組に扠首を渡したのではないかとの想定が可能である。

一方、方向を異にする炭化材の存在も気になる。これらは下の方で斜め材を支える横木かも知れない。もうひとつ、柄穴を有する炭化材がある。当然、差し込む機能を有するから上部構造に関連するものと考えられる。

いずれにしても、樹種同定をはじめとする一連の整理作業が終了した時点で、再度検討を加えたいと考えている。

おわりに

人類は火を使い、巧みに生活に取り入れて充分にその恩恵に浴してきたが、時として大きなしっぺ返しを被った。誰しも常に気をつけているわけであるが、ほんのちょっとした油断で火災は発生してしまう。正直、火災の恐ろしさは遭遇した人間でなければわからないかも知れない。筆者もその一人であるが、建築部材から発生する有毒ガスで目や喉の痛みが激しかったこと、布団等はいつまでも燻っていたことを思い出す。火は出しても、貰っても誠に困るもので、これは原始・古代においても同様であったはずであり、如何に消火するのではなく、如何に火を出さないかに終始していたと考えられる。そうした状況の中でも火災は発生するわけであるが、その場合、どのような対応をとっていたのであろうか。当時は数軒あるいは十数軒で集落を構成していたわけで、燃えている家屋の消火よりも、飛火による類焼防止、換言すれば集落として機能するための安全確保に努めていたのではないかと考えられる。

焼失住居は、確かに多くの情報を提供してくれるが、はじめにも記したとおり、かなりの制約を受け、課題を多く残す結果となってしまった。これは部分調査であったことにも起因するが、限られた情報を的確に収集・整理するためには、やはり問題意識の有無が大きく係ってくるといっても過言ではないだろう。

註

（1）神奈川県環境部防災消防課編集の『平成7年度　神奈川消防年報』に

よる。

（2）壺の中の魚骨は、渡部誠先生に実見していただき、カツオの脊椎であることが判明している。

（3）全体形状も定かではないので、単純に求めた。長軸（八・一一m）×短軸（六・九m）×深度（〇・六m）＝三三・九八四≒三四㎡

（4）梯子がかけられていたことを示す土層の堆積状態から、その角度は六〇～六五度の傾斜で、この角度の延長線と垂直な壁のそれとの交点を求めると、一m以上の高さになる。また、梯子と思われる炭化材の一部も発見されている。

（5）静岡大学農学部助教授佐藤洋一郎氏による。郷土資料館たより＝レポート14号（一九九六）参照

（6）横浜市大塚遺跡Y61号住居址でも検出されているが、周溝内ではない。

（7）折本西原遺跡でも同様の指摘がなされている。

【古墳時代】

墓道小考

はじめに

古代東国では古墳と並んで横穴墓が盛んに造営されたが、承知の如く、これは丘陵斜面に穴を横に穿って構築されるもので、なおかつ単独で存在する場合は稀であり、ほとんどは複数以上、つまり群を成している。

こうした横穴墓、横穴墓群については、分布や構築時期、造営期間、構造、被葬者も含めた社会的背景等、先学諸氏により様々な地域で、あらゆる角度から問題が提起、整理され、序々にその性格が明らかになりつつある。とりわけ遺物による時期決定、計測による構造把握は発掘調査により比較的明確に示される場合が多く、九州では五世紀後半の須恵器や墳丘を伴うものも存在し、特に後者は山陰にも認められ、伝播が西から東へと拡散していったことが確認されているが、その進行は必ずしも単純なものではなく、むしろ複雑なものであったことが指摘されている（池上一九九四）。それとともに、羨道外側の平坦部における調査・研究も旧来に増して進み、その機能についても、横穴墓掘削土の搬出、構築材の搬入、墓前祭の場所（甘粕一九五七、岩田・川崎一九六二）の指摘がなされ、同様に、そうした部分の名称についても前庭部、導入部、切通しあるいは墓道など様々な形で表現されるに至ったが、これは形状が同一ではないことに最大の原因があった。すなわち、前庭部が平坦面をなす場合と幅が狭く長い場合の二者が認められるが、特に後者は天井の有無で、羨道と墓道とに区別される。どの言葉が最も妥当なのか、明確な概念によって規定されるべきであろうが、全体を総括する言葉としては、現状では池上悟が言う「墓前域」が最も適切と思われる。

本稿では墓道について、まさに墓前域に含まれる構造の一部と理解されるところの「狭義の墓道」と、集落と横穴墓を結ぶ、あるいは横穴墓に至る「広義の墓道」の二者があるという基本的な考え方に立つ。先学の業績を引用しながら、横穴墓が集中する相模大磯丘陵において、谷の出入口を同じにする比較的まとまって存在する十数群の横穴墓群を一つのモデルとして選び、墓道について想定を行うが、これには筆者が自ら発掘調査した神奈川県北中尾横穴墓群（鈴木一九九二）で墓道らしきものを検出したこと、また、四年に及ぶ立正大学の詳細な分布調査によって[1]、大磯町の横穴墓群の現況をほぼ把握できたことに起因するものであることを記しておく。

一　墓道の検討

集落内において、何らかの要因で死者が出た場合、死者を横穴墓まで運び、なおかつ内部に安置する作業が伴うが、そこには道の存在があり、はたまた人の存在もある。

これは何も横穴墓に限ったことではなく、古墳はもとより現代の墓地に至るまで、埋葬様式の差異に拘わらず認められるものである。

中でも古墳に関しては、特に関西方面において水野正好が詳細な分析を行っている（水野一九七五）。

すなわち、福岡県片江古墳群において羨道の先端が直角に曲がり墓道に取り付く例をもとに、兵庫県雲雀山東尾根古墳群、同中番古墳群を墓道の復元を通して、古墳群の群構造や形成過程にかかる諸問題を明らかにするとともに、石室の形態や規模等を加味して群集墳造営の社会的背景を考察している。

結果として、一世代一基の造営を強く印象づけたが、氏の言う墓道の概念としてあげられた以下の記述（頭番号は任意に付けた）は、横穴墓群にも多いに活用できるものと考える。

① 根道：集落から古墳群にたどりつく道
② 幹道：根道から岐れて古墳群の内を貫く道
③ 枝道：幹道から岐れ、いくつかの古墳を連繫する道
④ 茎道：枝道から岐れ横穴石室墳の羨道に至る道

このうち①～③が前述した「広義の墓道」に、④が「狭義の墓道」に該当するが、両者が一体をなすものであることはいうまでもない。

この手法を横穴墓群に積極的に応用したのは、福島県清戸迫横穴墓群三一八基の横穴墓群が存在するものの、発掘調査で確認された横穴墓は全体の約六分の一程度で、横穴墓自体開口しているものもあれば、ボーリング棒で確認されたものや入口のみ確認できたものなど平面形態や天井形態等、データーとしては必ずしも充分揃っている状態ではなかったが、第1図に示すとおり、墓道の復元を行っている。それによれば、北側の横穴墓群の入口から南西方向に太い幹道が走り、幹道東側には沢の中に四つの枝道が認められ、方位性をもつ一四の茎道が存在するが、西側には枝道が無く、幹道から一六の茎道が横穴墓群に延びていて、なおかつ一つの横穴墓群の平均基数が東西で異なり、明白な差異が指摘できるという。

（渡辺一九八四）である。東西約六〇〇m、南北八〇〇mの範囲に三〇

ここで問題なのは三〇群ある横穴墓群のうち、いち早く横穴墓を造営したのは、どこかということであろう。それは想定された墓道にも大きく影響し、ひいては群構成から社会的背景にまで及ぶものと考えられる。数少ない図から判断すれば、この地域の初現形態はα群やΣ群に代表される矩形平面のドーム形天井といえるが、当然の如く一つの群がすべてこの類型で占められているわけではなく、異なった類型、例えば平面が不整形、あるいは天井部がアーチ形なども相俟って、一つの群を構成しているわけである。したがって、群集墳同様に、一つの横穴墓群の構造なり、共通性などを充分把握しておく必要があるわけである。

また、基数であるが、遺跡台帳基数や肉眼での確認基数は、確かに一つの目安になる場合もあるが、発掘調査によって倍もしくは倍以上の基数になることがしばしば多い。それも基数が単純に増加するのではなく、一段であったものが三段になるなど当初とは全く異なった様

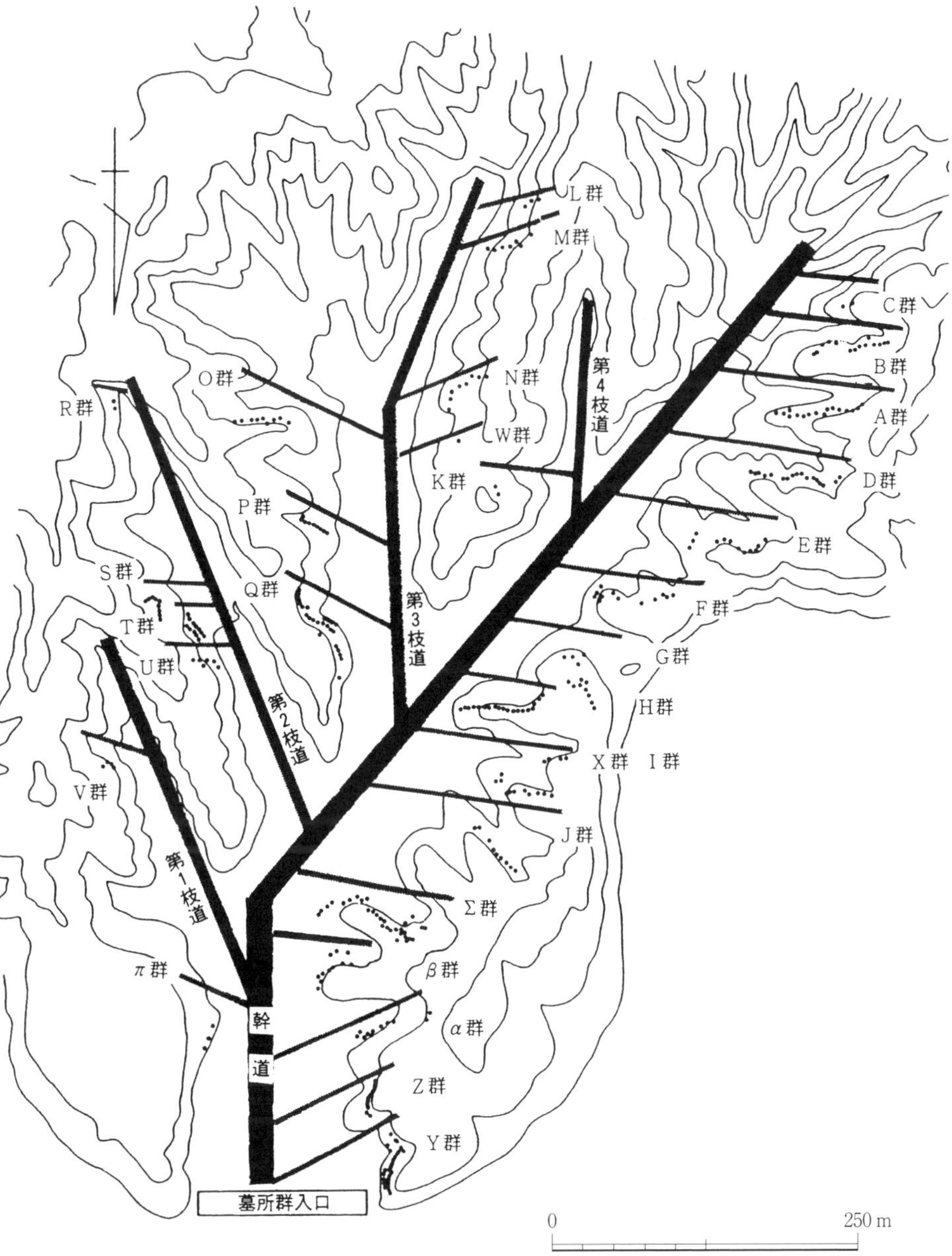

第1図　清戸迫横穴墓群における墓道の復元（渡辺 1984）

相を呈する場合が多くみられる。したがって、単純な基数の比較はもとより分布状態なども結局当てに出来ないものとなってしまう可能性が高いように感じるし、またこれが横穴墓が内包する大きな問題でもあると思うのである。以上、横穴墓群における墓道復元の一例をあげた。筆者は何も同書を否定しているのではなく、むしろ暗黙のうちに数多くの問題点ないし課題を教えてくれた、換言すれば先駆的役割を担ってくれたものと理解している。次に、そのポイントをたよりに、大磯丘陵の横穴墓群の墓道を考えてみたい。

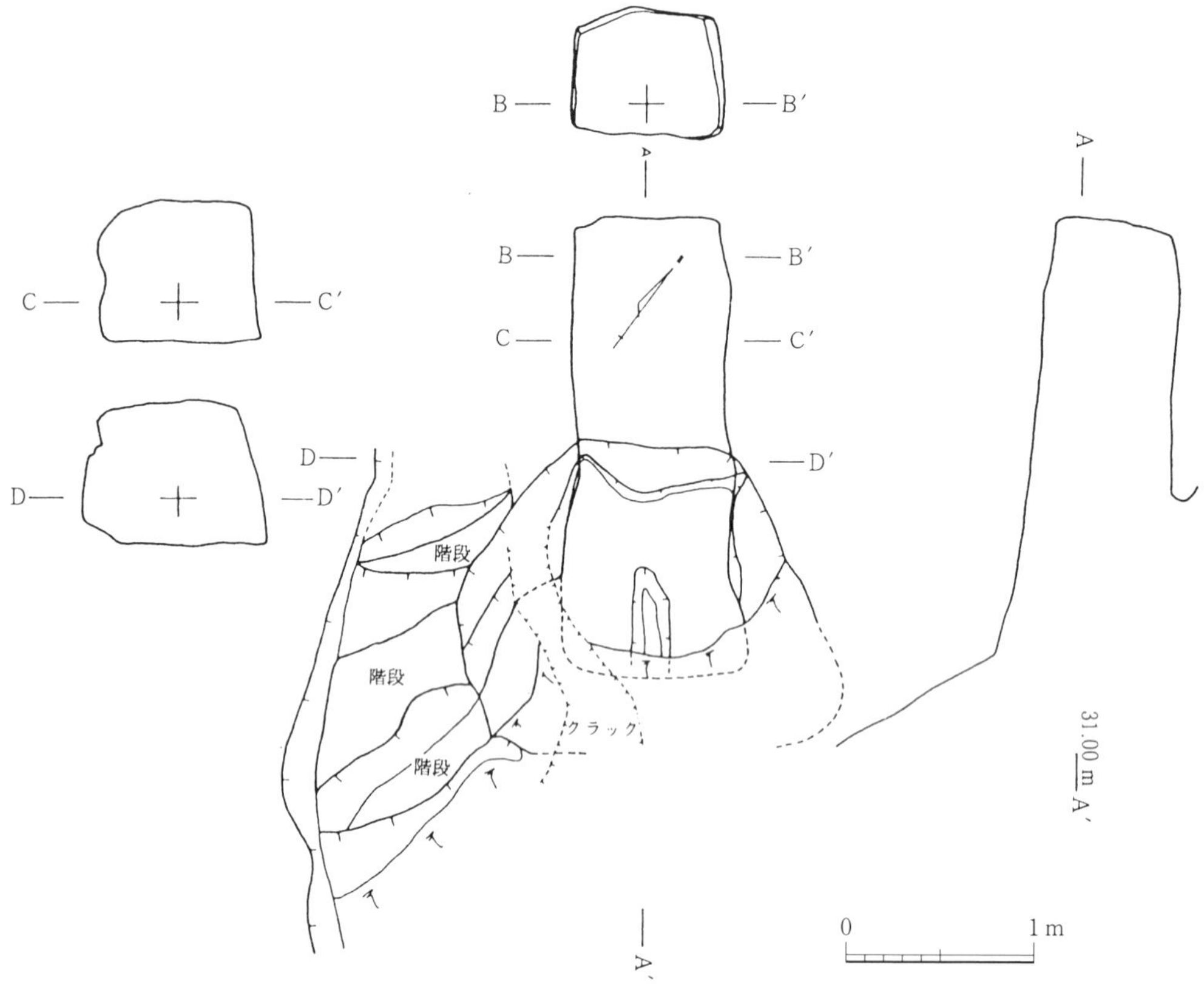

第2図　静岡県大北横穴墓群第10号墓

二　墓道の想定

1　モデル設定

まず、モデルとなるのは神奈川県大磯町に存在する一八群一二五基の横穴墓が集中する谷で、分布の範囲や地形的特徴も清戸迫横穴墓群に似ている。ちょうどJR東海道線大磯駅の北方にあたり、古くは一八八七年（明治二〇）、山崎直方や若林勝邦両氏が当地の横穴墓群について報告している（山崎・若林一八八七）。また、横穴墓の形態から変遷を研究した赤星直忠氏も積極的に活用されており（赤星一九六四）、はたまた楊谷寺谷戸横穴墓群のように神奈川県の指定史跡となっているものも存在する、いわば横穴墓研究には非常に重要な地域なのである。[2]

第5図に示した横穴墓群のうち、発掘調査されたものは、楊谷寺谷戸（2）、南井戸窪（6）、後谷原北（7）、前谷原（11）であるが、いずれもその一部を発掘調査したものであり、群全体の様相を把握するまでに至っていない。また、内部に主眼が置かれていることもあって、形態把握に止まっているのが実態である。ただ、後谷原北では横穴墓構築に際して、崖状の斜面を造り出し、ここから横穴墓を掘り込み、さらに崖面を削って前庭部を設ける手法が指摘されている（神沢一九六九）。

2　狭義の墓道

横穴墓前面の平坦部は、ある時は墓道として、またある時は墓前祭の場として利用されたが、この部分はどちらかというと、

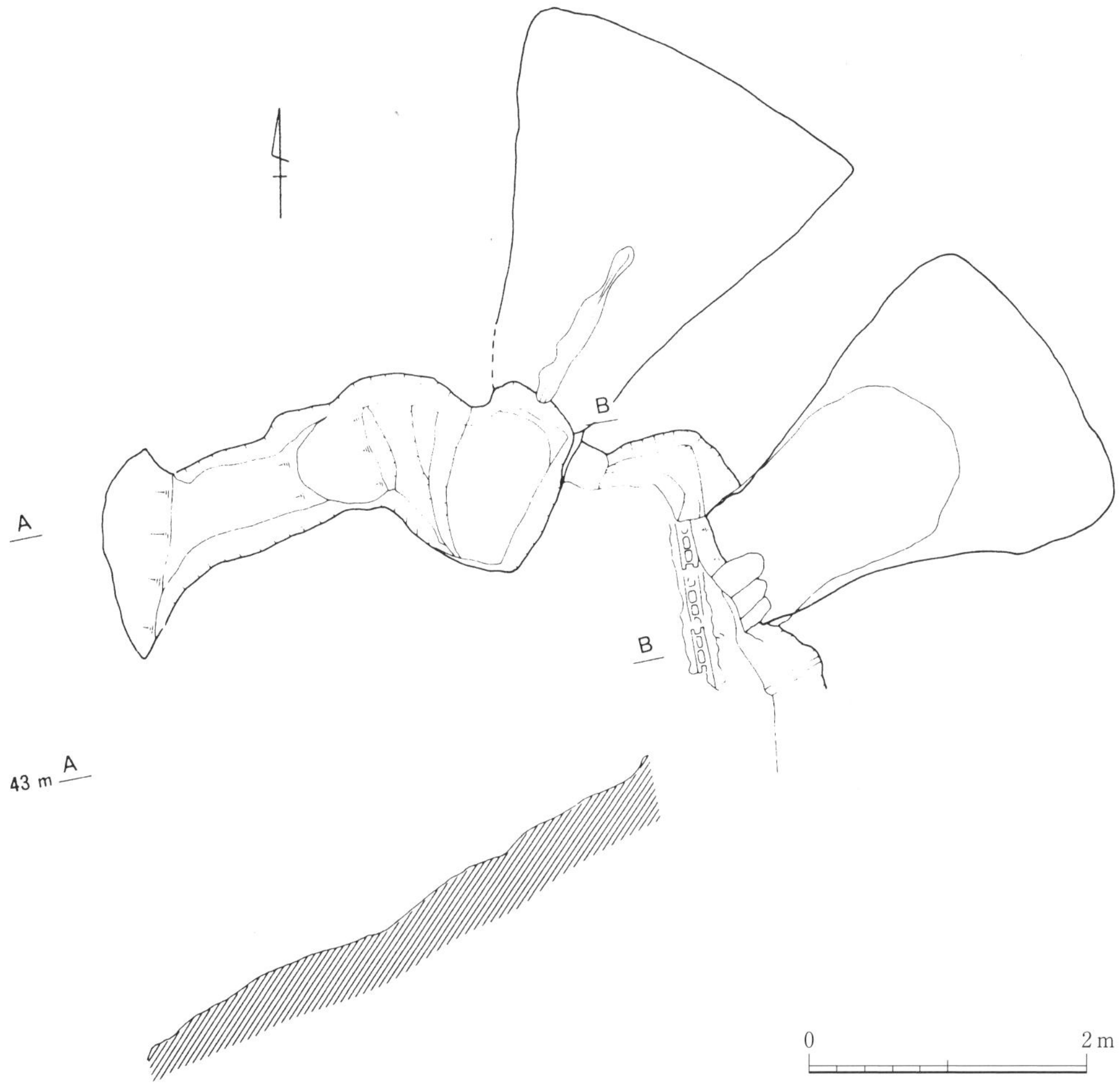

第3図　北中尾横穴墓群墓道（左：10号墓　右：11号墓）

構造的に横穴墓と一体をなすものであり、「狭義の墓道」として捉えておく。また、この部分に接続するものも含まれる。

残念ながらモデル設定した横穴墓群において、このような墓道に関する情報は不明であるが、二例ほどあげて補足してみたい。

一つは静岡県伊豆長岡町大北横穴墓群（斉藤一九八二）である。五〇基ほどで構成される七～八世紀に造営された横穴墓群で、四類型の墓前域、三種類の墓道、二三例に及ぶ石櫃（一点若舎人の銘がある）など貴重な情報を提供した遺跡である。注目すべきは、通路及び階段の存在で、こうした施設が二六箇所確認されている。階段は一～五段で、一〇～二〇㎝の段差をもち、通路は幅〇・三～一・〇m、長さ〇・八～三・六mの規模を有し、明瞭なノミ痕が認められている。それ故、自然崩壊あるいはクラックによるものではなく、明らかに人為的作業の結果と判断されたのである。第2図に示したものは、同横穴墓群第一〇号墓である。玄室長さ二・〇五m、奥壁幅〇・七七mを測る比較的小型の横穴墓で、菱形の墓前域をもつ。その西側には幅七〇～八〇㎝、比高二五～三五㎝を測る階段が認められ、それは下方に位置する横穴墓の東側から延びて本横穴墓の西側を通り上方の横穴墓に続くものであり、まさに横穴墓と横穴墓を繋ぐ役割を果たしているわけである。また、墓前域に連結することはもちろん、途中から急に出現するものではなく、下方にある道から続くものであり、もとを辿れば、被葬者集落から続く道と繋がっているのである。結局、大北横穴墓群では墓前域における墓道（一二基で検出）とその外側に付設された階段・通路＝墓道の二種類の墓道が検出されたのである。

二つ目の例は神奈川県大磯町北中尾横穴墓群（鈴木一九九二）である。この横穴墓群は一六基からなる七〜八世紀に造営された横穴墓群で、上段と下段では規模が明らかに異なること、また当地方には稀な組合わせ式石棺が付設されたものが存在したこと[3]、さらには「天」の墨書が施された須恵器短頸壺が出土したことなどで知られている遺跡である。

墓道は第3図に示したとおり、一〇号墓で検出されている。一〇号墓と一一号墓は比較的接近して造営されている。発掘調査では一一号墓の墓前域は一〇号墓の墓前域に切られており、一〇号墓の方が新しいことがわかる。また、それは第3図の平面形態においてもわずかながら理解できる。すなわち、玄室と羨道の区別が一一号墓では側壁の屈曲で判断できるのに対し、一〇号墓はほとんど区別できない点である。

一〇号墓の左側に存在する墓道は、下段に存在する一二号墓と一三号墓の間から派生し、一〇号墓の墓前域に達するもので、幅約〇・八〜一・〇m、長さ約二・五mを測り、全体的に二〇度ほどの勾配をもつが、階段状になっているため、見た目ほど急勾配ではない（第3図A—B）。ちょうど一〇号墓の墓前域に直角に繋がるものである。なお、一二・一三号墓がこの墓道を避けるように造営されたのか、あるいは墓道が両横穴墓を避けて付設されたのかは不明であるが、一二号墓の墓前域が現況道路と同じ標高であるのに対して、一三号墓の墓前域はさらに低い位置にあるので、少なくとも下方に延びていく可能性だけは指摘できるのである。先の大北横穴墓群での言葉を借りれば、通路＋階段で構成されているものと理解できる。

3　広義の墓道

モデル設定した谷における「広義の墓道」を想定するためには、以下のようなことが考えられる。

① 発掘調査等により検出されたものを引用する。
② 横穴墓の掘削時期を遺物などから判断し利用する。
③ 比較的古い地図や民俗学見地等から推定する。

しかし、残念ながら①は未知であり、②も発掘調査例が少なく不明な点が多い。また、③も江戸・明治期が限界であり、果たしてどの程度有効なのか疑問も残る。結局、現時点では、横穴墓の形態的特徴から時期を推定し、そこから順次紐解くしかないのである。したがって、墓道の推定から群の構成なり性格等は到底導き出せないことになるが、将来ここで想定した墓道を発掘調査する際の参考になればと、あえて想定するものである。

当地の横穴墓群には第4図に示したようにおおよそ八つの平面形態がみられる。これに、ドーム・アーチ・家形といった天井形態が組合わされ、構成されている。形態については赤星直忠の研究が知られているが、明石新はこれに遺物を交え、四段階を設定されている（明石一九九〇）。資料が増加すればさらなる細分も可能であろうが、ほぼ納得のいくものである。すなわち、第一段階は両袖式、矩形平面でドー

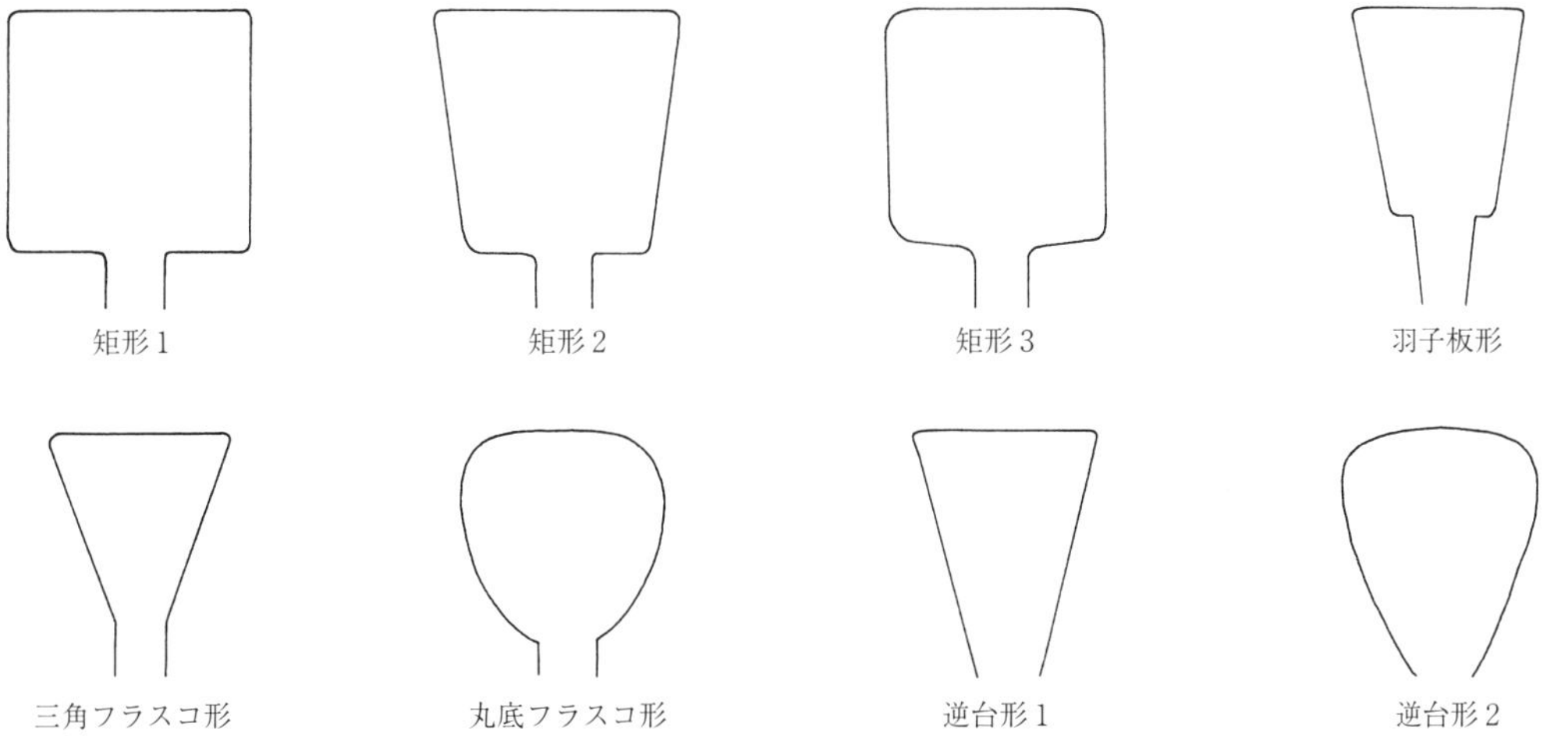

第4図　平面形態模式図

ム形天井・家形天井で六世紀後半から七世紀前葉、第二段階は両袖式の形態が崩れ、玄室と羨道部の区分がくびれ（平面形態は羽子板形）により認識されるもので、七世紀前半、第三段階は前壁が消失し、棺座により玄室と羨道部が区別されるもので、七世紀中葉～後葉、第四段階は棺座の付設もみられなくなるもので七世紀終末とするものである。

　平面形態の概略は第4図（矩形1～3）をみると、玄室が長方形ないし正方形から逆台形、さらには隅丸方形へと変化する。また、逆台形1は玄室と羨道の区別がなく、奥壁コーナーも直線なものであり、逆台形2はそれがやや曲線的なものである。また、三角フラスコ・丸底フラスコは逆台形1・2とそれぞれ同様であるが、玄室と羨道の区別が可能なものである。したがって、形態の変遷は単純には、矩形＋ドーム形から逆台形＋アーチ形へと捉えることができる。

　次にこの谷の横穴墓群をみてみると、比較的古いと思われる形態を有する横穴墓は、楊谷寺谷戸（第5図2）、石切場（4）、石切場東（5）、南井戸窪（6）、後谷原南（8）、前谷原北（10）、前谷原（11）、王城山（14）、坂田山付（17）にみられ、谷奥に存在することや沢を挟んで片側に片寄った傾向を読み取ることができる。

　この中には矩形＋ドーム形と矩形＋家型が含まれるが、当地の初現期の横穴墓は前者であり、後者は決して主体的な存在ではない。しかし、モデル設定した谷において、整正な矩形1にドーム形天井を有する横穴墓はほとんどなく、むしろ家形のものにみられる。家形は、楊谷寺谷戸、石切場、南井戸窪で七基が確認されているが、いずれも谷奥に位置しており、このうち石切場例が最も古く、六世紀後半と考えられている（池上一九九五）。

　当地も含めた大磯丘陵において、最も多く存在する類型は逆台形＋アーチ形であり、モデル設定した谷においても、半数以上を占めている。これを筆者は「大磯型」と呼んでいるが[4]、この類型は大半の横穴墓群に存在し、特に楊谷寺西（第5図1）では全体の四分の三がそうであり、比較的新しく造営された横穴墓群であることがうかがえる（第1表）。

　谷の西側に分布する紅葉山（第5図12）、宝珠山（13）、坂田山北（14）、坂田山南（16）、坂田山付（17）横穴墓群はどうであろうか。大

モデル設定した谷における横穴墓群一覧表

No.	名称	基数	開口方向	天井形態				平面形態									
				ドーム	アーチ	家形	不明	矩形1	矩形2	矩形3	逆台形1	逆台形2	三角フラスコ	丸底フラスコ	羽子板	不整形	不明
1	揚谷寺西	11	南東		9		2				8	1					2
2	揚谷寺谷戸	21	南～南西	1	14	2	4		2	2	3	2		2	4		6
3	揚谷寺東	1	南				1										1
4	石切場	11	南東		7	1	3	1			5		1		1		3
5	石切場東	6	南西	1	4		1				4				1		1
6	南井戸窪	6	東	1	1	4		2	2	1	1						
7	後谷原北	4	西		2		2				2						2
8	後谷原南	8	南西～西	2	2		4			1				2	1		4
9	火葬場西	3	南				3										3
10	前谷原北	4	西	1	1		2										2
11	前谷原	3	南西～西	1			2										3
12	紅葉山	6	東				6										6
13	宝珠山	3	南西				3										3
14	坂田山北	8	東～南東		3		5			1	2						5
15	王城山	14	西	9	3		2		1	8	2						3
16	坂田山南	6	南西				6				1						5
17	坂田山付	9	南	1	4		4		2		2			1			4
18	釜口下	1	南				1										1
合計		125		17	50	7	51	3	7	13	30	3	1	5	7	0	54

体同じ標高に造営されており、内容も今一つ不鮮明であるが、形態的には比較的新しいものが多いようである。ただ、坂田山付ではドーム形天井のものが一基確認されている。また、坂田山北の対面に位置する王城山では、約六割が矩形＋ドーム形で占められており、全く様相を異にしている。

以上、広義の墓道の想定にあたっての材料をわずかではあるが抽出してみた。その結果、まず考えられるのは、谷の出入口からほぼ真北に沢沿いに走り、途中カーブして最奥の楊谷寺谷戸（第5図2）に向かう道であろう。これを仮にAルート幹道と捉えると、その終焉は楊谷寺谷戸にあたり、谷奥において、比較的古い形態の横穴墓を有する横穴墓群（第5図2・4・5・6・8）は、こうした幹道に接して存在することがわかる。また新しい要素をもつ横穴墓群（7・9）はそれらよりも谷奥に位置しており、幹道から別れた枝道の存在が想定される。例えば、枝道①は第5図1・2・3、枝道②は6・7、枝道③は8・9、枝道④は10・11を繋ぐものである。

一方、幹道の西側では横穴墓群が離れており、幹道からいきなり茎道が延びるようである。また、谷の出入口附近では、比較的古い形態の横穴墓で構成される王城山横穴墓（15）、あるいは古い形態のものが若干認められる坂田山付横穴墓（17）などは、やはり幹道に接して存在していることがわかる。

したがって、新しく造営されたと考えられる横穴墓群は、枝道の最奥に位置する、あるいは幹道から直接茎道を有するものが該当しそうである。

ところで、第5図11の前谷原横穴墓群は現状では三基であるが、元は一〇数基であったことが知られている。この南側には釜口古墳とい

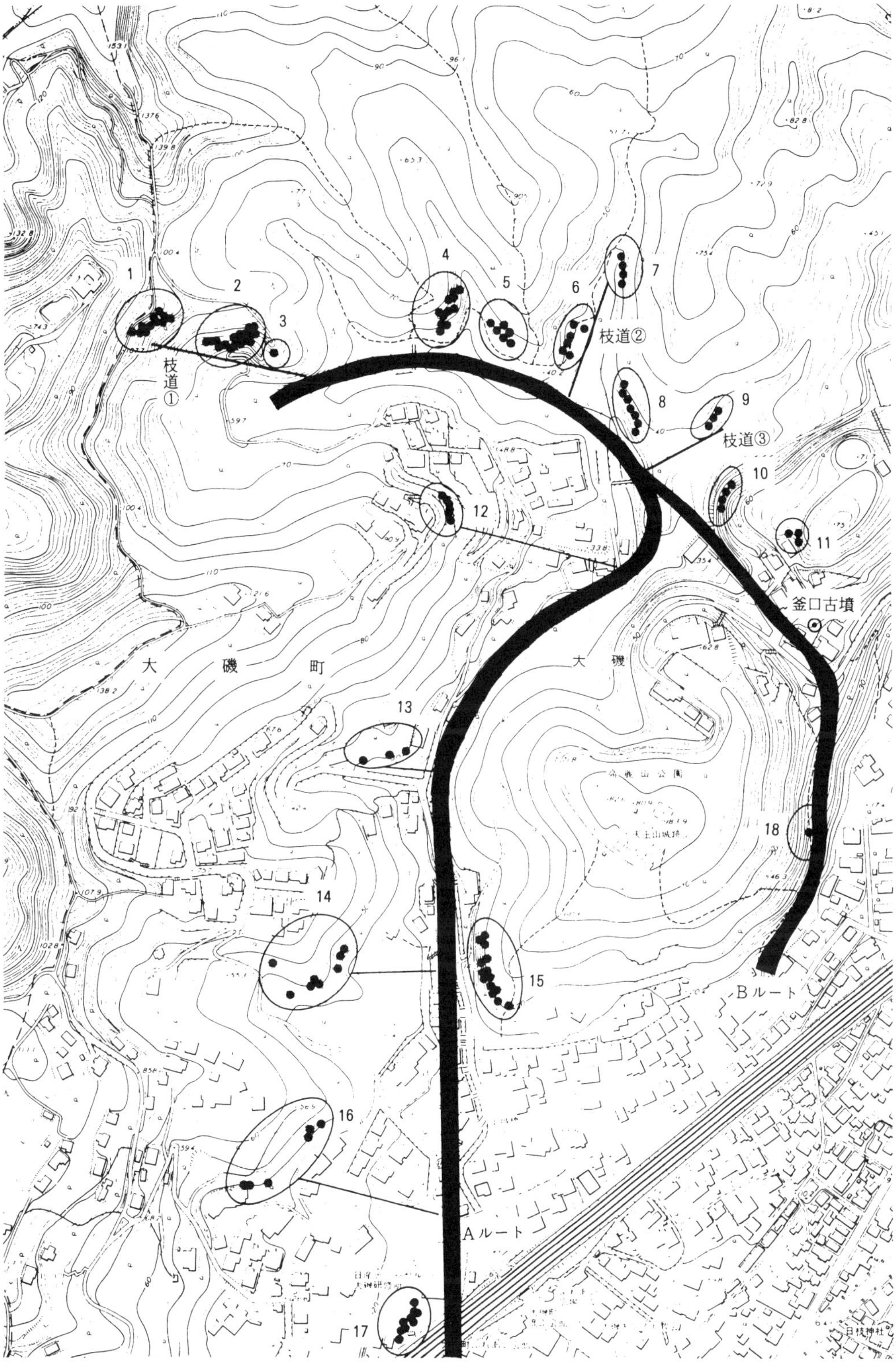

第5図　モデル設定した谷における想定墓道

う七世紀末の横穴石室をもつ古墳がある⑤。石室は凝灰岩の切石で造られており、天井は巨大な一枚石で構成されている。これらの石は、背後の谷より切り出され、運ばれたものと考えられるが、古墳構築当初、背後の谷にはすでに存在していた横穴墓もあったはずである。そして、石切場で切り出された石は、広義の墓道を一部利用しながら、高低差の無い所、あるいは第5図8の後谷原南横穴墓群あたりから直線的な経路で運ばれて来た可能性が高く、10や11と言った横穴墓群の存在から、もうひとつ別な道（Bルート幹道）が考えられるのである。

また、釜口古墳の下方にも横穴墓群がある。その横穴墓群を通り釜口古墳に続く道は、江戸時代から火葬場道と呼ばれていたという⑥。やや時代的に異なるとともに説得力にも欠けるが、古墳時代の集落は、すぐ南側に占地しており、強ち否定もできないのである。距離的なことを考慮に入れ、もっと想像すれば、このBルートが当初から存在していたことも充分想定できるのである。そうした場合、Aルートは第5図13附近から沢の上部を通り12を通過し、1に向かうとも考えられる。いずれにしても、複数のルートが考えられるのである。

横穴墓群を背後に集落を見下ろす台地上に立地する釜口古墳の存在は、非常に特異であり、横穴墓被葬者との関係はもとより、社会的地位あるいは基盤集落の構造等、多くの課題を投げかけていることだけは確かである。

三　小　結

群集墳の群構造分析の一つの方法である墓道の復元を横穴墓群にも応用して、清戸迫横穴墓群の例を参考に、相模国大磯丘陵において任意にモデル設定した谷で想定を試みた。

「狭義の墓道」については、静岡県大北横穴墓群や神奈川県北中尾横穴墓群の例などから階段あるいは通路で構成されている可能性を指摘できたが、近い将来、モデル設定した谷において確認してみたい。特に静岡では、横穴墓と横穴墓を繋ぐ道が存在し、その結び付きが指摘されていること、また神奈川では道を避けて横穴墓が、あるいは横穴墓を避けて道が存在することが判明している。

そして、モデル設定した谷と共通する点は、横穴墓群が造営されている場所が非常に等高線の幅が狭い所、言葉を変えれば以外と急斜面にみられることである。これは後谷原北横穴墓群の発掘調査でも明らかにされたように、削り出す行為に起因するものと考えられ、これによって造り出される墓前域も狭いものとなり、さらには接続する道も同じかそれよりも狭いものと想定されるのである。ただ、谷の斜面の形状によりかなり規制されたものと考えられる。

問題は「広義の墓道」である。数少ない材料から種々考えてみたが、その結果は、個々の横穴墓群の構成が充分把握されていなかったこともあり、復元にまで至らず、二種類のルートを想定し、なお複数のルートの存在を指摘した。しかし、二種類のルートは尾根道と沢道といったまるで正反対の道であり、うまく結論づけることができなかった。

結局、清戸迫横穴墓群の教訓を何ら活かせないまま終始してしまったが、今後は机上の想定にとどまること無く、発掘調査の際に何とか検出してみたい。

横穴墓を掘削した工人たちは、どのような経路でこの谷に入り作業したのであろうか。また、横穴墓掘削期間中は谷にとどまっていたのか、それとも日暮れと同時に集落に戻っていたのであろうか。素朴な疑問ではあるが、工人たちが存在していたことだけは確かであろう。そして、火葬骨や追葬遺物などから少なくとも墓としては八世紀第2四半期ないし第3四半期まで存続していたと考えられる。

おわりに

人の生死は、まさに表裏一体の関係であり、かたや祝い事、かたや弔い事として古来より脈々と営まれてきた事象で、民俗事例においても、地方や地域で様々な習慣が存在し、伝統として現在まで及んでいるものも少なくない。本稿では、弔い事の範疇に入る墓とそれに至る道（墓道）について述べてみた。

横穴墓研究の課題は多いが、墓道に関しては発掘調査の際に、どこまで迫れるか、換言すれば横穴墓群の徹底調査が望まれるが、モデル設定した谷は市街化調整区域にあり、そうした機会に遭遇することは極めて稀である。だからといって、横穴墓の自然崩壊を黙ってみているわけにもいかない。幸いにも立正大学の助けもあり、詳細分布調査も終了し、いよいよ個々の横穴墓の内部測量に手が付けられはじめた。そうした地道な調査成果により、新たな展開も期待でき、また崩壊が進む釜口古墳の整備に着手できれば、さらに期待は増すのである。

註

（1）詳細分布調査の結果、六四群四七七基に及ぶ横穴墓が確認できた。その成果は、大磯町郷土資料館資料五「大磯町の横穴墓群」として公表している。

（2）大磯町における考古学的な流れについては、以下の文献に記した。
鈴木一男　一九九五「大磯町における遺跡発掘調査の記録」『大磯町史研究』四

（3）今のところ相模川以西では発見例がない。また、この横穴墓の墓前域は階段状になっていたが、調査の際に重機が入った関係で、墓道かどうかは不明である。

（4）近く刊行予定の『考古論叢神奈河』五に「大磯町の横穴墓群～詳細分布調査の成果と課題～」と題してふれている。

（5）江戸時代より石室は開口していたが、昭和二七年の発掘調査では仏教遺物である散蓮華形青銅製品が発見されている。昭和二九年三月三〇日、神奈川県指定史跡となる。

（6）大磯町郷土資料館佐川和裕氏のご教示による。

玄室平面横長の横穴墓

はじめに

神奈川県は、全国的にみても横穴墓群の分布が顕著であり、特に大磯丘陵や三浦半島、あるいは多摩川・鶴見川流域に濃密な分布が認められる。このうち大磯丘陵、中でも東端に位置する大磯町内の横穴墓は明治期より学会の注目を浴び、度々雑誌に紹介されている。[1] また、横穴墓研究の先駆者である赤星直忠氏も頻繁に訪れ、数多くの横穴墓を調査されるとともに、一九六四年大磯町の横穴墓を基本にして、「南関東横穴編年模式図」を作成されている。[2]

その後、杉山博久は当地を含む県西地域を精力的に調査し、多くの成果をあげているが、中でも当地の横穴墓について六一群四一一基を確認されている。[3] さらに、一九九〇年から一九九三年にかけて立正大学による徹底した分布調査が行われ、六四群四七七基の横穴墓が確認されている。[4] 筆者らはかつてその成果をもとに、詳細分布調査という性格を考慮しながら大まかな分類基準を設け、様相について概観したことがある。[5] 詳細は同報告に委ねるが、どの地域にどのようなタイプの横穴墓が分布しているのかに主眼を置いたため、時間的変遷はもとより、玄室平面についても、縦長、横長といった問題意識も無く、前壁を有する矩形平面の横穴墓を整斉な四角形、台形、隅丸長方形の三タイプに分類し、後二者が多いことを指摘しただけで、結果的に多くの課題を残すこととなってしまった。

一方、一九九五年から現在に至るまで財団法人かながわ考古学財団（現在公益財団法人）においては、古墳時代プロジェクトチームにより「横穴墓の研究」が発表された。細かな分類基準はもとより、出土遺物をはじめあらゆる角度から神奈川県内の横穴墓について検討・研究がなされ、各形態の横穴墓が集成されるに至った。[6] 当然、本稿で取り上げる玄室平面横長の横穴墓も含まれているが、分類された類型の中では半数を占めるものの、全体からみれば少ない部類に属し、分布は以外にも多岐にわたっていることに気がついた。

一九九九年、町営運動公園建設に伴い発掘調査された大磯町堂後下横穴墓群において、奇しくも玄室平面横の横穴墓を調査する機会に恵まれた。先行研究に準拠しながら、類例を追加するとともにその様相や構築時期について考えてみたい。

一　神奈川県の横穴墓研究史

神奈川県の横穴墓に関しては、古くは江戸時代後期の風土記等に記述がみられ、また明治期においても地誌等に散見されるが⑦、いずれも当時の現況や伝承を伝えるものであり、当然ながら学問的な追及は認めることができない。しかし、遺跡の変遷を知る上では格好の材料を提供しており、その意味においては極めて貴重といえる。

明治中頃になり、ようやく古墳や横穴墓の発見や踏査・調査の報告が出始めた。特に、横穴＝住居説と墳墓説の学問的論争の出発点ともなった『吉見百穴』⑧の調査が行われると、学会の関心は貝塚と横穴に集中するようになり、以後、大正から昭和初期にかけて自ずと調査例や報文が増加した。県内でも石野瑛氏や赤星直忠氏により活発な調査活動が展開され、戦局悪化により一時中断したものの、戦後も両氏をはじめとする多くの研究者により古墳や横穴墓の調査が主要部分を占めるようになった。

県内における論考は一九五〇年代より活況を呈するようになったが、画期的なものとしては、一九五六年に和島誠一氏により実施された学史に著名な横浜市市ヶ尾横穴墓群の調査があげられる⑨。従来、ともすると横穴墓内部に調査の主眼が置かれがちであったが、初めての試みとして前庭部の大規模な調査が行われた。同時に形態的変遷と、群としての形成過程を明確にする試みも行われ、以後の調査の指針ともなった。前庭部に限っていえば、一九六五年寺村光晴氏は大磯町西おんざわ及び虫窪出岩横穴墓群の調査において、塵取状の前庭部を確認されており、しかも横穴墓の主軸とは一致しないことを報告している⑩。

また、一九六八年神沢勇一氏は大磯町後谷原北横穴墓群の調査において、前庭部を設けるために崖面の下部を切り込む構築手法があることを指摘している⑪。

一方、相模地域の横穴墓を精力的に調査していた赤星直忠氏は、「横穴には恐らく死後の世界として当時の住居が模された」という観点に立ち、独自の横穴墓形態変遷論を展開した⑫。赤星氏の最も意図するところは、横穴墓の内部形態の差はそのまま時間的な変遷に他ならないとした上で、その祖形はあくまでも家形を呈する横穴墓に求めた点である。最初の公表から一〇年、一九六四年の時点では七系列四一類型に及ぶ変遷案を示した（第1図）。

この変遷案は個別横穴墓からの出土遺物を考慮したものでなかったため、少なからず反論が出たが、赤星氏自身も自説を補強するために目的を持って調査を行っていたことは事実である。しかしながら思惑どおりの結果を得ることはできず、わずかに、横断面アーチ形・膨脹筒型構

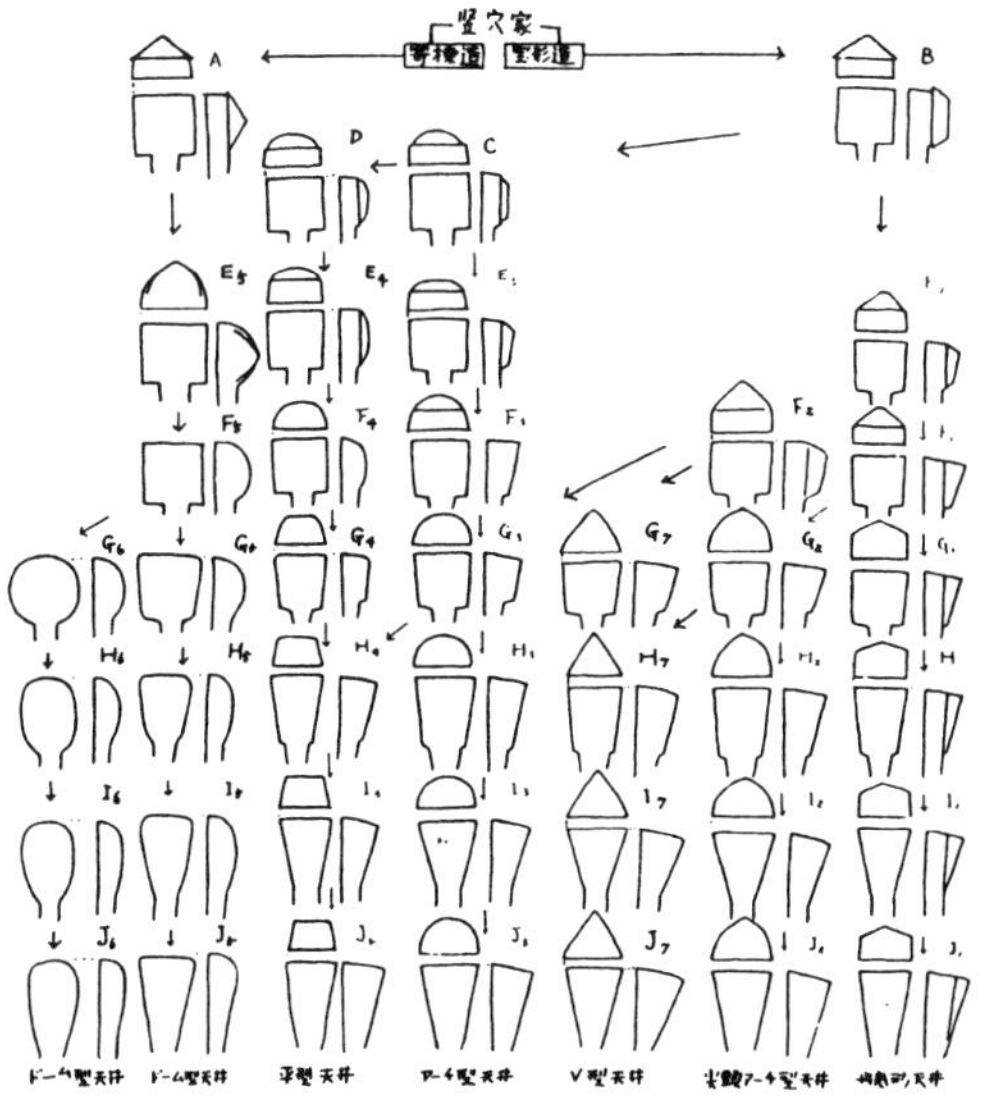

第1図　南関東横穴編年模式図

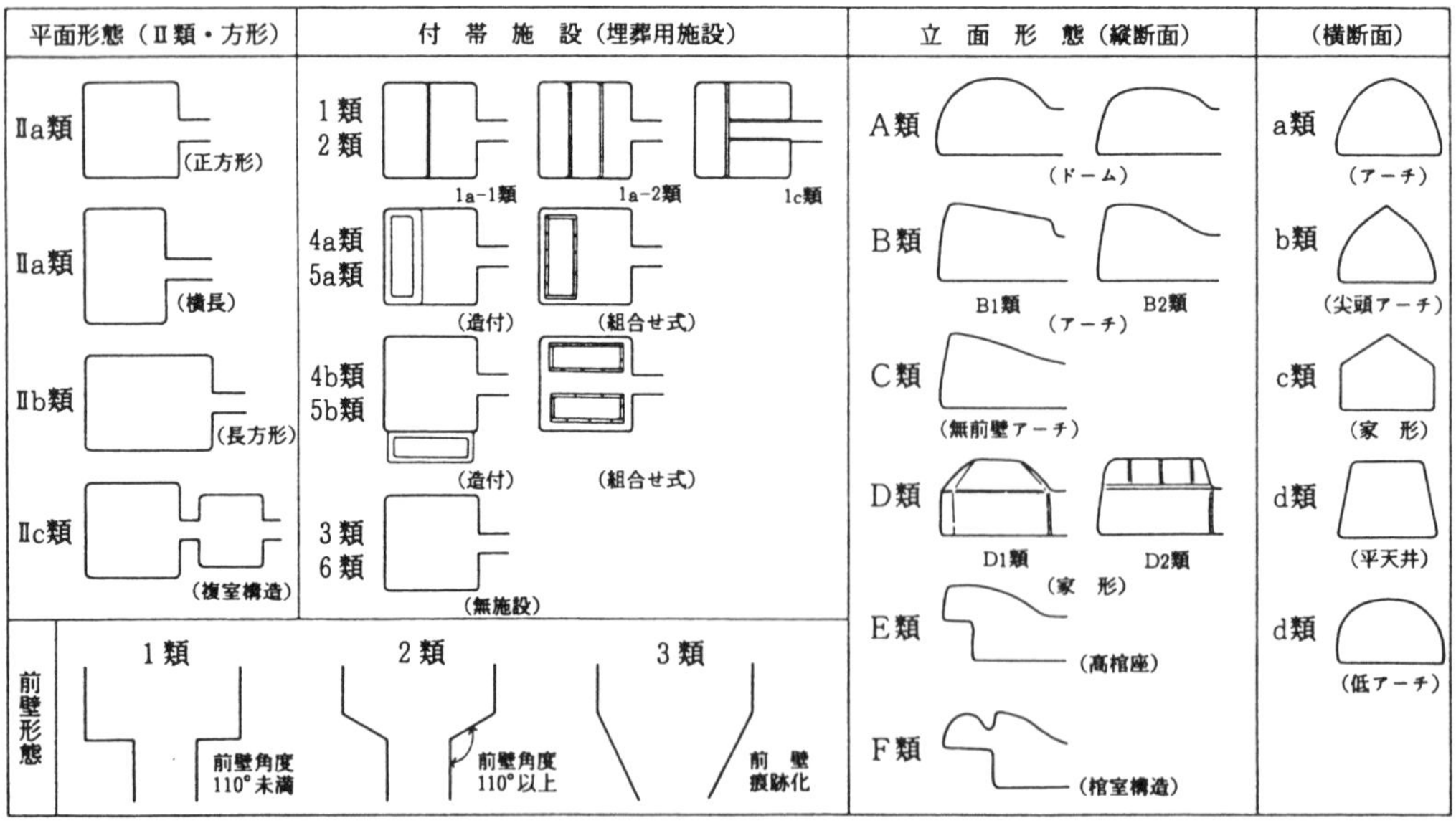

第2図　方形平面（Ⅱ類）横穴墓形態分類試案（古墳時代研究プロジェクトチーム 1997、第1図より抜粋）

造のいわゆる末期の横穴墓から比較的新しい遺物が出土したに過ぎなかった。

それでも、祖形形態は別にして前壁を有する玄室を持つものから、玄室と羨道の区別のつかないものへと変遷するこの見解については、妥当性があるものとして現在でも指示されている。

これに対して、一九八七年、田村良照は、調査例の増加、出土遺物による年代づけの実施という現状を鑑みつつ、依然として形態変遷論だけに依存した変遷想定が主流を占めている点を指摘し、鶴見川及び多摩川流域における横穴墓についての詳細な分析を行っている[13]。すなわち、対象として横穴墓を九群二六類型に分類し、出土遺物から個々の横穴墓の所産時期を推定するに至り、比較的古い遺物が従来の変遷案では終末期に位置付けられる横穴墓から出土したり、逆に古い形態の横穴墓がやや新しい時期に造営された可能性が高いことが想定できるとし、今後この地域においては従来からの形態変遷案を踏まえながらも、さらに各個の横穴墓群の特性を考慮した慎重な変遷想定、年代想定が不可欠であると結論付けている。

同じ頃、池上悟は横浜市熊ヶ谷東遺跡において、横穴墓の形態を横穴式石室との関連から追求するため、尾崎喜左雄氏や石川正之助氏により発展をみた石室の掘削企画を活用し、群構成の復元を試みているが、出土遺物を交えた分析によれば、個々の掘削年代を明らかにすることにより、新たな群構成の展開が想定でき、横穴墓構造と併せて複雑な内容を示すことが確認された[14]。

県央地域に目を向けると、一九八九年上田薫は玄室内部に高棺座を有するいわゆる終末期の横穴墓を取り上げ、造付石棺から高棺座への変遷過程を具体的に示された[15]。また、一九九〇年には明石新により平塚市域（大磯丘陵と伊勢原台地）に分布する横穴墓群について、形態と遺物を絡めた四段階の変遷案が提示されている[16]。すなわち、構造的に両袖（前壁）式の玄室から、玄室と羨道の区別のつかないものへと変遷していくという赤星案を指示し、出土遺物を検討した結果、初現を六世紀後半とし、下限を七世紀終末とするもので、各段階の横穴墓の内容が初めて明らかにされた。

一九九一年には、神奈川県内の横穴墓群の集成が行われ、他地域も交え様々な角度から議論がなされ、地域的課題としての横穴墓の解明に向けての気運がますます高まったのである。このような状況の中で、冒頭でも触れたとおり、一九九五年、神奈川県立埋蔵文化財センター・財団法人かながわ考古学財団職員で構成されたプロジェクトチームにより、横穴墓の研究がスタートしたが、先人の偉業を踏まえつつ、徹底した形態分類が成され、なおかつ出土遺物から判断される時間軸の検討により、各類型の様相はもとより地域的な特徴も明らかになり、県内横穴墓の研究は急速に進展しつつある。

二　類例の確認と追加

1　類型の概念規定と抽出

今回取り扱う玄室平面横長の横穴墓は、基本的には前項で触れた古墳時代研究プロジェクトチームの形態・構造分類試案に基づく。ただし、横長は正方形（a類）に包括されており、なおかつ台形構造（Ⅰ類）と方形構造（Ⅱ類）の両者が存在しているが、追加類例を考慮すると、後者に近似し、さらに前壁角度一一〇度未満（1類）に該当するので、類型の基準としてはⅡa1類を用いることとした（第2図）。具体的にはⅡa1類に属する横穴墓は二二群三一基で、このうち横長の企画を呈するものは約四五％にあたる一一群一四基（第3図、表）である。抽出した一四基の概要は以下のようである。

市ヶ尾横穴墓群（第3図1・2）［横浜市青葉区］

鶴見川上流にある多摩丘陵最大規模を有する横穴墓群で、一九五六年に調査が行われ、A群一九基、B群一七基が検出されている。このうち、A1号とA18号が計測値の上では横長を呈するが、奥壁幅より前壁幅がやや短く、形態的には逆台形構造に近い。報告によれば両者は土器の出土はないものの、前庭部の調査結果によりA18号がA1号に先行するもので、なおかつ形態分類からその実年代は六世紀後半〜七世紀初頭に位置付けられている。

久本横穴墓群（第3図3）［川崎市高津区］

多摩丘陵の西側急斜面に占地し、一九九四年に調査が行われ、七基の横穴墓が検出されている。横長に該当するのは二号墓で、平面は隅丸の正方形に近い形態を示す。遺物は出土していない。

東谷横穴墓群（第3図4・5）［横須賀市］

三浦半島の東京湾側に位置し、一九九二年に調査され、一二基の横穴墓が検出されている。一号墓と四号墓が横長を呈するが、一号墓は奥壁幅より前壁幅がやや短く、平面形態は逆台形に近い。一方四号墓はその逆で、前壁幅が長く、台形を呈する。共に土器は出土していない。

代官山横穴墓群（第3図6）［藤沢市］

引地川中流右岸の相模原段丘の斜面に立地し、一九八二年に調査され、一五基の横穴墓が検出されている。奥壁に平行して造付石棺を有する一八号墓が横長を呈するが、厳密には奥壁幅より前壁幅が若干短

玄室平面横長横穴墓一覧表

（単位：m）

No.	分布図	遺　跡　名	遺構名	立面類型	奥壁幅	玄室長	前壁幅	玄門幅	奥壁高	付帯施設類型	文献
1	1	市ヶ尾横穴墓群	A1 号墓	—	2.50	2.40	2.20	1.20	—	3	1
2		〃	A18 号墓	Cb	2.00	1.40	1.70	1.30	2.00	3	
3	2	久本横穴墓群	2 号墓	Ad	2.50	2.30	2.40	1.00	—	3	2
4	3	東谷横穴墓群	1 号墓	B2d	2.90	2.30	2.60	1.40	1.60	6	3
5		〃	4 号墓	B2d	3.90	2.50	4.10	1.90	—	6	
6	4	代官山横穴墓群	18 号墓	B2a	2.10	1.90	1.90	1.30	2.00	5b	4
7	5	小竹横穴墓群	18 号墓	Ad	3.30	3.20	3.30	1.60	—	6	5
8	6	上栗原横穴墓群	4a 号墓	—	1.70	1.40	1.50	1.20	—	6	6
9	7	清水北横穴墓群	4 号墓	D2c	2.57	2.46	—	—	2.02	1a-1	7
10	8	愛宕山下横穴墓群	4 号墓	Ad	2.75	2.40	2.70	1.18	—	6	8
11		〃	17 号墓	Ad	2.46	2.20	2.60	0.75	—	3	
12	9	欠ノ上横穴墓群	5 号墓	Ba	2.90	2.30	—	—	1.80	6	9
13	10	諏訪脇横穴墓群西部分	8 号墓	Ad	3.70	2.80	3.50	1.30	—	6	10
14	11	諏訪脇横穴墓群東部分	7 号墓	Ad	2.70	2.10	2.80	1.40	—	5a	11
15	12	堂後下横穴墓群	1 号墓	Ad	3.50	3.26	3.10	1.12	—	3	12
16		〃	2 号墓	Ad	—	3.08	3.15	1.05	—	3	
17		〃	4 号墓	—	3.08	3.38	3.51	0.60	—	3	
18		〃	7 号墓	Ad	—	2.22	—	0.96	—	3	
19		〃	8 号墓	Ad	2.06	2.09	2.31	0.93	—	3	

いので、平面形態は逆台形に近い。土器は出土していないが、同じような構造をもち年代把握可能な土器が出土している五号墓との比較から、六世紀終末～七世紀初頭にかけての所産とされている。

小竹横穴墓群（第3図7）［小田原市］

中村川右岸に位置する横穴墓群で、一八号墓が横長に該当するが、形態的には正方形に近い。出土遺物など詳細は不明である。

上栗原横穴墓群（第3図8）［伊勢原市］

丹沢山地の東端、栗原川によって造られた谷の南斜面に立地し、一九九三年に調査が行われ、一五基の横穴墓が確認されており、内一二基が調査された。図示したのは四号墓・五号墓で、いずれも前庭部は既存の横穴墓を利用して造られていたという極めて稀なケースであった。この既存の横穴墓が横長を呈するもので、4aと表記したが、5aも同類である。四号墓と五号墓の時期は出土遺物から七世紀後半と考えられているので、4a・5a号墓はそれ以前の所産となる。

清水北横穴墓群（第3図9）［中郡大磯町］

大磯丘陵の東寄り南に延びる支尾根の先端近くに占拠し、一九五四年（昭和二九）に一四基の横穴墓が調査された。横長を呈するのは家形構造の四号墓であるが、報告にもあるとおりほぼ正方形である。時期を決定付ける遺物の出土はみられない。

愛宕山下横穴墓群（第3図10・11）［中郡大磯町］

大磯丘陵南東端に派生した一支谷の最先端、海岸近くに位置し、一九八六年に調査が行われ、一七基の横穴墓が検出された。横長を呈するのは四号墓と一七号墓で、前者は均整のとれたいわゆる整斉な四角形であるのに対し、後者はややいびつな隅丸方形を呈する。遺物は少なく、わずかに一七号墓より須恵器大甕破片、口縁部～頸部を欠損し

第3図　玄室平面横長横穴墓集成図

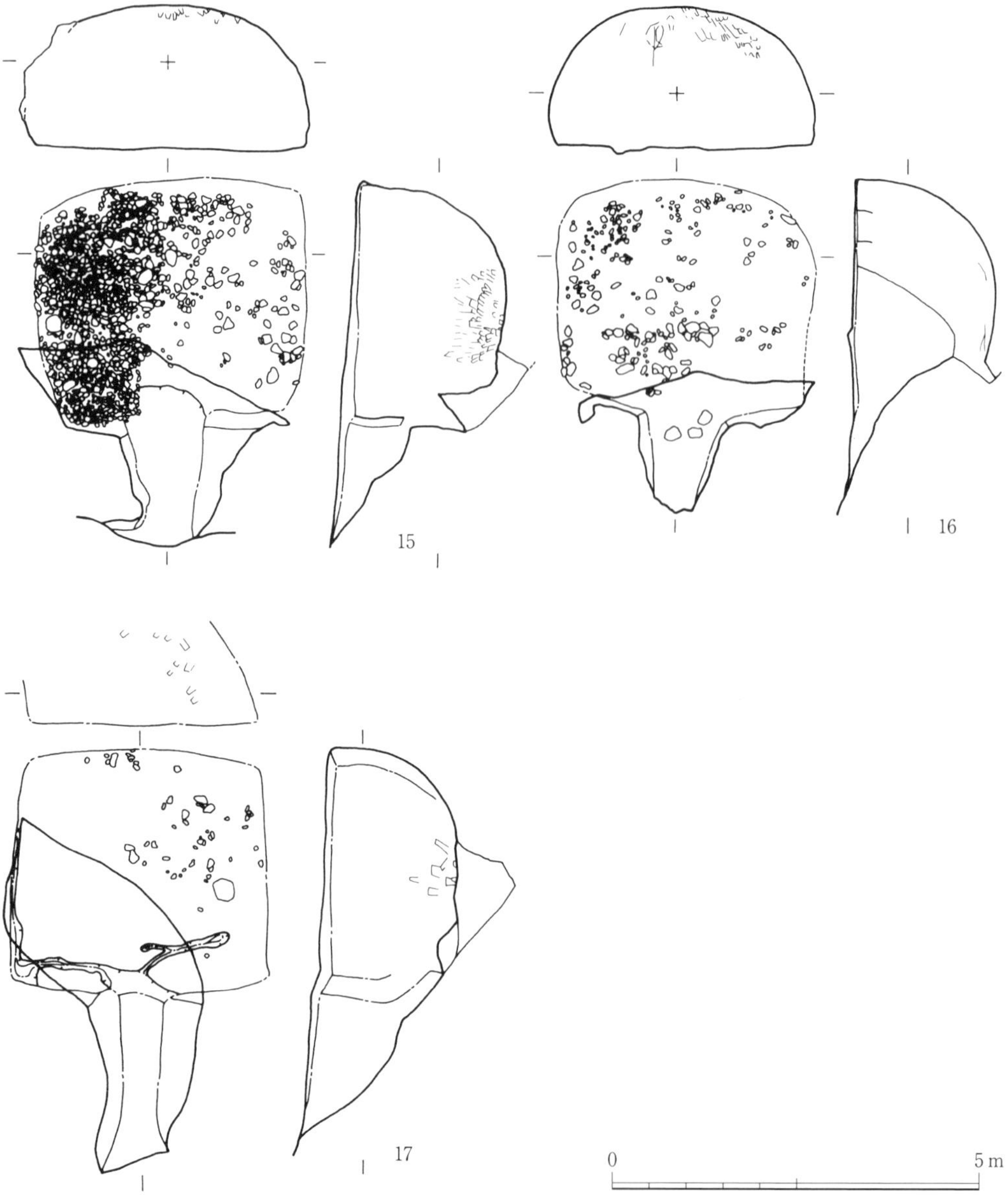

第4図　堂後下横穴墓実測図（1）

ている横瓶などが出土しているが、構築時期は明確にされていない。

欠の上横穴墓群（第3図12）［秦野市］

下大槻台地の東南端、金目川に接する急斜面に立地する八基からなる横穴墓群で、一九七三年、三基の横穴墓が調査された。横長を呈するのは五号墓で調査以前に玄室と羨道の一部が破壊されていた。平面形態は奥壁がやや膨らみを持つもののきれいな方形を呈する。遺物は土師器坏の完形品や玉類が出土しているが、横穴墓の時期は明確にされていない。

諏訪脇横穴墓群西部分（第3図13）［中郡二宮町］

大磯丘陵のほぼ中央を貫流する葛川の支流である打越川流域に展開する六一基からなる横穴墓群で、一九六五年（昭和四〇）支尾根の西側に位

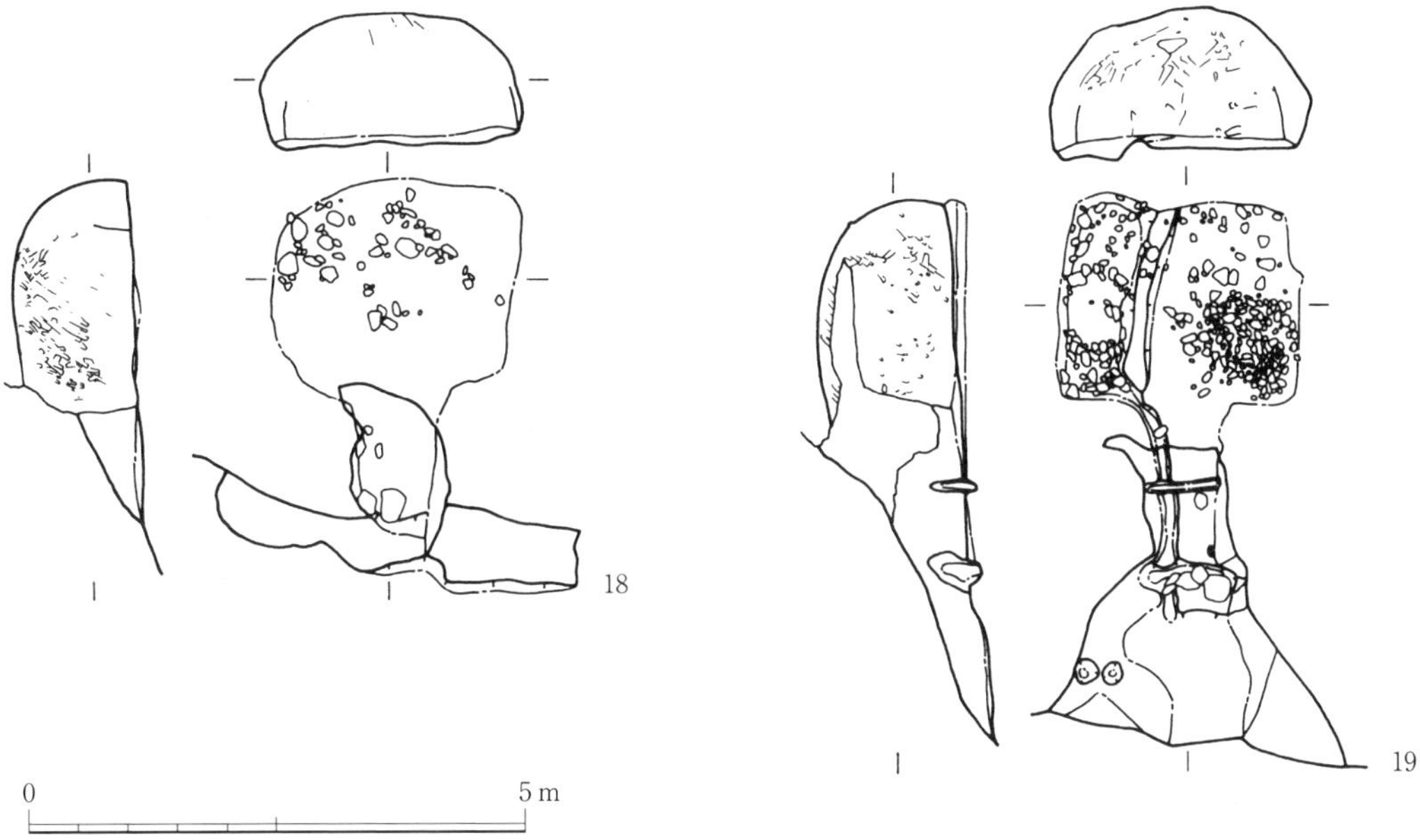

第5図　堂後下横穴墓実測図（2）

置する一六基の横穴墓が調査された。このうち八号墓が横長を呈するが、平面形態は隅丸方形に近い。鉄製品や玉類が出土しており、形態変遷を加味した周辺の横穴墓との比較から構築時期を七世紀後半と推定されている。

諏訪脇横穴墓東部分（第3図14）［中郡二宮町］

前者と尾根を挟んで東側に位置するもので、一九六五年（昭和四〇）に調査が行われ、一七基の横穴墓が検出されている。七号墓が横長に属するが、側壁沿いに造付石棺を有するもので、形態的にはやや歪な二つのコーナーが丸味を帯びた方形を呈する。土師器の破片が出土しているが、構築時期は明確にされていない。なお、崩壊の著しい九〇一号墓も横長を呈するものと考えられ、須恵器や鉄製品が出土している。

2　類例の追加

横穴墓群の密集地帯である大磯丘陵、中でも屈指の分布を誇る大磯町では古くから研究者により調査が行われ、近年では開発に伴う発掘調査や詳細分布調査が実施されるなど全体像の把握が試みられている。こうした中で、一九九九年と二〇〇一年に行われた堂後下横穴墓群の調査では一八基の横穴墓が検出され、本稿で扱う横長を呈する横穴墓も比較的まとまって存在していた。以下にその概要を記す。

堂後下横穴墓群（第4・5図）［中郡大磯町］

不動川の支流である棚川の中流、通称なこう山の東側中腹に立地する横穴墓群で、一九五五年、赤星直忠により線刻のある二基の横穴墓が調査され[17]、同時に一三基の横穴墓の存在が確認されている。最近の二回の調査で、その全貌が明らかになった。

横長を呈する横穴墓は五基あるが、いずれもすでに開口していたものである。共通する特徴は、礫敷の存在と天井形態が縦断面ドーム形、横断面低アーチ形を呈し、奥壁や側壁に顕著な工具痕がみられる点である。

15は奥壁幅より前壁幅がやや短く、奥壁の一部が曲線的であり、若干歪んだ方形を呈する。左半分に多量の礫がみられる。切子玉、直刀片が出土している。16はコーナーが丸みを帯びやや隅丸方形に近い形態である。礫は15よりもまばらである。土器の出土はなく、耳環、鉄鏃や直刀片が出土している。17は奥壁幅より前壁幅が長いが、五基の中では最も形が整った横穴墓である。玉類の他、須恵器堤瓶の破片が出土している。18は16を反転縮小した形態を有する。耳環や玉類が出土している。19は17を小型化したような形態を呈し、側壁沿いに石棺状の施設を有する。須恵器長頸瓶や坏の他、耳環、鉄製品が出土している。

開口レベルは、15~17が上段に位置し、一~二m下に18と19がある。玄室の面積においても前三者は一〇㎡を越えており、後二者との差は歴然としている。

三　課題と検討

玄室平面が方形でしかも横長を呈する横穴墓について、神奈川県内の諸例を先行研究に準拠しながら集成してみた。ここでは、このような過程において想定し得る課題について検討を加えていきたい。

1　類型内における課題

まず改めて見直すと、明らかに玄室が横長方形を呈する横穴墓が少ないということがあげられる。単純に奥壁幅と玄室長さを比較し、その差が大きくなればより横長になるが、実際には小竹一八号墓の一〇cmから東谷四号墓の一四〇cmと非常に幅があり、形が一様でないことがわかる。視覚的にも横長に見えるのは、やはりその差が四〇cmを超えた横穴墓で、例えば第3図2・4・5・12~14が該当するが、これは全体の三分の一に過ぎない。また、同じように奥壁幅と前壁幅の差は、大きくなるほど逆台形化の傾向を、逆に小さいと方形化の傾向を示すが、堂後下一号墓の四〇cmを最大とし、小竹一八号墓の〇cmを最小とする。この他に、東谷四号墓や堂後下四、八号墓のように前壁幅の方が奥壁幅より長い、いわゆる台形[18]を示す横穴墓もある。

神奈川県内において、前壁を有する逆台形構造の横穴墓（Ⅰa1類）は、奥壁幅と前壁幅の差が最小で四〇cmほどであり、形態上一m以上の差を有するものは少なくなく、しかもその大半は横長逆台形を呈しており、数的には集成した方形構造の横穴墓（Ⅱa1類）より圧倒的に多い[19]。

次に平面形態においては明らかに次の二種が認められる。（第3~5図）

①　四隅が角張るタイプ
1・2・4~10・12・15・17・19

②　四隅が丸みを帯びるタイプ
3・11・13・14・16・18

両者の相違は、天井形態にも関連する。すなわち、①のタイプではアーチ形や家形など複数の天井形態が認められるのに対して、②のタイプはすべていわゆる縦断面ドーム形天井で占められている点であり、

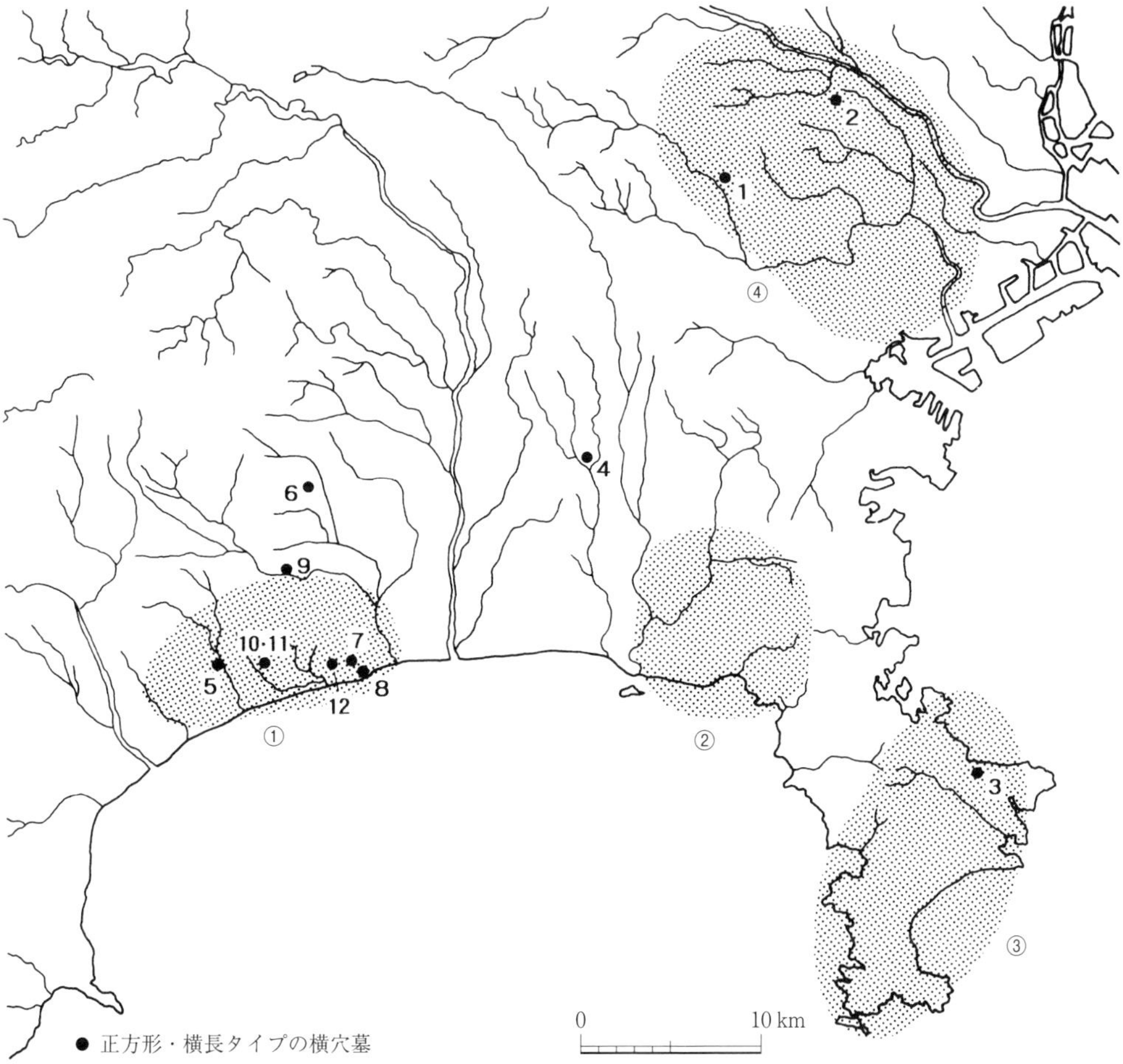

第6図　神奈川県内の横穴墓群密集地域

系譜が異なる可能性が高い。

　この他全体を通して、玄門幅における広狭や天井断面形態などにも相違がみられる。例えば、玄門幅については市ヶ尾A1号墓や代官山一八号墓のように一mを超える場合と、愛宕山下一七号墓や堂後下四号墓のようにそれ以下で非常に狭いことを特徴としている場合があるが、基数では前者が優位である。天井形態では特に縦断面ドーム形において、全体的に丸みを帯びる典型的なドーム形（7・10・13・14・17）とやや直線的なもの（1・3・4）がある。

　付帯施設では礫敷の割合が高いが、神奈川県内においてはいずれの類型にも普遍的に認められるもので、本類型を特徴化させるものではない。ただし、代官山一八号墓や諏訪脇東七号墓などのように、奥壁あるいは側壁に平行して造付石棺が敷設される横穴墓があり、[20] 類型内にある程度のバラエティーが認められる。

　このようにみてくると、類型内の個々の相違はさらなる細分の可能性を示唆していると考えられるが、同時に分類の境界線をどこに置くのかが今後の課題として残る。

2　分布からみた特徴

　神奈川県内には現在四箇所の横穴墓密集地域が存在する。すなわち、①二宮〜大磯、②藤沢〜鎌倉・逗子、③三浦半島、④多摩川・鶴見川流域であるが、本類型

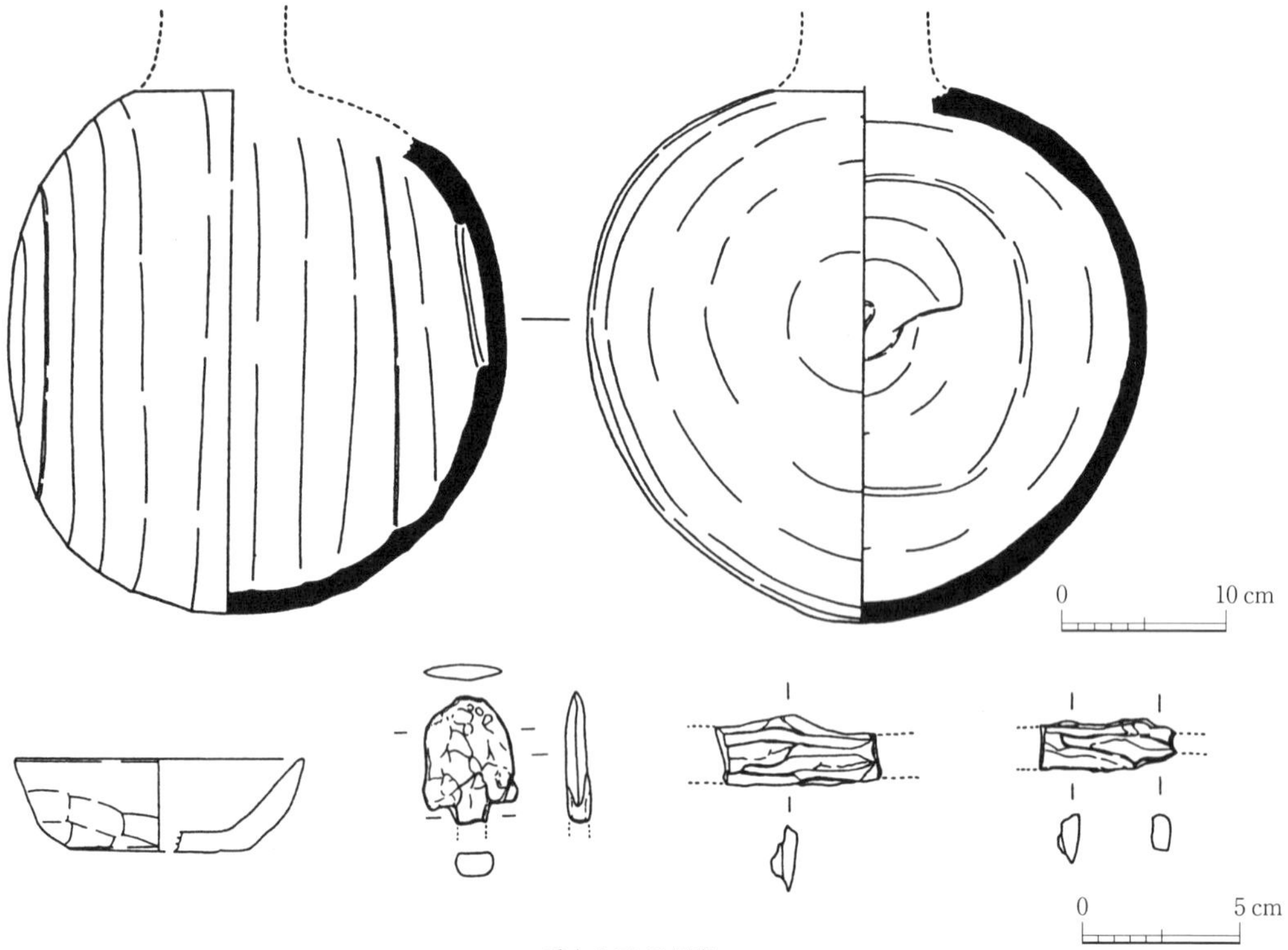

愛宕山下 17 号墓

諏訪脇東 7 号墓

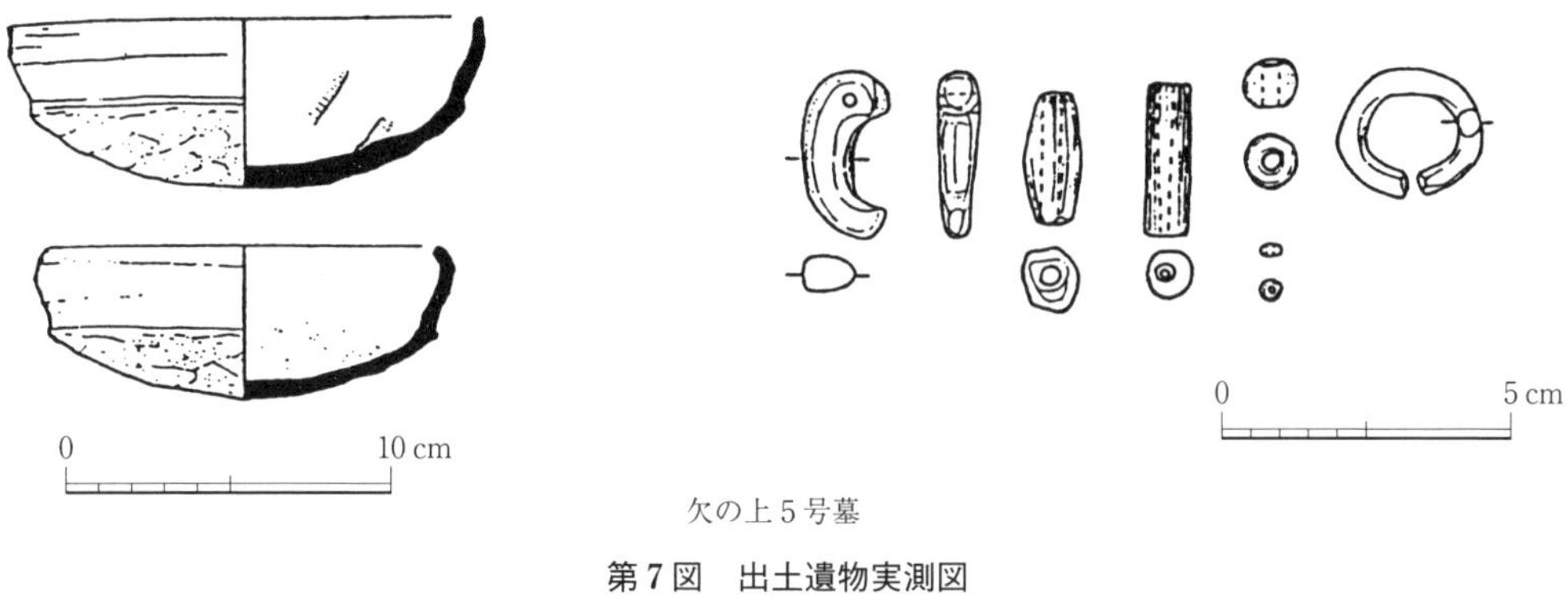

欠の上 5 号墓

第 7 図　出土遺物実測図

の分布も第6図に示したとおり、[21] おおむねこれに合致するものの、県西部に偏って分布していることが認められる。この地域は形態的に比較的古いと考えられている、前壁を有する矩形平面・ドーム形天井構造の横穴墓が多く分布しているところでもあり、重複する形で存在しているものと理解できる。

ところで、②の地域には皆無であり、③もわずかに一遺跡である。これらの地域はどちらかというと、正方形・横長タイプよりもむしろ縦長・長方形タイプの横穴墓が多く分布する地域であり、本類型（横長企画）の導入が県内一様ではなかったことを物語っている。

3　出土遺物からみた年代

本類型を含め県内の方形平面の横穴墓における遺物の出土は極めて少なく、しかも年代の指標となる須恵器・土師器の出土はさらに少ない。また、横穴墓特有の追葬という葬制から、出土した遺物が直接横穴墓の構築年代を示しているのではなく、したがって形態的に古いと考えられている横穴墓から比較的新しい遺物が出土する場合も多く見受けられ、中々推定の域を脱出できないのが現状である。しかしながら、土器研究の進展と調査制度の向上により、徐々に核心部分に近づいてきていることも事実である。

第7図に示したものは本類型出土の遺物である。愛宕山下一七号墓はやや胴張りの平面にドーム形の天井構造を有する横穴墓である。出土した長頸瓶は、左前壁の礫敷の上に存在したもので、球形の体部のみであるが、湖西Ⅲ期七世紀中頃にあたると考えられる。出土の状況から追葬時の遺物と考えられるが、その場合構築年代はそれ以前、すなわち七世紀前半が想定される。諏訪脇東七号墓はやや丸みを帯びた平面形態で、ドーム形天井構造をもち、側壁に造付石棺を有する横穴墓である。土師器の出土が報告されているが、礫敷の礫の間及びその上部からの出土である。小片であり漠然と七世紀代の所産とするが、明確な構築年代は不明である。

欠の上五号墓は、奥壁にやや膨らみをもつ平面形にアーチ形天井を有する横穴墓である。土師器の完形品が二点出土しているが、いずれも七世紀前半の所産と考えられる。装身具とともに出土しているこの土師器が追葬に伴うものかどうか俄かに判断できないが、横穴墓構築年代もさほど隔たりがないものと推測される。

今回図示することができなかったが、類例の追加で述べた堂後下横穴墓群（第4・5図）からも遺物が出土している。詳細は前述しているので省略するが、比較的所産時期が把握できるものに、四号墓（17）の須恵器堤瓶と八号墓（19）の須恵器長頸瓶・須恵器坏がある。四号墓は奥壁幅より前壁幅がやや広い平面形に、ドーム形天井を有する横穴墓である。須恵器堤瓶は床直より出土しており、肩部に環状の把手を有するもので陶邑TK43～TK209型式段階に比定できるものである。この遺物が伝世品でなければ、横穴墓の構築時期も六世紀後半ないし七世紀初頭が想定される。八号墓は構造的にみると、単純には一号墓あるいは四号墓を小型化したものである。出土した須恵器長頸瓶・須恵器坏は、その特徴から湖西Ⅲ期、中でも七世紀第3四半期に該当するものと考えられる。これらは礫敷の上から出土しており、追葬時の遺物である可能性が高く、横穴墓の構築時期は七世紀前半～中頃と想定される。

このように、本類型における出土遺物は六世紀後半から七世紀中頃過ぎと時間的にも幅をもつものであるが、同時に横穴墓の構築時期についてもすでに開口していたこともあり、注釈付の年代想定にほかならない。

4　掘削企画からみた年代

掘削企画の研究は、出土遺物の貧弱な東国の古墳を対象に考究されてきたものであり、近年横穴墓にも多用され有効性が認められるところであるが、県内ではもっぱらひとつの横穴墓群の展開過程を追及する場合に用いられていることが多い。その基準尺度としては高麗尺に近似する三五㎝、唐尺に近似する三〇㎝、唐小尺に近似する二五㎝、晋尺に近似する二四㎝が知られている。また、六世紀後半から七世紀前半にかけては三五㎝、ついで七世紀前半以降は三〇㎝、七世紀第2四半期以降は二五㎝を基準長とする企画で横穴墓が掘削されていることが東北南部[23]や南関東[24]で確認されている。

このような状況下において、改めて本類型を掘削企画からみると第8・9図のようになる。このうち三五㎝を基準長とする横穴墓は愛宕山下四号墓と堂後下四号墓である。愛宕山下四号墓は玄室幅八で長さも八と、正方形を呈する横穴墓であることがわかる。一方、やや台形構造の堂後下四号墓は一〇×九と大型で、しかも明らかに横長の形態を呈していることがわかる。さらに、既に開口していた横穴墓であったが、六世紀後半の須恵器堤瓶が出土していることからも構築年代をほぼ同時期に想定しても齟齬はきたさないものと考えられる。両者は玄門幅に相違がみられるが、愛宕山下四号墓は後世に羨道部が改造されており、仮に左右幅を均等と定した場合、堂後下四号墓と同様二単位となる。このことから、大磯丘陵においては基準長三五㎝の横穴墓は比較的幅狭の羨道が付くのではないかとの見方もできる[25]。

次に三〇㎝を基準長とする横穴墓は、堂後下一号墓（一二×一一）、東谷一号墓（一〇×八）、欠の上五号墓（一〇×九）、諏訪脇東七号墓（一〇×八）、代官山一八号墓（七×七）、堂後下八号墓（八×七）、久本二号墓（一〇×九）など第3～5図に示した大半が該当するが、その中で唯一代官山一八号墓が正方形の形態を示す。この横穴墓はアーチ形天井を有し、奥壁に造付石棺が附設されるもので、同時に調査された同構造の横穴墓出土遺物から六世紀後半～七世紀初頭の築造ではないかと考えられているものであるが、横穴墓自体の小型化を考慮すれば七世紀前半の構築としても良いのではないかと思われる。一方、諏訪脇東七号墓はドーム形天井を有し、側壁に同様な施設が設けられるが、掘削企画の上では同じ三〇㎝の基準長と考えられ、両者の明確な相違は見出せず、むしろ玄門幅に於いて五単位と代官山例と類似性が読み取れる。この玄門幅を比較的広くとる横穴墓は、市ヶ尾や東谷にもみられ、県東部のひとつの特徴とも考えられる。

遺物との絡みでいえば、欠の上五号墓からは七世紀前半の土師器坏が出土しており、基準長から想定される年代とほぼ合致するものと考えられる。また、堂後下八号墓からは七世紀第3四半期に比定される須恵器が出土しているが、出土の状況から追葬に伴う可能性が高いので、横穴墓の構築時期を、基準長を考慮に入れ、七世紀第2四半期以前としても差支えないものと考えられる。

今回の集成の中でどうしても三〇㎝、三五㎝の基準長では収まらない横穴墓があった。具体的には第9図に示した市ヶ尾A一八号墓（八×六）と清水北四号墓（一〇×九）である。前者は既に基準長二五㎝であることが確かめられており、構築年代は七世紀第3四半期頃ではないかとの想定がなされている[26]。後者はいわゆる家形構造を呈するもの

75　玄室平面横長の横穴墓

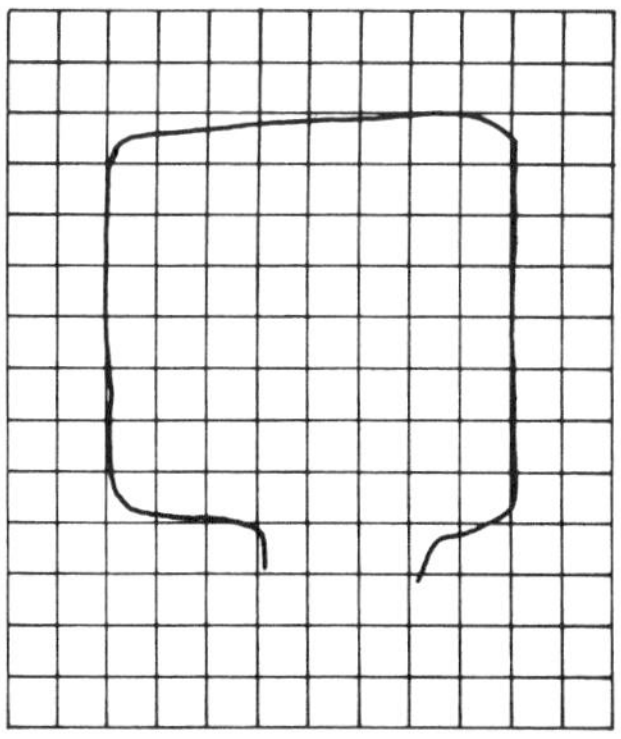
10　愛宕山下 4 号墓（35 cm）

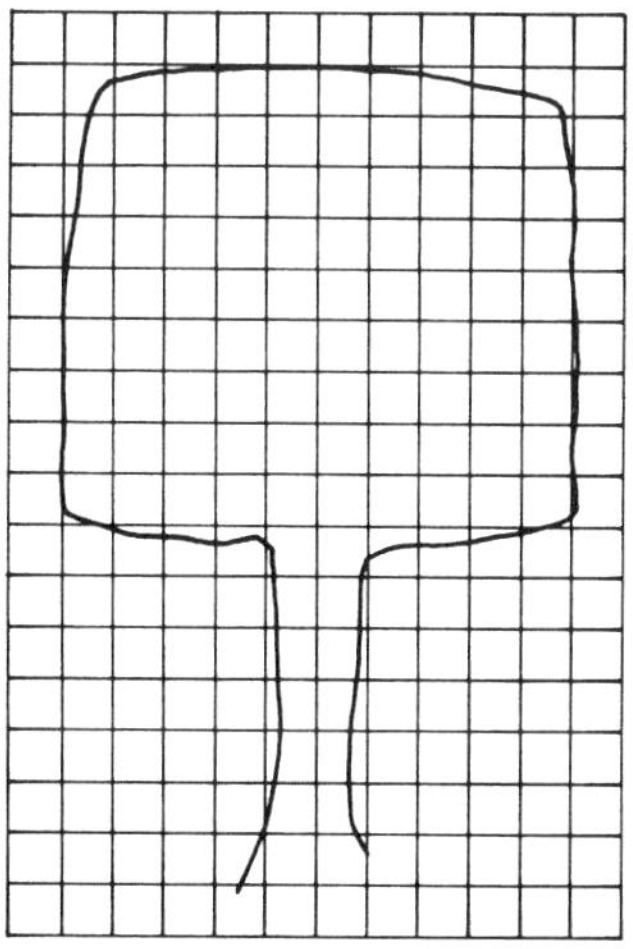
17　堂後下 4 号墓（35 cm）

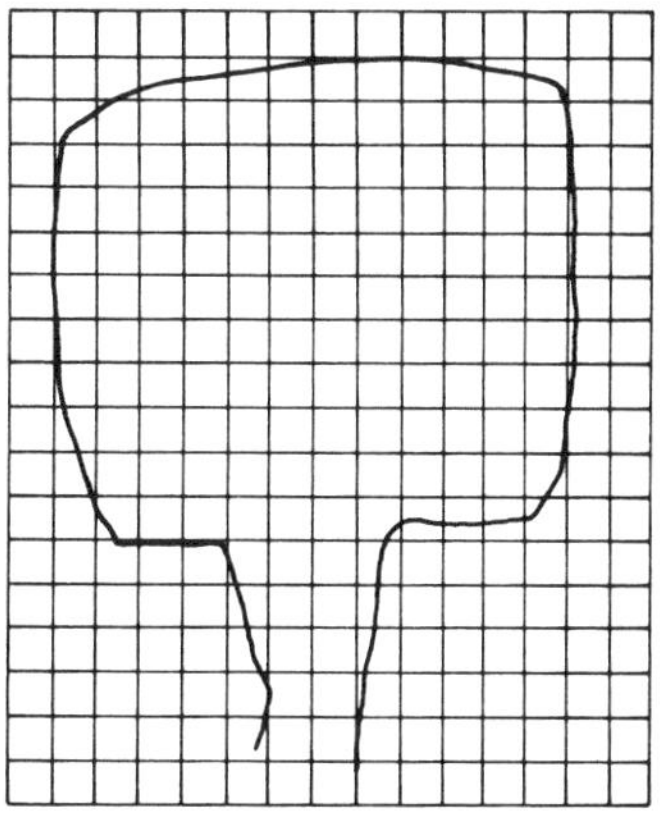
15　堂後下 1 号墓（30 cm）

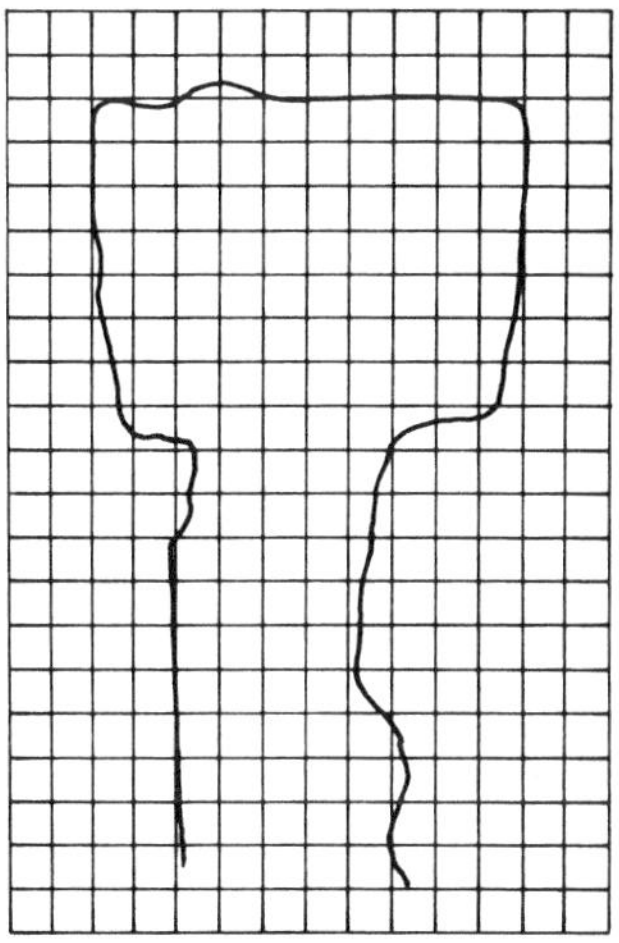
4　東谷 1 号墓（30 cm）

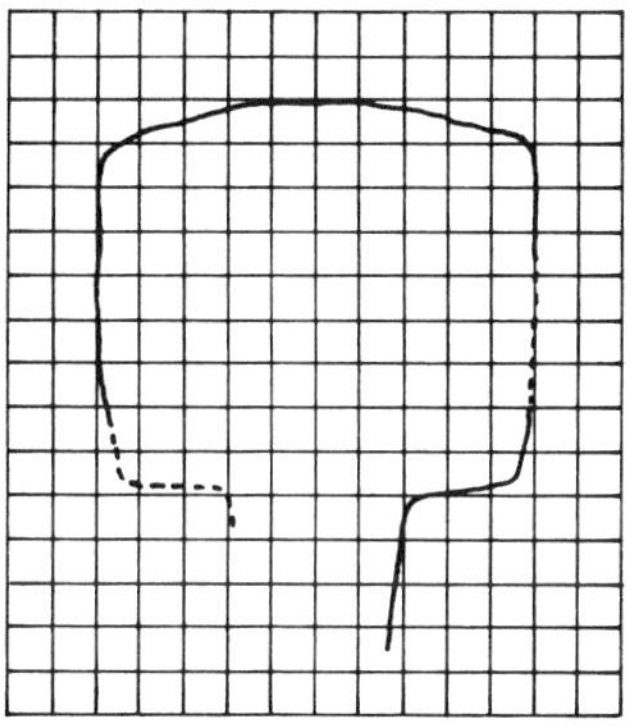
12　次の上 5 号墓（30 cm）

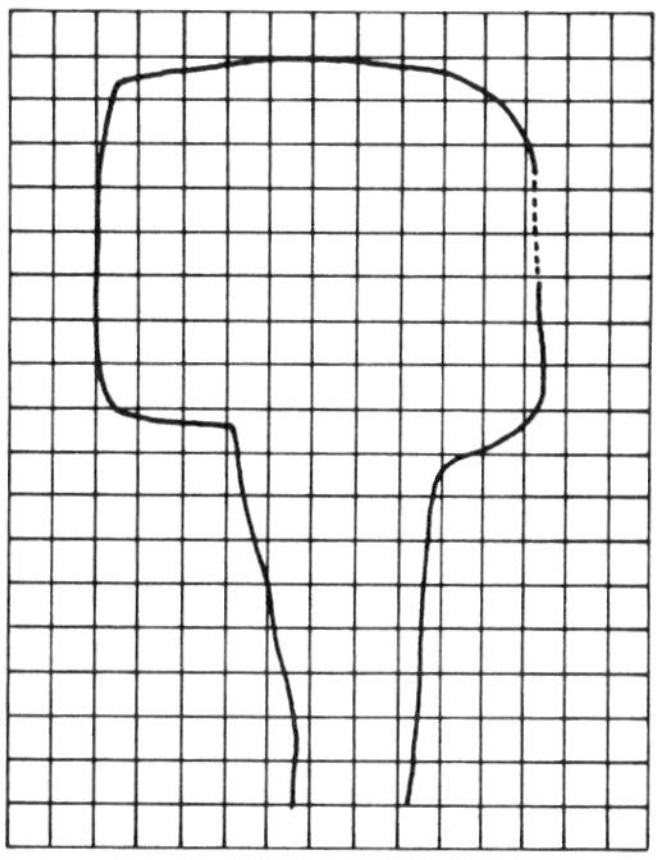
14　諏訪脇東 7 号墓（30 cm）

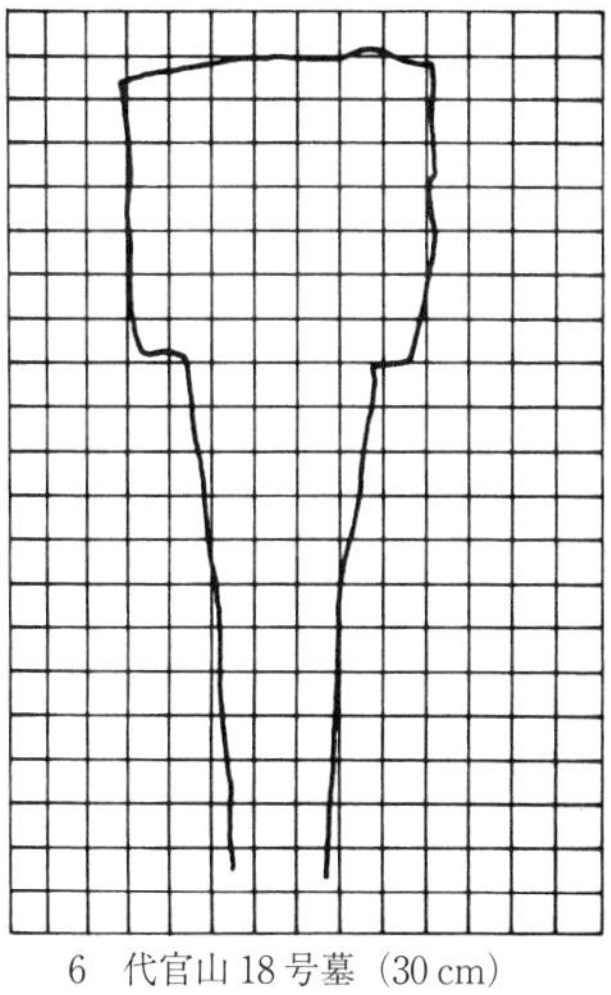
6　代官山 18 号墓（30 cm）

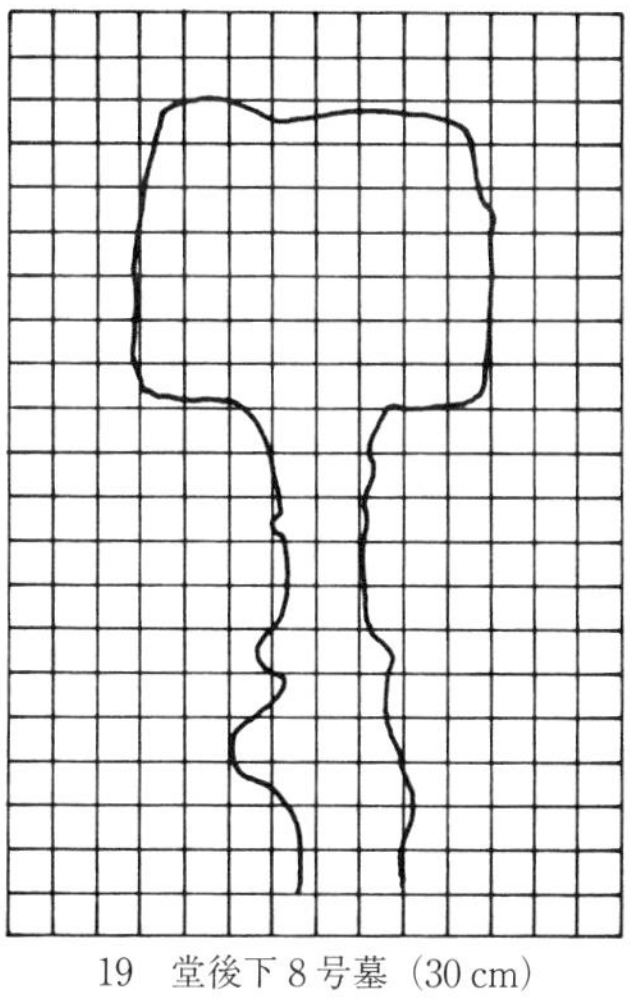
19　堂後下 8 号墓（30 cm）

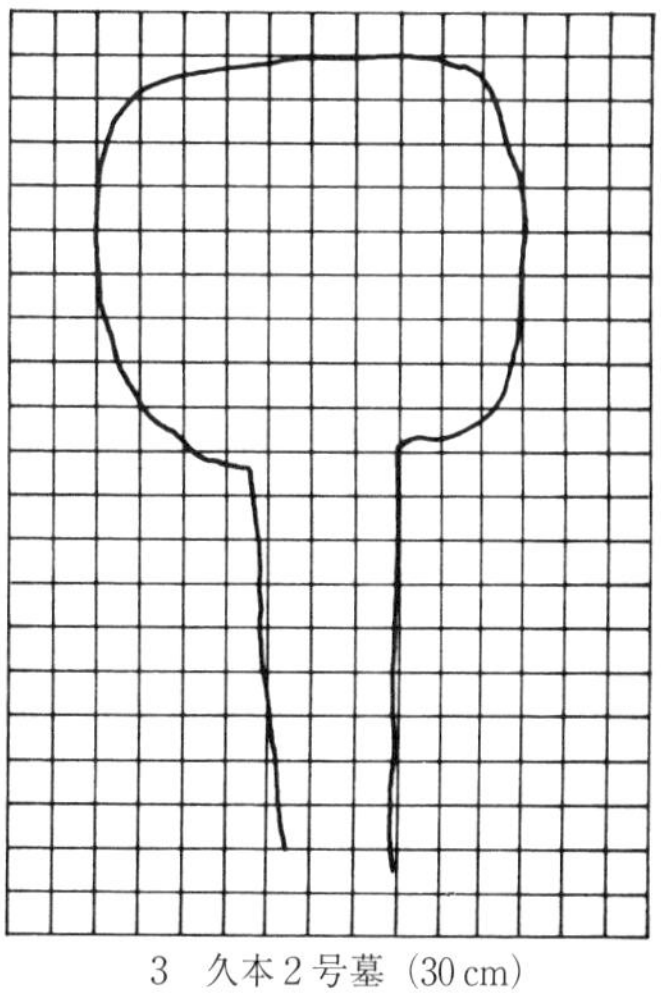
3　久本 2 号墓（30 cm）

第 8 図　平面企画図（1）（1/100）

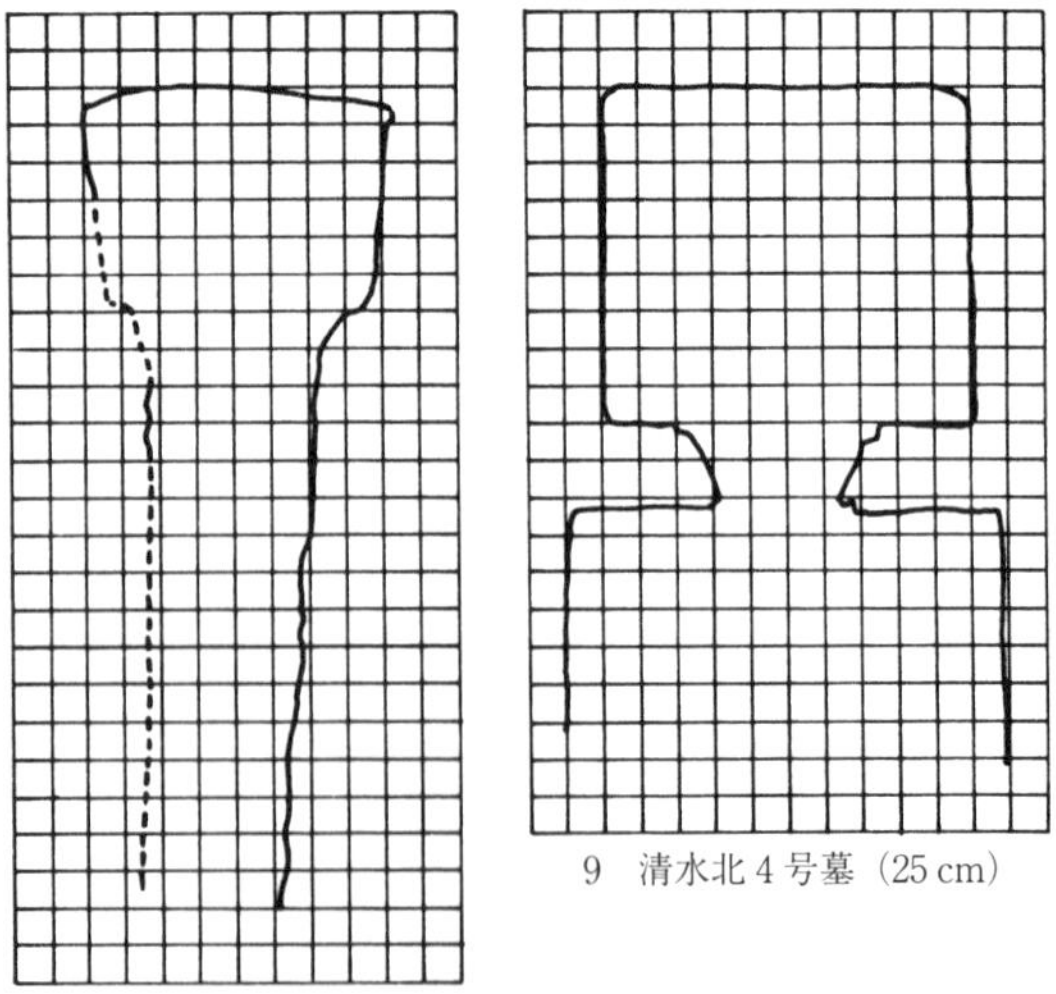

9　清水北4号墓（25 cm）

2　市ヶ尾A18号墓（25 cm）

第9図　平面企画図（2）（1/100）

であるが、報告にもあるように天井は簡略化され、形態的にはやや後出のものとされている㉗。遺物は須恵器甕片のみで、構築時期は不明である。掘削企画では、基準長二五㎝で収まることから七世紀第2四半期頃以降の構築と想定される。

以上のように、掘削企画においては三種類の基準長が認められ、年代的には六世紀後半から七世紀中頃過ぎまでが想定できよう。

類型の追加で紹介した堂後下横穴墓群の五基（第4・5図）は、群全体の中でどのような配置になっているのであろうか。全体を示してみた（第10図）。

三五㎝を基準長とする四号墓（一〇×九）は群の中央に位置しており、隣接する三号墓は今回図示しなかったが、やはり三五㎝を基準長とする一〇×一〇・五（やや縦長）が想定され、平面形態は横長ではないもののドーム形天井構造で幅狭の羨道を有する点は四号墓と共通し、群中最古の部類に属すると考えられる。この二基を中心に、東側には、三〇㎝を基準長とする横長企画の二号墓（一二×一一）、一号墓（一二×一一）が、西側には二五㎝を基準長とする五号墓（一二×二四）、九号墓（一三×一二）、一〇号墓（一二×一四）、一一号墓（一二×一八）、一二号墓（九×一七）、一三号墓（一四×一二）、一八号墓（一〇×一一）が並ぶが、これらの一群は、玄室と羨道の区別が明確でない所謂逆台形・アーチ形天井構造の横穴墓である㉘。

中央下段には三〇㎝を基準長とする横長企画の七号墓（八×七）、八号墓（八×七）と一七号墓（九・五×一〇・五）、二五㎝を基準長とする六号墓（一三×一七）がある。このうち一七号墓はやや縦長方形の平面に、ドーム形天井構造を有し、幅狭の羨道が付くもので、六号墓は玄室と羨道との区別が屈曲により僅かに判別できる逆台形・アーチ形天井構造の横穴墓である。

このようにみてくると、横長の横穴墓の四号墓は掘削企画や位置などから群中における盟主的な存在であることがわかる。東側の一・二号墓と南側の七・八号墓を比較すると、共に三〇㎝を基準長としているものの、玄室幅と長さに於いて等しく四単位後者の方が小さくなっており、なおかつ位置的な関係をも考慮すれば、一・二号墓が先行して構築され、やや遅れて七・八号墓が構築された可能性が高く、掘削時期にある程度時間差があったことが考えられる。また平面形態からも、一号墓と八号墓、二号墓と七号墓は密接な関係にあったことがうかがえる。

四　収束

玄室平面横長の横穴墓について、神奈川県内の類例を、追加資料を

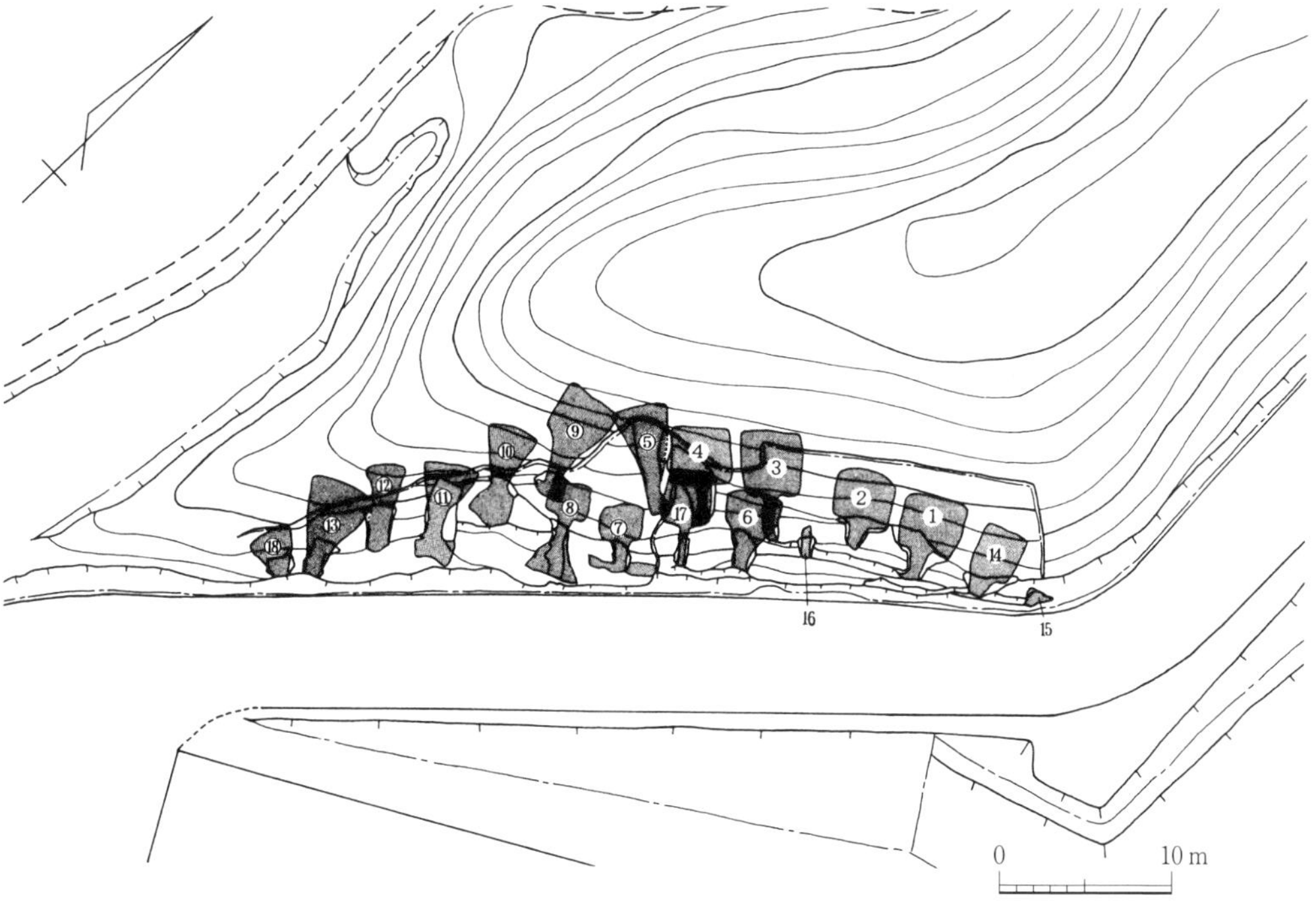

第10図　堂後下横穴墓群全体図（1/500）

加えて集成し、課題をあげながら検討を行った。その結果、横長という類型内には平面形態において横長方形を呈するタイプはほとんど無く、東谷四号墓や堂後下四号墓のような台形あるいは市ヶ尾A一八号墓や東谷一号墓のような逆台形、また、久本二号墓や堂後下二号墓のような隅丸方形タイプが存在し、天井形態や玄門幅の相違など細分の可能性を指摘したが、同時に分類の限界を痛切に感じた次第である。こうした類型内の細かな課題については、系譜を含め周辺地域の横穴墓を交えた中で再検討を加えてみたいと考えている。

遺物の面では類型横穴墓における出土例が極端に少なく、ましてや良好な例は皆無に近い状況であった。かつて赤星直忠氏は自説を補強するため、形態的に古いと考えられる横穴墓を調査し、出土遺物からそれを証明しようと試みたが、思惑どおりの結果を得ることができなかった。それから半世紀近くが経つが、状況はほとんど変わっていないといっても過言ではないだろう。したがって、それを補う意味で掘削企画を用いた構築時期を想定してみたが、やはり精度の高い実測図が必要不可欠であり、それゆえ集成した横穴墓すべてを検証することはできなかった。それでも、初めて三五cmを基準長とする横穴墓の存在を確認できたことはひとつの成果ではないかと考えている。隣接する平塚市で最古に位置づけられている万田熊ノ台一九号墓は、縦長方形平面でドーム形を呈するものであるが、三五cmを基準長とする一三×一七が想定される[29]。加えて幅狭の羨道の存在を併せ考えると形態的相違こそあれ時期的に近接する可能性が高く感じられる。

集成した中では、三〇cmを基準長とする横穴墓が最も多く、天井形態や内部施設もバラエティーに富み、横長企画の中では発展期にあたりそうである。一方、堂後下横穴墓群の全体図を通した中では、三〇cm

を基準長とする横穴墓でも玄室幅と奥壁幅において均等に減じる現象（小型化）がみられ、時間差を指摘した。今回の集成では、個々の横穴墓群における横長企画の横穴墓の位置づけを検討することができなかったので今後の課題としておく。

　市ヶ尾A一八号墓と清水北四号墓は、検討の結果二五㎝を基準長とする横穴墓であった。したがって、単純には横長企画の横穴墓が七世紀第2四半期以降も構築されたとも考えられるが、前者は逆台形でアーチ形天井、後者は横長方形で家形天井と形態を異にしており、なおかつ堂後下横穴墓群の一連のタイプとも一線を画している。このことは地域における導入の差はもちろん、横長の掘削企画がどこまで採用されたのかという根本的な問題を含んでおり、仮に堂後下横穴墓例をしてその初現を六世紀後半～七世紀初頭と想定してもなお、下限については明確な答えを出すことができない。

　今後は堂後下八号墓タイプの横穴を集成しながら系譜も含めた検討をして行きたいと考えている。

註

（1）山崎直方　一八八七「大磯駅近傍にある横穴塚穴の話」『東京人類学会雑誌』第二〇号

（2）赤星直忠　一九六四「神奈川県大磯町の横穴」『大磯町文化財調査報告』第一冊　大磯町教育委員会

（3）一九七八年に大磯町全域を対象に調査された結果によるものである。

（4）大磯町郷土資料館　一九九四「大磯町の横穴墓群」『郷土資料館資料』五

（5）鈴木一男・國見　徹　一九九六「大磯町の横穴墓群―詳細分布調査の成果と課題―」『考古論叢神奈河』第五集　神奈川県考古学会

（6）古墳時代研究プロジェクトチーム　一九九五「横穴墓の研究（1）―形態・構造面からの検討を中心に―」『かながわの考古学』第五集［神奈川の考古学の諸問題Ⅱ］神奈川県立埋蔵文化財センター　これ以後、研究紀要として一～七（一九九六～二〇〇二）までが刊行されている。

（7）『新編相模国風土記稿』や『神奈川県皇国地誌残稿』に記載事項がある。

（8）若林邦勝　一九八七「相模国淘綾郡大磯及び山西村横穴実見記」『東京人類学会雑誌』第二二号

（9）甘粕　健　一九八二「市ヶ尾古墳の発掘」『横浜市史』資料編二一　横浜市史編集室

（10）寺村光晴　一九六六「西おんざわ・虫窪横穴群の調査」『小田原・厚木道路埋蔵文化財調査概要』

（11）神沢勇一　一九六九「後谷原北横穴群」『神奈川県立博物館調査報告』三　神奈川県立博物館

（12）赤星直忠　一九五四「逗子市山野根横穴群」『神奈川県文化財調査報告』第二集

（13）田村良照　一九八六「鶴見川及び多摩川流域における横穴墓の様相」『川崎市内における横穴墓群の調査』玉川文化財研究所

（14）池上　悟　一九八六『武蔵熊ヶ谷東遺跡』立正大学考古学研究室

（15）上田　薫　一九八九「高棺座について―相模における終末期横穴墓の一形態―」『神奈川考古』第二五号

（16）明石　新　一九九〇「根坂間横穴墓B支群」『平塚市埋蔵文化財シリーズ』一四　平塚市教育委員会・平塚市遺跡調査会

（17）前掲（2）に同じ。

（18）上底が短く、下底が長い形を台形とし、その逆を逆台形と呼称した。長方形についても単に矩形と表現する場合と向きによって縦・縦長あるいは横・横長という文言を入れた。
(19) 前掲（6）の研究紀要Ⅰの付表による。
(20) 大磯丘陵では諏訪脇横穴墓群に集中的にみられる。平塚市域では第1段階（六世紀後半～七世紀前半）に位置づけられる高根二一号墓では奥壁に有縁の棺座が、源水谷八号墓では逆L字状の棺座が設けられている。
(21) 前掲（6）のかながわの考古学第五集六九頁の図を基に作成した。
(22) 出土遺物については田尾誠敏氏にご教示賜った。
(23) 大竹憲治　一九八七「いわき地方の古墳・横穴墓の企画性」『潮流』特別号
(24) 池上　悟　一九八二「南武蔵・多摩川流域における横穴式石室の導入と展開」『物質文化』第三九号
(25) だからと言って、掘削企画が玄室内に止まらず、羨道部まで及んでいた証とはならない。
(26) 池上　悟　一九八六「掘削企画と地域性」『武蔵熊ヶ谷東遺跡』立正大学考古学研究室
(27) 前掲（2）に同じ。
(28) こうした同形態の横穴墓でも掘削企画に相違があり、構築過程を解明することが可能と思われる。
(29) 前掲（16）の図を改変。

横穴墓付帯施設としての組合せ式石棺の一例

はじめに

横穴墓の付帯施設には、一般的に棺座や造付石棺のほか、本稿で取り扱う組合せ式石棺などがあり、いずれも埋葬用施設として位置づけられている。しかも横穴墓の形態的、構造的な分類の際には、平面や天井形態とともに分類基準の一項目として比較的多く用いられてきたところである。

付設割合からみると、神奈川県内においては地域差を考慮してもなお、組合せ式石棺の割合は棺座や造付石棺に比べはるかに低く、極めて特異な存在といわざるを得ない。かつて、神奈川県の横穴墓について素描された杉山博久によれば、八横穴墓群一〇基一三例の存在が確認されている。(1) また、一九九五年より財団法人かながわ考古学財団（現在公益財団法人）古墳時代研究プロジェクトチーム（以下、研究P）により県内横穴墓の悉皆集成が行われたが、類型間の相違はあるものの、やはり全体的に付設率は低いものであることが判明している。(2)

本稿では、一九八九年に発掘調査された北中尾横穴墓群(3)から検出された組合せ式石棺について、再度紹介をしながら検討を加えるとともに、先学の研究に準拠しながら、諸例との比較を通して神奈川県内の様相に若干触れてみたい。

一　事例の紹介

北中尾横穴墓群は、神奈川県中郡大磯町東小磯字中尾に存在した遺跡で、一九八九年と一九九一年に一六基の横穴墓が発掘調査された。組合せ式石棺が検出されたのは第3号墓一基だけで、県西地域においては初めての発見である。構造的には平面撥形、天井はアーチ形を呈し、玄室と羨道との区別がやや不明瞭な横穴墓（第1図）で、研究Pによる分類ではⅢa―Caに属する。

組合せ式石棺は奥壁と平行する形で確認されているが、その構造は切石によって四方を囲むのではなく、羨道側と右側壁側の二面を切石で囲むものである。奥壁と平行する切石（側石）は長さ一八二cm（一枚は一五〇cm）、高さ二五～四〇cm、厚さ二〇cm、それと直交する切石（端石）は長さ五八cm、高さ四五cm、厚さ二三cmを測る。両者が合わさる部分は特に細工はなく、床に接する部分も同様である。一方、奥壁は床から高さ四五cm程のところで、一四cmほど奥に掘り込まれてお

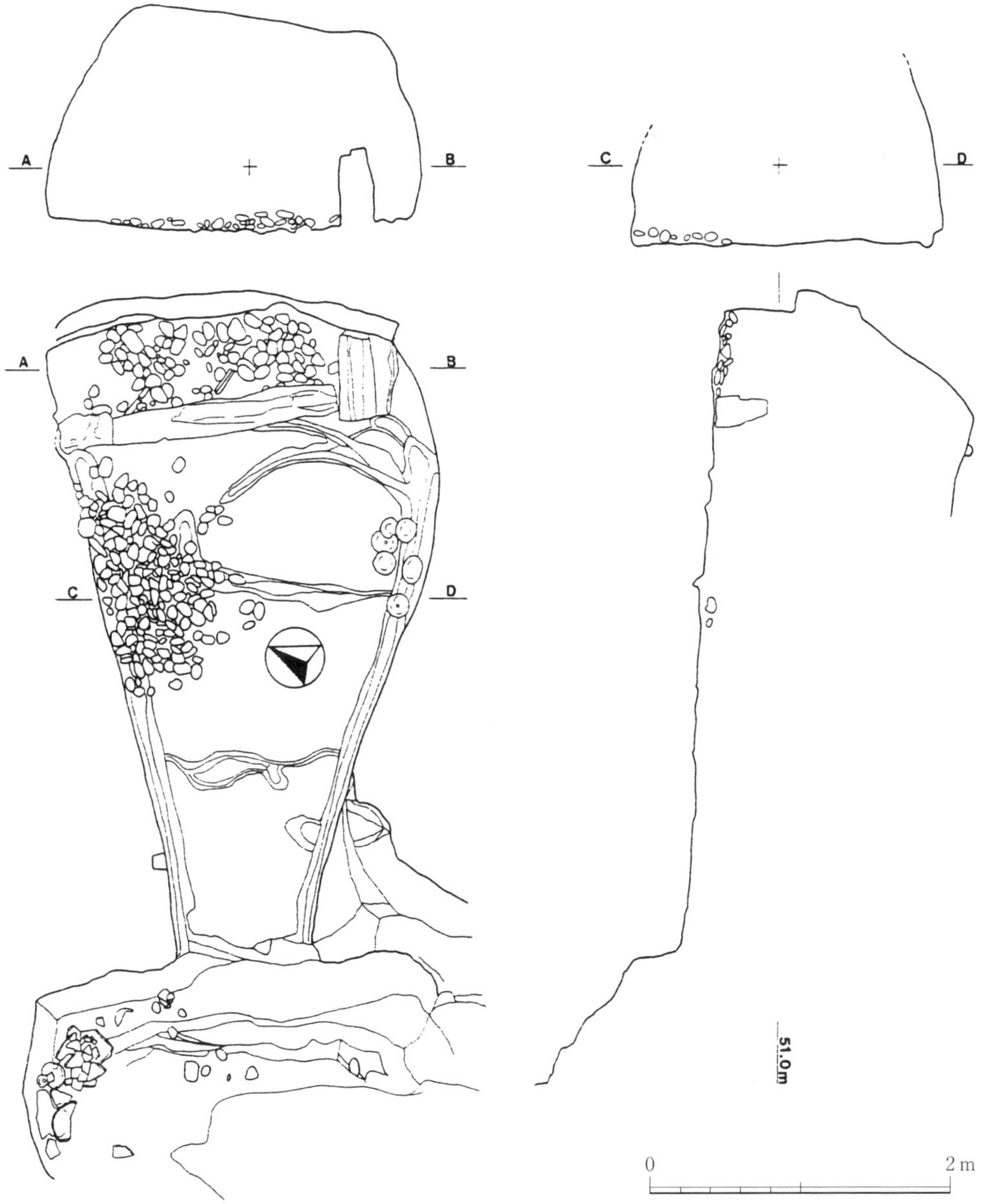

第1図　北中尾第3号墓実測図

り、あたかも向い合う側石のような役割を果たしている。しかし、左側壁には特別な掘削は見られない。したがって、一見すると三方向を囲むような形状を呈している。石棺としての規模は、内法で長さ約一九〇cm、幅四〇～六〇cmを測る（第2図）。なお、端石の上部は内側に段差が造られており、蓋受の機能を有していたものと考えられる。

　石棺内部には拳大の礫が敷かれていたが、やや浮いた状態の礫もあり、しかもこの礫により潰れた人骨もあった。人骨以外副葬品と思われる遺物の出土は無かった。ただ、石棺外には排水溝を覆った上部に一〇点ほどの八世紀第1四半期から第2四半期の須恵器が出土しており、追葬が行われたことが確認されている。

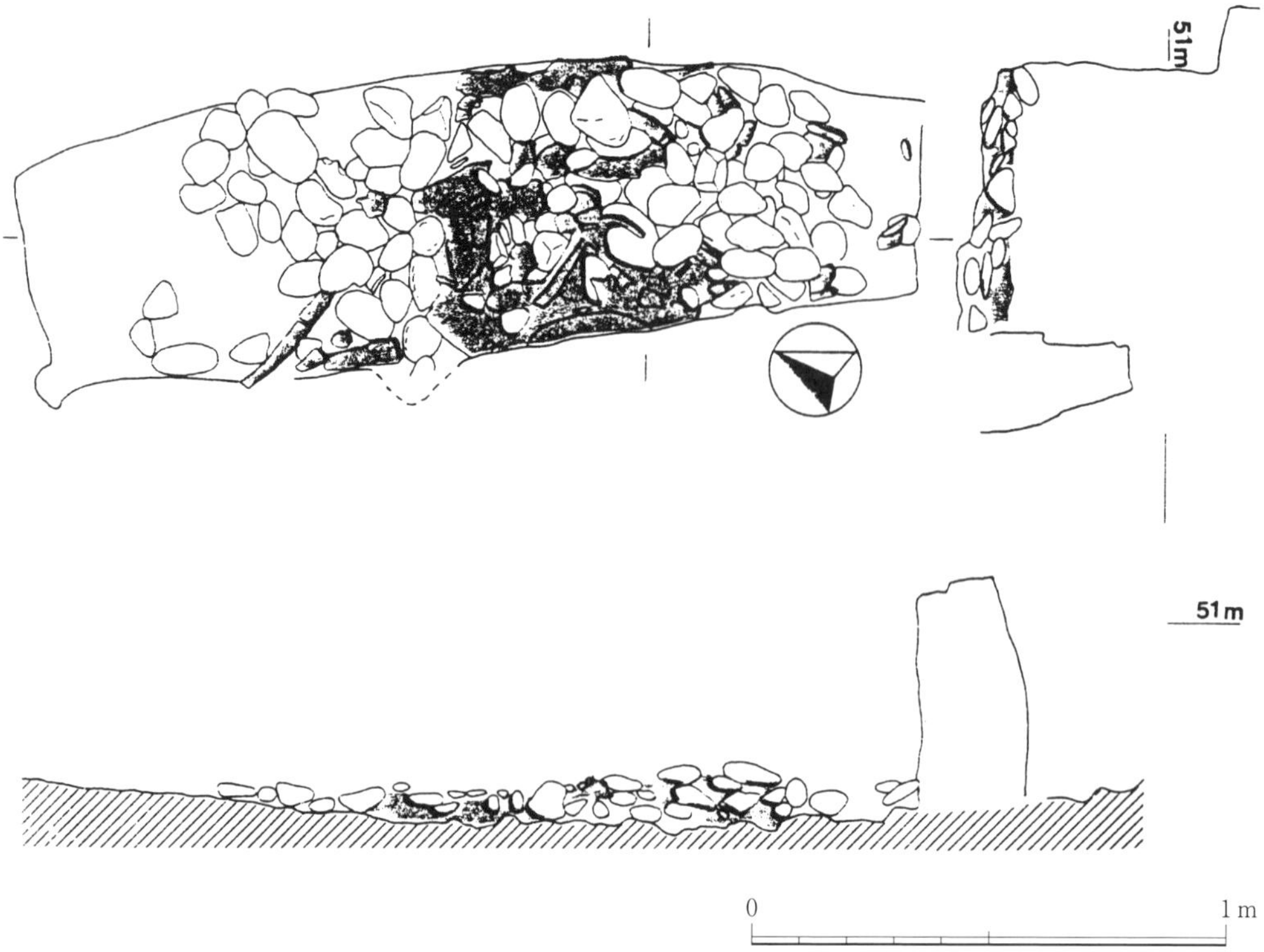

第2図　北中尾石棺内実測図

横穴墓の構築時期は、当地域における形態的変遷あるいは掘削企画、さらには前述した追葬を考慮して、大凡七世紀第3四半期前後が想定されている。

二　類例の集成

茅ヶ崎市甘沼横穴墓群(4)（第3図5、第5図2）

一九三三年（昭和八）に発見された三基のうち右端の横穴墓に存在した。記録によると、横穴墓の構造は断面アーチ形を呈し、奥において高さ、幅が最大で、入口に向かってそれらが減じるタイプという。組合せ式石棺は発見時の様子では、奥壁に平行に設置されていたようであるが、その後外に投げ出されていたという。側石二枚、端石二枚、蓋石三枚で構成され、底石はなかったようである。端石には枘があり、側石を嵌め込むようになっている。組合わせた時の内法は長さ二m、幅五〇cm、高さ六〇cmを測り、発見時には棺内と棺外に人骨が存在したという。

茅ヶ崎市甘沼水道山（中段山）横穴墓群(5)（第3図6、第5図3）

一九三五年（昭和一〇）に発見されたもので、横穴墓の構造は前記甘沼例と同様であるという。組合せ式石棺は、発見時には玄室奥に主軸と平行に設置されていたらしいが、調査時には前面の山腹に投げ出されていたという。復元された石棺は、側石二枚、端石二枚、蓋石三枚より成り、長さ二〇四cm、幅八二cm、高さ七二cm、切石の厚さは一七cmを測る。底石はないが、横穴墓内一面に礫が敷かれていたことから、これが底石の役目を果たしていたと推測されている。

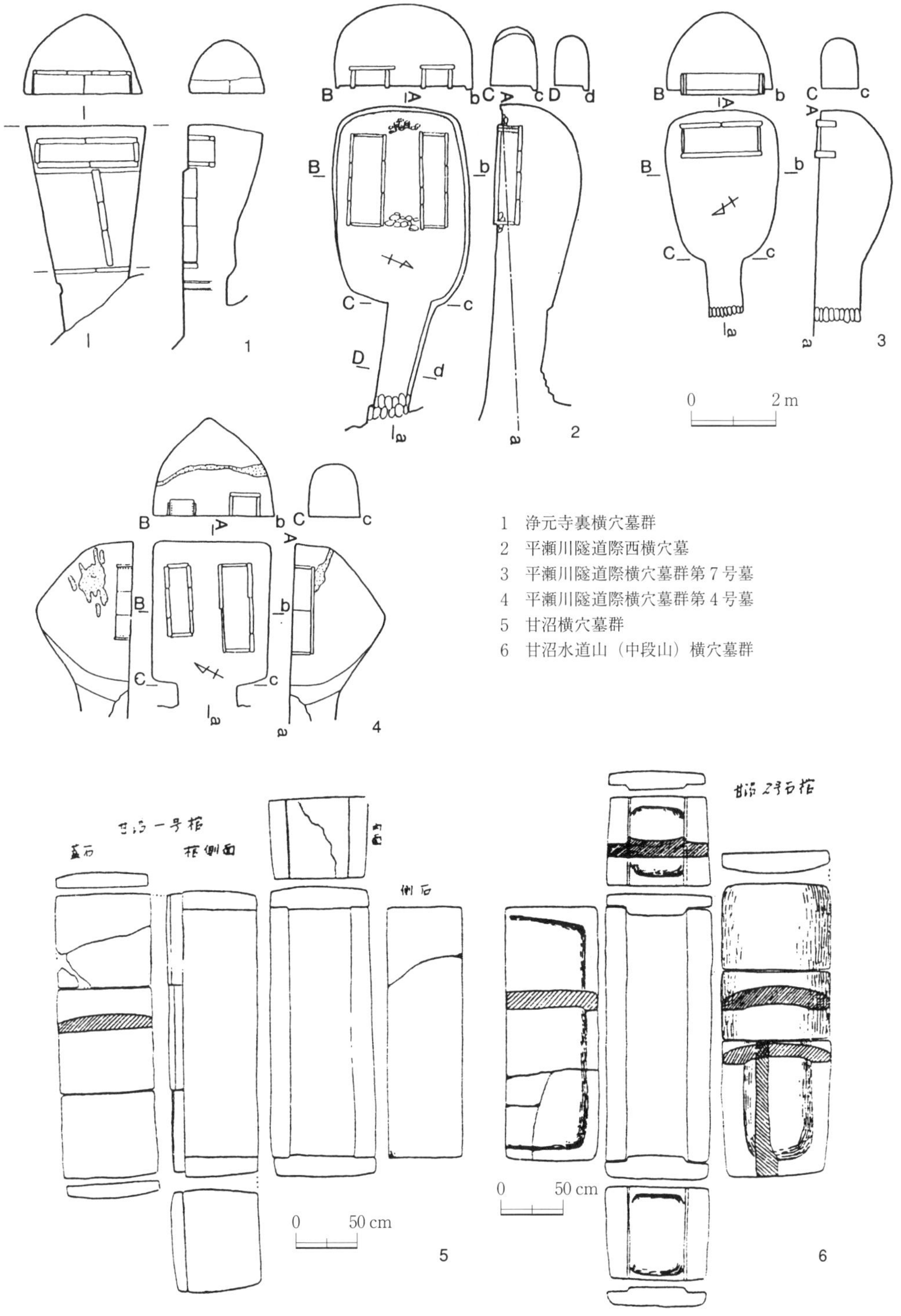

1　浄元寺裏横穴墓群
2　平瀬川隧道際西横穴墓
3　平瀬川隧道際横穴墓群第 7 号墓
4　平瀬川隧道際横穴墓群第 4 号墓
5　甘沼横穴墓群
6　甘沼水道山（中段山）横穴墓群

第 3 図　組合せ式石棺を有する横穴墓集成図

横浜市宮ヶ谷横穴墓群[6]（第5図5）

一九二五年（大正一四）採掘工事に伴い一〇基ほどの横穴墓の存在が明らかになったが、崩壊寸前のようであったらしい。横穴墓の構造は、何れも玄室と羨道との区別があり、左右よりも前後の方が長く、比較的方形に近かったらしいが、詳細は不明である。組合せ式石棺は、これらの横穴墓の中に存在したとの記述がみられるだけであり、その内容は不明である。

横浜市七石山横穴墓群[7]（第5図4）

一九六八年（昭和四三）と一九七〇年（昭和四五）に調査されたもので、総計六四基の横穴墓が確認されている。組合せ式石棺は、第39号墓で検出されているが、図などが無いため詳細は不明である。しかし、写真や文章表現などから、この横穴墓の構造は羽子板状の平面に、ドーム形の天井を有するもので、石棺は主軸に平行して二基設置されており、隣り合うように高棺座様の施設が存在することがわかる。

川崎市平瀬川隧道際横穴墓群[8]（第3図3・4、第5図6）

一九六二年（昭和三七）に調査されたもので、七基のうち4号墓と7号墓で設置が確認されている。4号墓は構造的には方形の平面に家形の天井を有するタイプで、研究Pによる分類ではⅡb1―D1cに属する。組合せ式石棺は、主軸と平行に二基設置されていて、右寄りの石棺Aは側石内側二枚、外側三枚、端石各一枚、蓋石三枚（長さ的には本来四枚であった）で構成され、底石はなかったようである。長さ一九八cm、幅五六~五九cm、高さ四六cmを測り、組合せ部分には特段の細工はみられないが、前面の端石には蓋受と思われる溝が確認されている。

左寄りの石棺Bは、側石内側、外側共に三枚、端石各一枚で構成され、底石はなかったが礫が敷かれていたようである。長さ一七五cm、幅四〇~四五cmを測り、隅の組合わせ部分には片柄状の細工がみられる。蓋は無かったが、端石が側石より蓋の厚さ分だけ高くなっており、蓋受の役割をしていたものと考えられるので、本来は蓋石があったと思われる。

一方、7号墓は平面がやや丸味を帯びた台形で、縦断面ドーム形、横断面アーチ形を呈するタイプで、研究Pによる分類ではIb1―Aaに属する。組合せ式石棺は、奥壁に平行に設置されており、側石二枚（羨道側は不明）、端石二枚、底石一枚で構成され、長さ二〇六cm、幅五八cm、高さ三七cmを測り、組合せ部分には特段の細工は施されていない。

川崎市平瀬川隧道際西横穴墓群[9]（第3図2、第5図7）

記録の中では、平瀬川隧道際西横穴墓群とされているが、実態は平瀬川隧道際横穴墓群と一群を成すものであり、一九六二年（昭和三七）に調査された。横穴墓の構造は、平面隅丸長方形で、ドーム形天井を有し、研究Pによる分類ではⅡb1―Ad（表記ではB1aとなっている）に属する。組合せ式石棺は、側壁に沿うように二基設置されている。石棺の構成や規模など具体的な記述がないので不明であるが、図などから想定すれば、側石は三~四枚、端石各一枚で構成されており、長さ二mほど、幅六〇cm前後、高さ五〇cm前後の規模を有するものと思われる。

川崎市津田山団地内横穴墓群[10]（第5図8）

一九六二年（昭和三七）に調査されたものであるが詳細は不明。ただ、記録によれば、その構造は隅丸方形の平面にドーム形天井を有し、奥壁に接するように組合せ式石棺が設置されていたことがわかる。しかも、硬質の石を用い、整形の板状の切石を組合せて造られていた。

川崎市浄元寺裏横穴墓群[11]（第3図1、第5図9）

津田山久地横穴墓群第三群第1号墓ともいう。一九六二年（昭和三七）に調査されたもので、八基のうち一基で検出。横穴墓の形態は、平面撥形、横断面アーチ形（やや尖頭）で、研究Ｐによる分類ではⅢa―B2aに属する。

組合せ式石棺は奥壁寄りの高さ二〇cmほどの棺座上に、奥壁と平行に設置されていて、切石六枚で構成されている。長辺側石は長さ二二三cm、短辺（端石）は長さ七六cmで、高さは四五cmを測る。

両者の接合部分は、長辺側石を片柄にして組んでいる。石棺内には礫敷がみられ、蓋は四枚からなる。

三　まとめと課題

北中尾例と類例を列挙してきたが、様々な課題を含んでいることは論を待たない。ここでは、項目ごとに比較しながらまとめとしたい。

1　北中尾組合せ式石棺の再検討

(1)　設置時期

北中尾の組合せ式石棺は、所謂切石四枚を用いて箱型を形成するものではなく、切石二枚で構成され、不足の二枚を奥壁と左側壁が代替するものであった。そのため、石棺自体は左に寄った形を呈しており、しかも、切石は石材が異なるもので、あたかもあり合わせの材料を用いて造られたような感じを受ける。さらに、側石と端石には高さにおいて数cmの差があり、奥壁の段差とはそれ以上の差が認められ、切石の下部には、嵌め込むための溝や切石を安定させるような特別な措置などはなく、直置きの状態であった。

このように見てくると、この組合せ式石棺は果たして構築当初から存在したものなのか、非常に疑問を感じる。特に縦断面でみると、奥壁部分はきれいなカーブを描いて段差に至るわけではなく、むしろ段差の上部約四〇cmほどのところで屈曲して段差の奥に至るため、非常に不自然な状況が読み取れる。つまり、この部分のみ横穴墓構築後に一部改造したのではないかとも考えられるのであるが、一方では横穴墓掘削工程の中での変更とも考えられる。

奥壁に段差を設けること自体、当然何らかの目的を持った行為であり、現状ではそれは取りも直さず切石を用いた石棺と一体を成すものと考えられる。それならば側石と端石の高さに合わせる、もしくは段差に合った切石を用いるなどの工夫がみられて当然であるが、現状ではそうした工夫はみられず、側石と端石には高さにおいて数cmの差があり、奥壁の段差とはそれ以上の差が認められるなど三者がばらばらの高さで、この状態では仮に蓋があったとしても水平に被せることは不可能である。当初から蓋石を掛けることを想定していなかったように感じるのである。しかし、唯一蓋石の存在を示唆していることがある。それは端石の内側の溝で、普通は蓋受の機能を果たしていたと理解されるが、本例の場合、蓋が水平に掛けられない以上、蓋受の役目を果たしていたとはいいがたく、側石との石材の違いも併せ考えると、切石（端石）の二次的な利用も考慮しなければならないだろう。

なお、石棺内は拳大の礫が敷かれていて、人骨も存在したが、礫と礫に挟まれたものもあり、当初は後世の攪乱によるものと考えていた。しかし、平瀬川隧道際西横穴墓群では、石棺内追葬が認められているので、本例もその可能性が指摘できよう。その場合、簡易な蓋の存在も考慮しなければならないだろう。

このように、組合せ式石棺の設置時期については、構築当初から存

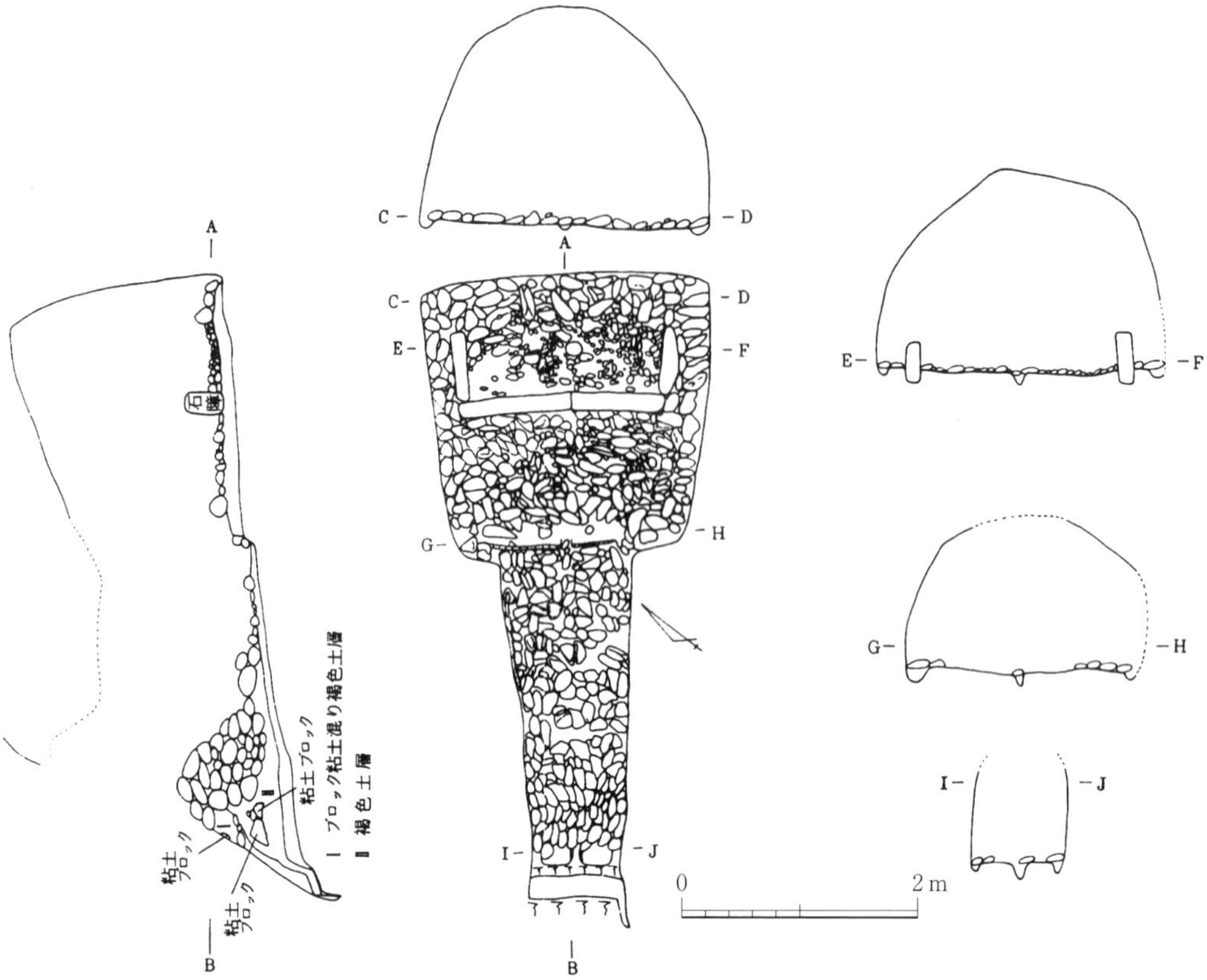

第4図　福ノ円横穴墓実測図

在したとはいえないような材料が多く目に付くが、なおにわかに断定しがたい点も多々あり、大きな課題として残る。

(2) 構造、名称など

北中尾の組合せ式石棺については、二枚の切石で構成されており、紹介した諸例とは構造的にみた場合、異なった部類に属するといえる。

神奈川県内には、棺座の前縁に切石を嵌め込み、石棺状の効果をねらったと思われる「石障」と呼ばれるものがある。藤沢市不動谷横穴墓群⑫、同森久谷横穴墓群⑬、鎌倉市田辺谷横穴墓群⑭、同二の谷横穴墓群⑮など湘南地方において比較的多く確認されているが、いずれも溝を掘り、そこに切石(障壁板)を嵌め込むものである。特に不動谷横穴墓群第19号墓では高さ五〇cm内外の一枚岩が嵌め込んであったという。また、平瀬川隧道際第2号墓でも確認されているし、さらには浄元寺裏第1号墓では、組合せ式石棺と併設されている(第3図1)。

第4図に示したのは川崎市福ノ円横穴墓⑯である。泥岩の切石四枚を嵌め込み、三方向を囲んだ石障が付設されているが、区画内は礫敷で歯が発見されており、この施設が埋葬用施設であることを裏付けている。規模的には、長さ一八〇cm、幅六〇cm、高さ三五~四〇cmを測り、組合せ式石棺のそれと遜色がない。また、この石障は、切石を嵌め込むための溝の存在から当初よりこの位置に設置されたものであるが、もし仮に端石が奥壁と接するように設置されていれば、それはまさに北中尾例と酷似するものとなる。

一般的な組合せ式石棺は、平瀬川隧道際や甘沼例のように蓋

第5図　組合せ式石棺が検出された横穴墓群分布図

石の有無は別にして箱型を呈する。北中尾例では、二枚の切石が確かに組み合さっており、奥壁・左側壁とも連結して、長方形の石棺を形成しているので、その範疇に入れることについては異論はないが、構造上からは石障の変則バージョンとも想定できるので、組合せ式石棺と石障の中間的要素を併せ持つ施設といえよう。

2　神奈川県内の様相

神奈川県内において組合せ式石棺を有する横穴墓の分布は、第5図に示すとおり九横穴墓群一〇基一三例である。この他に、煙滅してしまったものや浅学のため管見に触れなかったものもあるはずだが[17]、それを考慮しても飛躍的に数値が伸びることはまずないであろう。分布のあり方は多摩川流域の特定地区に集中する傾向であり、静岡県においても、六世紀後半から七世紀後半にかけて菊川流域に集中することが知られていることからも[18]、導入に際してはかなり地域差があることがわかるし、その背景には横穴墓掘削技術と石棺構築技術を併せ持つ集団の存在が想定される。

石棺の設置位置については、七石山第39号墓や平瀬川隧道際第4号墓のような主軸並行型と浄元寺第1号墓や平瀬川隧道際7号墓のような主軸直交型があり、特に前者においては二基設置されるケースが多い。

　こうした組合せ式石棺を有する横穴墓において、最大の課題は横穴墓の構築時期であろう。しかしながら、調査例が比較的古かったり、既開口墓であったりして時期決定できる遺物が乏しく、勢い形態的な変遷からの追求に頼らざるを得ないため、大摑みなものとなることは否めない。特に、平瀬川隧道際第4号墓は家形を呈するが、神奈川県内においてこのタイプの横穴墓から遺物が出土した例は皆無に等しい。家形が比較的多く構築された大磯町南井戸窪横穴墓群では、実測調査を基にした掘削企画から七世紀第1四半期〜第2四半期にかけての造営が想定されている[19]。本例もこの範疇に入るのではないかと思われる。

　神奈川県内においては、総体的に台形（Ⅰ類）、方形（Ⅱ類）が先行して出現し、その後撥形（Ⅲ類）が七世紀中葉以降盛行する傾向[20]にあるが、北中尾第3号墓や浄元寺裏第1号墓などはこの撥形の範疇に入るものと思われる。甘沼例も報告書の記載などから同時期に該当しそうである。逆に、平瀬川隧道際第7号墓や同西横穴墓などは、それらよりもやや先行しての構築が想定される。

　したがって、組合せ式石棺が付設された横穴墓の構築時期は、おおむね七世紀第1四半期から第3四半期にかけて構築されたものと考えられるが、遺物などからの証左がなお必要である。

おわりに

　北中尾の組合せ式石棺の再検討を通して、また神奈川県内の様相について綴ったが、内包している課題は山積しているといわざるを得ない。今後も機会あるごとに調べていきたい。

註

（1）杉山博久　一九八〇「神奈川県の横穴墓群」『古代探叢』早稲田大学出版部

（2）古墳時代研究プロジェクトチーム　一九九五〜二〇〇二「横穴墓の研究（1）〜（8）」『かながわの考古学』第五集、『研究紀要』一〜七神奈川県立埋蔵文化財センター・財団法人かながわ考古学財団

（3）鈴木一男ほか　一九九三「北中尾横穴墓群」『大磯町文化財調査報告書』第三九集　大磯町教育委員会

（4）赤星直忠　一九三九「組合式石棺を出した相模甘沼横穴群について」『考古学雑誌』第二九巻第八号

　赤星直忠　一九六四「茅ヶ崎市の古墳と横穴」『茅ヶ崎市文化財資料集』第三集

（5）前掲（4）に同じ。

（6）石野　瑛　一九二六「横浜及び附近の古墳と横穴」『考古学雑誌』第一六巻第一二号

（7）佐野大和・鈴木重信　一九七〇『七石山遺跡調査報告書（2）』横浜市文化財調査委員会

（8）新井　清　一九六三「川崎市下作延津田山附近に於ける石棺を伴う横穴の発見について」『たちばな』第二七号

　新井　清・持田春吉「川崎市、津田山横穴群概要」『考古たちばな』第五・六合併号

（9）前掲（8）に同じ。

（10）前掲（8）に同じ。

（11）前掲（8）に同じ。

（12）赤星直忠　一九五九「不動谷横穴群」『鎌倉市史』考古編

(13) 赤星直忠　一九五九「森久谷横穴群」『鎌倉市史』考古編
(14) 赤星直忠　一九五九「田辺谷横穴群」『鎌倉市史』考古編
(15) 赤星直忠　一九五九「二の谷横穴群」『鎌倉市史』考古編
(16) 東原信行　一九八〇「川崎市高津区下作延福ノ円横穴古墳発掘調査告」『川崎市文化財調査集録』一五
(17) 上田　薫氏によれば、藤沢市新林横穴墓群にも類例があるという。また、前掲（8）文献には法泉坊横穴の名前が見える。
(18) 静岡県考古学会　二〇〇一『東海の横穴墓』静岡県考古学会二〇〇〇年度シンポジウム
(19) 池上　悟　二〇〇〇「南井戸窪横穴墓群実測調査報告―家形横穴墓の展開―」『大磯町史研究』第七号
(20) 前掲（2）に同じ。

挿図出典

第1図　註（3）文献（第7図）より抜粋
第2図　註（3）文献（第9図）より抜粋
第3図　川崎市史「資料編」1　考古・文献・美術工芸及び茅ヶ崎市文化財資料集第8集より抜粋
第4図　註（16）文献（図3）より抜粋
第5図　日本地図神奈川県より作成

肋状仕上げの横穴墓

はじめに

古墳時代後期の葬法の一つである横穴墓は、神奈川県内においても、六世紀後半に導入され、七世紀以降各地域において多様なバリエーションを持ちつつ隆盛を極めた。特に、相模大磯丘陵、藤沢・鎌倉の湘南地域、三浦半島、鶴見川流域などは濃密に分布する地域として、古くから学会の注目する所となり、明治期より活発な踏査や調査が行われているが、中でも形態的に特徴のある大磯町楊谷寺谷戸横穴墓群中の家形を呈する横穴墓などは詳細な図とともに紹介されている①。

また、戦後においては赤星直忠の一連の研究成果により、平面や天井形態が明らかにされ、同時に形態的変遷過程が集成されるに至ったが、その土台は前述した地域の横穴墓が基礎となっており、本稿で取り扱う、壁面を肋状に仕上げる横穴墓も少なからず含まれている②。

殊に研究の中心となった大磯町の横穴墓については、一九九一から一九九四まで立正大学の全面的な協力を得て、詳細分布調査を行ったが③、確認された四七七基のうち、天井形態が判明した三四三基の中で、壁面を肋状に仕上げる技法が認められた横穴墓はわずかに三一基であった。報告の中ではこのような横穴墓が比較的集中して存在し、しかも形態的には平面逆台形でアーチ形天井を有する横穴墓に比較的多く認められること、さらには周辺地域にはあまり見られないことなどを指摘した④。

ところがその後よく調べてみると、近隣諸地域にも意外と多く存在することに気がついたので、改めて技法の紹介と相模における様相について考えてみることにしたのである。

一　技法の紹介と分布

肋状仕上げとは横穴墓壁面、すなわち天井部から側壁にかけて、帯状の湾曲凹面（線）が平行に刻まれるもので、一見するとちょうど人間の肋骨のような描写に見えることから名づけられたと想像される。

かつて赤星は著書の中でも、「肋状仕上げ」あるいは「平行肋状の凹線」などといった表現を用いている⑤。他書では、「肋状整形」や「肋骨状加工痕」、「肋骨仕上げ」、「螺旋状」との表現もみられるが⑥、意図するところは同じようである。

肋状に仕上げられた一つの帯状部分の幅は、おおむね一〇㎝前後であるが、もちろんこれより明らかに幅が狭い、あるいは広いものも存在する。いずれにしても、横穴墓壁面に残るこうした痕跡（＝仕上げ痕）はほとんどの場合、最終工程を示しているものとされ、それ故仕上げ幅がそのまま刃幅と理解される場合が多い。

しかしながら、最近調査した堂後下横穴墓群(7)では、第1図に示すとおり一見すると幅一〇cm前後の帯状の凹線も、よく観察すると刃幅三～四cmの工具で上下ではなく、主軸と同方向すなわち横から連続して削っており、したがって凹線の両端は必ずしも平行とはなっていないことが判明している。この後、縦方向の調整を行いながら横方向の削痕を消せば、通常目にするきれいな肋状の仕上げになるものと思われる。藤沢市代官山横穴墓群第12号横穴墓でも、「数度の工程を経ている」とされ、それは実測図（第5図5）にも表現されている(8)。また、神奈川県の指定史跡であるたれこ谷戸西横穴墓群第21号横穴墓(9)では、幅一二cm程の凹線の両端が幅五cm程の凸帯を形成しており、正に「あばら」の表現にあてはまる造りをしている（第2図）。しかも、壁面は丁寧に調整されており、工具痕は読み取りづらいが、部分的には幅五cm程の横方向の工具痕がみられる。こうしたことから、必ずしも凹線の幅が工具幅ではなく、むしろ前記した工法で肋状の凹線が作り出された可能性が充分考えられるのである。

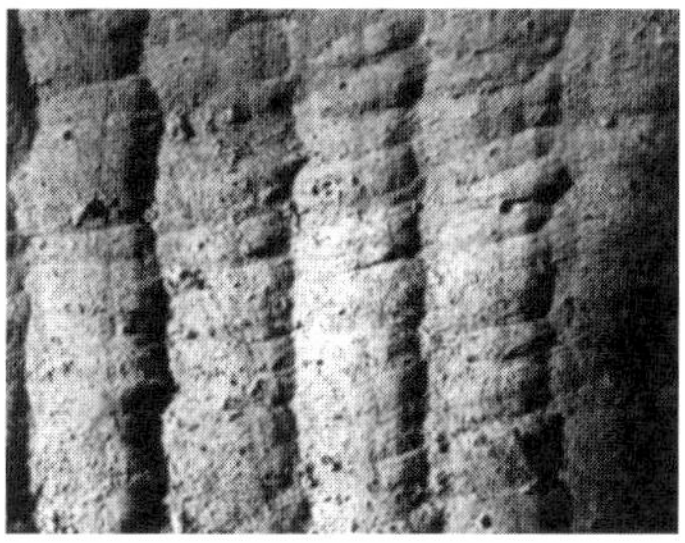
第1図　肋状仕上げ近景

相模において肋状の仕上げが認められる横穴墓は、管見に触れたものだけでも四一横穴墓群一〇九基に及ぶ（第3図）。特徴的なのは、相模湾の沿岸部に多く認められる点であり、しかも一群中に複数基存在する例が多い。以下、該当する横穴墓の概要を記す。

羽根尾横穴墓群(10)（第5図、A1・A3・B3・C4・C7・C11号墓）

すべて調査記録により抽出したもので、A1号墓は矩形平面ドーム形、神奈川県古墳時代PTの類型でいうⅡb＋Aa(11)（長方形平面で横断面アーチ、縦断面ドーム）、A3号墓は1a＋Aa（台形平面で横断面アーチ、縦断面ドーム）で幅一二～一六cmの肋状仕上げ、残る四基はいずれもⅢa＋Ca（撥形平面で横断面アーチ、縦断面無前壁アーチ）で、床上五〇cmまでは縦あるいは斜方向の掘削痕があり、それより上は刃幅五cm前後の手斧状工具によって上から下へ肋状仕上げ。

大日ヶ窪横穴墓群(12)（4・9・16・19号墓）

すべて写真で判断したもので、形態的にはいずれもⅢa＋Caであるが、9号墓は縦断面ドーム形に近い。

下田横穴墓群(13)（4号墓）

実測図及び調査記録。形態はⅢa＋Caで、側壁から天井に向かってやや幅狭の肋状仕上げ。

たれこ谷戸西横穴墓群(14)（第2図、21号墓）

写真及び略測図による。形態はⅢa＋Caで、肋状仕上げは前記したとおりであるが、実際には奥壁まで及んでおり、これを切って浅い龕が掘り込まれ、そこに如来像が浮き彫りされている。

ごみ焼き場横穴墓群(15)（2号墓）

写真及び略測図による。形態はⅢa＋Caで、幅八～一〇cmの肋状仕上げ。

権現入田横穴墓(16)（2号墓）

写真及び略測図による。平面形態は不明だが、天井はCa。幅八～一〇cmの肋状仕上げ。

がまん谷戸東横穴墓群⑰（8・9号墓）

写真及び略測図による。形態はいずれもⅢa＋Ca。8号墓は幅四～五、9号墓は七～八cmの肋状仕上げ。

がまん谷戸西横穴墓群⑱（1～4号墓）

写真及び略測図による。形態はいずれもⅢa＋Caで、幅一〇cm前後の肋状仕上げ。4号墓のみ幅一四cm。

権現山東横穴墓群⑲（1号墓）

写真及び略測図による。形態はⅢa＋Ca。幅一二cmの肋状仕上げで、刃幅三cmの工具痕がある。

東奥沢横穴墓群⑳（6～8・12号墓）

写真及び略測図による。形態はいずれもⅢa＋Ca。特に7号墓は幅一二～一九cmの肋状仕上げが奥壁にも及び、たれこ谷戸西横穴墓群21号墓と同じタイプ。

大谷入横穴墓群㉑（3・5号墓）

写真及び略測図による。形態は3号墓がⅠb2＋Aa（長台形で横断面アーチ、縦断面ドーム）。天井部には主軸と同方向、側壁は直交するように七～一〇cm間隔の肋状仕上げ。5号墓はⅠb3＋Ca（長台形で横断面アーチ、縦断面無前壁アーチ）で、幅六～九cmの肋状仕上げ。

西奥沢Ⅰ横穴墓群㉒（3・4号墓）

写真及び略測図による。形態は3号墓がⅠb3＋Caで、幅八cm前後の肋状仕上げ。4号墓はⅢa＋Caで、肋状仕上げの記述のみ。

西奥沢Ⅱ横穴墓群㉓（2号墓）

写真及び略測図による。形態はⅢa＋Ca。幅二～一〇cmと一定でない肋状仕上げ。

第2図　たれこ谷戸西横穴墓群第21号墓の肋状仕上げ

西奥沢Ⅳ横穴墓群㉔（1号墓）

写真及び略測図による。形態はⅢa＋Ca。側壁～天井にかけて肋状仕上げと記述されている。

西奥沢Ⅴ横穴墓群㉕（1・2・4・6・7号墓）

写真及び略測図による。形態はすべてⅢa＋Caで、肋状仕上げの記述あり。6号墓のみ幅一四cm前後の肋状仕上げ。

西奥沢Ⅶ横穴墓群㉖（1号墓）

写真及び略測図による。形態はⅢa＋Ca。側壁に肋状仕上げの記述あり。

堂後下横穴墓群㉗（第4・5図、5・9・10号墓）

発掘調査概報による。5・10号墓はⅢa＋Caで、幅一〇cm前後の肋状仕上げ。九号墓はIa2＋Ba（台形で横断面アーチ、縦断面有前壁アーチ）で、幅一二～一八cmの肋状仕上げ。

庄ヶ久保横穴墓群㉘（5・7～9号墓）

実測図及び調査記録による。形態はいずれもⅢa＋Ca。8号墓は県立博物館の調査によれば、幅七～八cmの肋状仕上げ。

辻端横穴墓群㉙（10～12・19号墓）

写真及び略測図による。形態はすべてⅢa＋Ca。肋状仕上げの記述のみで幅は不明。

金久保南横穴墓群㉚（7号墓）

写真及び略測図による。形態はⅢa＋Ca。肋状仕上げの記述のみで幅は不明。

万田宮ノ入横穴墓群㉛（第5図、7号墓）

写真及び調査記録。形態はⅢa＋Caで、刃幅八cmの肋状仕上げ。

万田八重窪横穴墓群㉜（第5図、1・36・46・北5・北8号墓）

写真ないし調査記録。36・46号墓はⅢa＋Ca。他の三基は、いずれもⅢb2＋Ea（撥形で高棺座）。肋状仕上げの幅は北5号墓が一二cmの他不明。

高根横穴墓群㉝（5・6・10・12・17～19・24号墓）

写真及び調査記録。形態は10・12・19号墓がⅢb2＋Eaで、残る五基はⅢa＋Ca。縦走する削平痕と表現され、刃幅は合計八種類（二～一三cm）確認されている。

根坂間横穴墓群㉞（3号墓）

写真及び調査記録。形態はⅢa＋Ca。鑿状工具による削痕として、三種類の幅が確認されており、本数も数えられている。

代官山横穴墓群㉟（第5図、12号墓）

実測図と調査記録。形態はⅢb2＋Ea。肋状仕上げは幅一五cm間隔で、装飾効果を意識して高棺座部分にはみられない。

川名森久横穴墓群㊱（第5図、東4・7・9・10・11、南7・16・23・24、西3～6・9・12・14・15号墓）

写真もしくは調査記録から抽出したが、基数は一七基と最も多い。それ故形態は、高棺座のⅢb2＋Ea（八基）、造付石棺のⅢb2＋Ca（三基）、Ⅲa＋Ca（五基）、Ⅳb＋Aa（不整形で横断面アーチ、縦断面ドーム・一基）と様々。肋状仕上げの幅は一〇cm以上で、西15号墓は羨道部のみ。また、肋状ではなく螺旋状と表現。

向川名横穴墓群㊲（1・3号墓）

調査記録。形態はアーチ形。3号墓は天井と側壁が肋状仕上げで区切られており、たれこ谷戸西21号墓と類似。

神光寺南横穴墓群㊳（1・2号墓）

調査記録。共に高棺座を有する。2号墓は上部に僅かに肋状仕上げ

【小田原市】
1. 羽根尾横穴墓群（6基）
【二宮町】
2. 大日ヶ窪横穴墓群（4基）
【大磯町】
3. 下田横穴墓群（1基）4. たれこ谷戸西横穴墓群（1基）5. ごみ焼き場横穴墓群（1基）6. 権現入田横穴墓群（1基）7. がまん谷戸東横穴墓群（2基）8. がまん谷戸西横穴墓群（4基）9. 権現山東横穴墓群（1基）10. 東奥沢横穴墓群（4基）11. 大谷入横穴墓群（2基）12. 西奥沢Ⅰ横穴墓群（2基）13. 西奥沢Ⅱ横穴墓群（1基）14. 西奥沢Ⅳ横穴墓群（1基）15. 西奥沢Ⅴ横穴墓群（5基）16. 西奥沢Ⅶ横穴墓群（1基）17. 堂後下横穴墓群（3基）18. 庄ヶ久保横穴墓群（4基）19. 辻端横穴墓群（4基）20. 金久保南横穴墓（1基）
【平塚市】
21. 万田宮ノ入横穴墓群（1基）22. 万田八重窪横穴墓群（5基）23. 高根横穴墓群（8基）24. 根坂間横穴墓群第3地点（1基）
【藤沢市】
25. 代官山横穴墓群（1基）26. 川名森久横穴墓群（17基）27. 向川名横穴墓群（2基）28. 神光寺南横穴墓群（2基）
【鎌倉市】
29. 峯横穴墓群（1基）30. 笛田横穴墓群（2基）31. 二ノ谷横穴墓群（3基）32. 千葉谷横穴墓群（3基）33. 笹目榎並邸横穴墓群（1基）
【横浜市栄区】
34. 大橋谷横穴墓群（3基）35. 殿谷横穴墓群（1基）36. 中居横穴墓群（1基）37. 東谷横穴墓群（1基）
【茅ヶ崎市】
38. 篠山横穴墓群（1基）39. 天沼横穴墓群（2基）40. 八ツ口横穴墓群（2基）
【秦野市】
41. 岩井戸横穴墓群（2基）

第3図　肋状仕上げのみられる横穴墓群

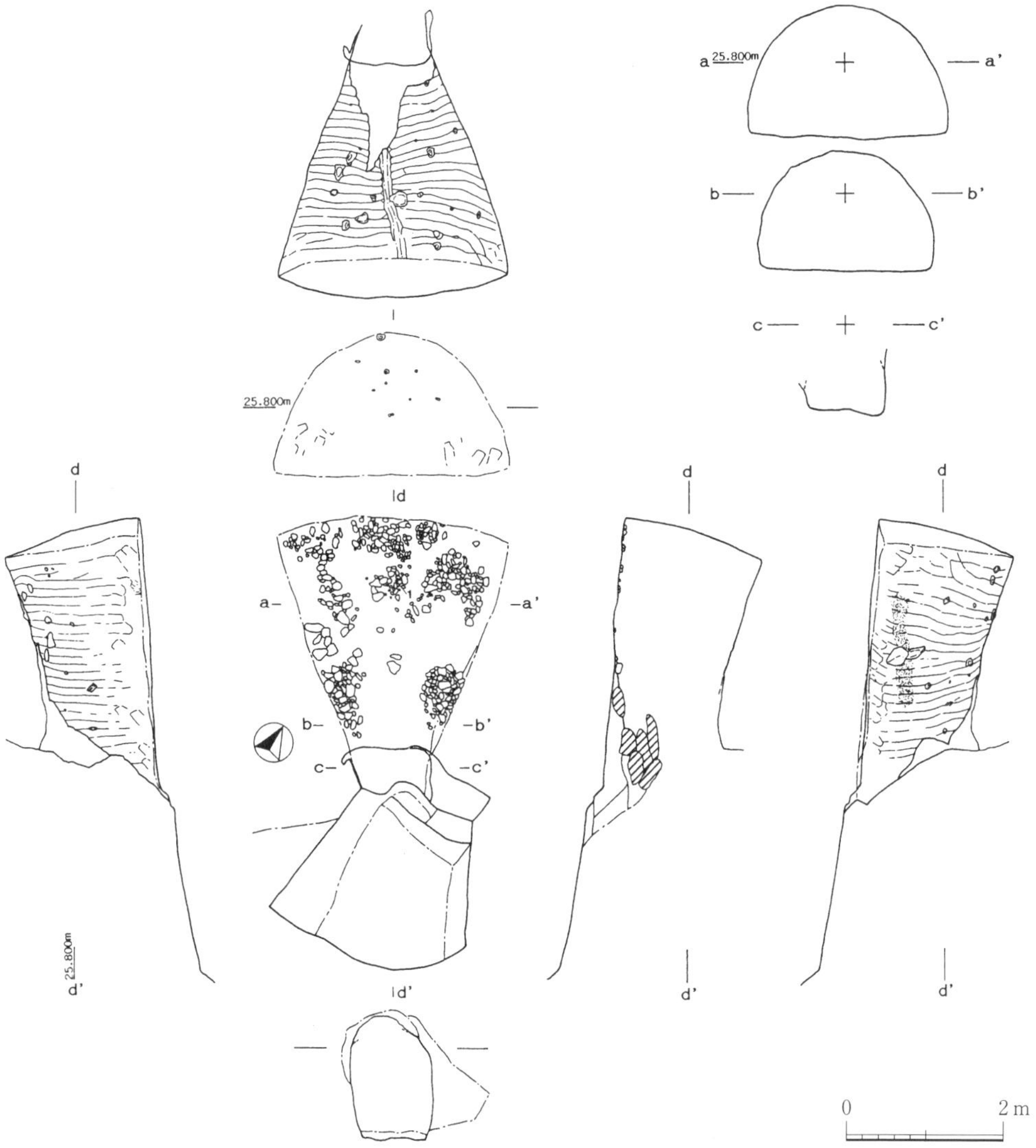

見返り

側壁

第 4 図　堂後下横穴墓群第 10 号墓実測図

のあとがある。いずれも幅は不明。

峯横穴墓群㊴（4号墓）

調査記録。形態的にはアーチ形横穴墓の最末期。側壁に粗雑な肋状仕上げとあるが幅は不明。

笛田横穴墓群㊵（5・6号墓）

調査記録。形態的にはアーチ形横穴墓の最末期。側壁肋状仕上げであるが幅は不明。

二ノ谷横穴墓群㊶（1・4・5号墓）

すべて調査記録。形態不明だが、1・4号墓は高棺座。肋状仕上げの幅は不明。

千葉谷横穴墓群㊷（1～3号墓）

すべて調査記録。形態的に末期でアーチ形。1号墓は天井に太い凹線がある。肋状仕上げの幅は不明。

笹目榎並邸内横穴墓群㊸（1号墓）

調査記録。形態的に末期でアーチ形。肋状仕上げの幅は不明。

大橋谷横穴墓群㊹（2～4号墓）

すべて調査記録。2・3号墓はⅢa＋Ca、4号墓はⅠb2＋Baと推測されるが、肋状仕上げの幅は不明。

殿谷横穴墓群㊺（1号墓）

調査記録。形態はⅢb3＋Ca（撥形で棺室を有し、横断面アーチ形）であるが、肋状仕上げの幅は不明。

中居横穴墓群㊻（20号墓）

調査記録。二三基すべてⅢa＋Caで、半数近くが肋状仕上げとある。20号墓は天井に二本の沈線があり、そこから側壁に肋状仕上げ。

東谷横穴墓群㊼（9号墓）

調査記録。形態は棺室をもつ。天井に沈線をもち、側壁は鍬目を縦にそろえた肋状仕上げ。

篠山横穴墓群E地点㊽（第6図、1号墓）

調査記録。棺座を有するⅢb2類に属する。一二㎝前後の幅の手斧痕を壁面全体に渡って几帳面に施し、装飾効果を醸し出しているとある。

甘沼水道山横穴墓群㊾（第6図、1・6号墓）

調査記録。両者とも1b2＋B1a類に属する。なお、図から判断すれば、1号墓は羨道部分に、6号墓は玄室だけに肋状仕上げがみられる。

八ツ口横穴墓群㊿（第6図、1・2号墓）

調査記録。1号墓は高棺座を有するアーチ形断面のⅢb1＋Eaに属する。幅一〇㎝内外の浅い湾曲をもつ鍬状の刃先で縦方向に刃跡を揃えて肋状に仕上げられているとある。そしてそれは片方の側壁下から天井を越えてもう一方の側壁下に達しているとある。つまり壁全面に施されていると解釈できるが、図では高棺座部分までは及んでいない。2号墓は高棺座を有しないもので、Ⅲa＋Caに属する。こちらも肋状仕上げは奥まで及んでいない。

岩井戸横穴墓群51（第6図、1・2号墓）

報告書。肋状仕上げに関する記述は、1号墓において天井部附近、2号墓においては天井部頂点から側面に沿って、「肋骨文状」に施されているとある。いずれも、鑿状工具によるもので、刃部幅四～五㎝、最大幅九㎝、中央部が「U」字状に窪んでいる。

1号墓は遺存状態が良くなく、形態は不明であるが、2号墓は形態的にはⅢa＋Caに属する。なお、写真で判断すると4号墓、6号墓も該当すると思われる。

二　若干の考察

肋状仕上げがみられる横穴墓の概要は前記したとおりであるが、「肋状」の記述として最も古いものとしては、一九五九年（昭和三四）の赤星による鎌倉市史考古編であろう。調査は少なくともそれよりも前になると想定されるのが、大磯町清水北横穴墓群や堂後下横穴墓群なども同氏により一九五四・五五年に調査されていることから、この頃より使われていたものと推測される[52]。

抽出した横穴墓の大半はそうした調査記録からであり、いかに調査時の観察が重要であるかを痛感するものであるが、一方で実測図に表現されたものは、代官山横穴墓群など極めて少ない。その点、一九六四年（昭和三九）発行の「神奈川県大磯町の横穴」には、文章記述とともに実測図にも表現されており、高く評価できよう。

形態としては一二類型の横穴墓でみられたが、後述するように付帯施設の有無にかかわらずいわゆる玄室と羨道の区別が不明瞭な撥形形態の横穴墓に多く存在することが指摘でき、同類型の爆発的な増加と時を同じくして普及していったものと想定される。

次に肋状仕上げの工法であるが、先にも述べたとおり、横から削って縦方向の凹線を造り出していることを指摘した。写真や調査記録では判断に限界があることは否めないが、高根5号墓や万田宮ノ入7号墓の写真をみる限り堂後下例と酷似しており、こうした工法による肋状仕上げが少なからず存在することは確実と思われる。この場合、想定される工具は自ずと鑿状を呈するものと考えられるが、根坂間3号墓でも同様な工具痕が確認されている。また、羽根尾横穴墓群では、手斧状工具により上下方向の掘削による肋状整形が報告されており、現段階では、工具と工法の相違による二者が存在することになる。近年横穴墓掘削工具については考究が進み[53]、刃幅の異なる幾つかの工具の存在が明らかになってきており、複数の工人たちが複数の工具を構築する地盤に合わせて使い分けたと思われる。仕上げに関しても同様のことが想定され、凹線の幅の相違もある程度そうした工具や工人達の相違を示唆しているのかも知れない。事実、同一群中でも仕上げ幅は様々である。ただ唯一、川名森久横穴墓群では、東4号墓と同7号墓が同じであり、同一掘削工人の可能性を示唆している。

肋状仕上げの範囲は、一般的には両側壁から天井にかけてみられるが、厳密には床面との接点部分まで及んでいる例は皆無であり、羽根尾や代官山、堂後下例のように床上数一〇cmまでは斜め方向あるいは不規則な掘削痕を残し、それより上を肋状仕上げとする場合がほとんどである（ただし甘沼水道山や八ツ口などは床直に近そうである）。これから察すれば、肋状に仕上げることは、かなり意識的、意図的な行為と思われる。また、これとは別に明らかに側壁中位から肋状仕上げがみられる横穴墓がある。たとえば、たれこ谷戸西21号墓や東奥沢7号墓、大谷入3号墓などで、特に前二者は側壁に一線をもって明確な区分がされており、なおかつこのような仕上げが奥壁にまで及んでいる。しかも凹線幅は広く、凹線両端は凸帯を形成し、凹線自体をより鮮明なものとするとともに装飾効果を高めている。なお、堂後下10号墓（第4図）や東谷9号墓では、天井中央部に一ないし二本の沈線が刻まれるが、これなどは棟を表現しているものと思われ、まさに建物の天井組を意識していると考えられる。さらに特異な在り方としては、川名森久15号墓のように羨道部にだけ肋状仕上げがみられるものである。

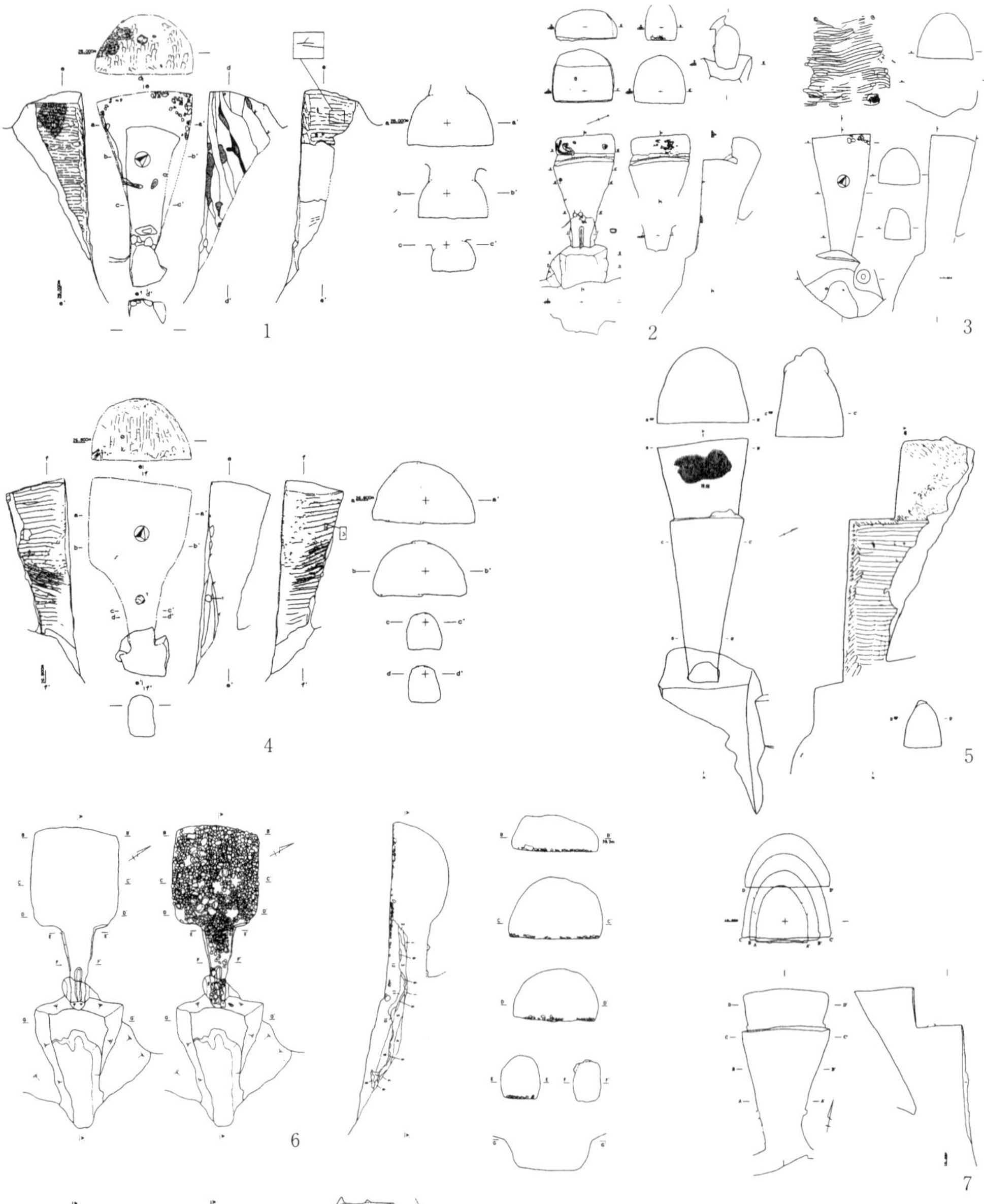

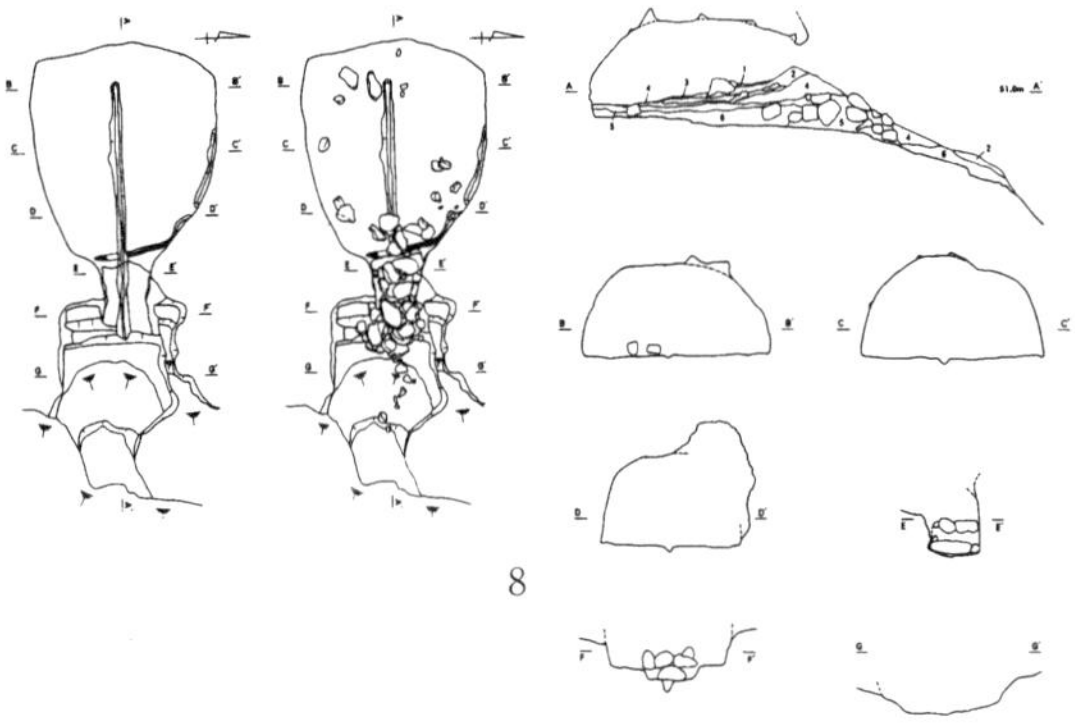

1. 堂後下横穴墓群第５号墓
2. 万田八重窪横穴墓群第１号墓
3. 万田宮ノ入横穴墓群第７号墓
4. 堂後下横穴墓群第９号墓
5. 代官山横穴墓群第 12 号墓
6. 羽根尾横穴墓群 A1 号墓
7. 川名森久横穴墓群東第７号墓
8. 羽根尾横穴墓群 A3 号墓

（縮尺は、120 分の 1）

第５図　主な肋状仕上げの横穴墓（1）

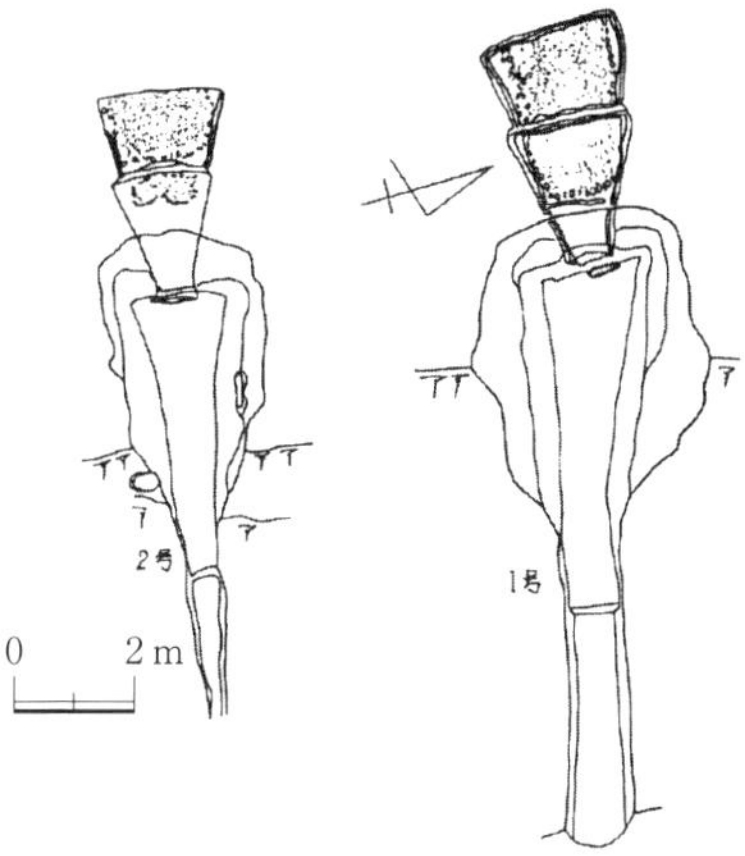

篠山横穴墓群実測図

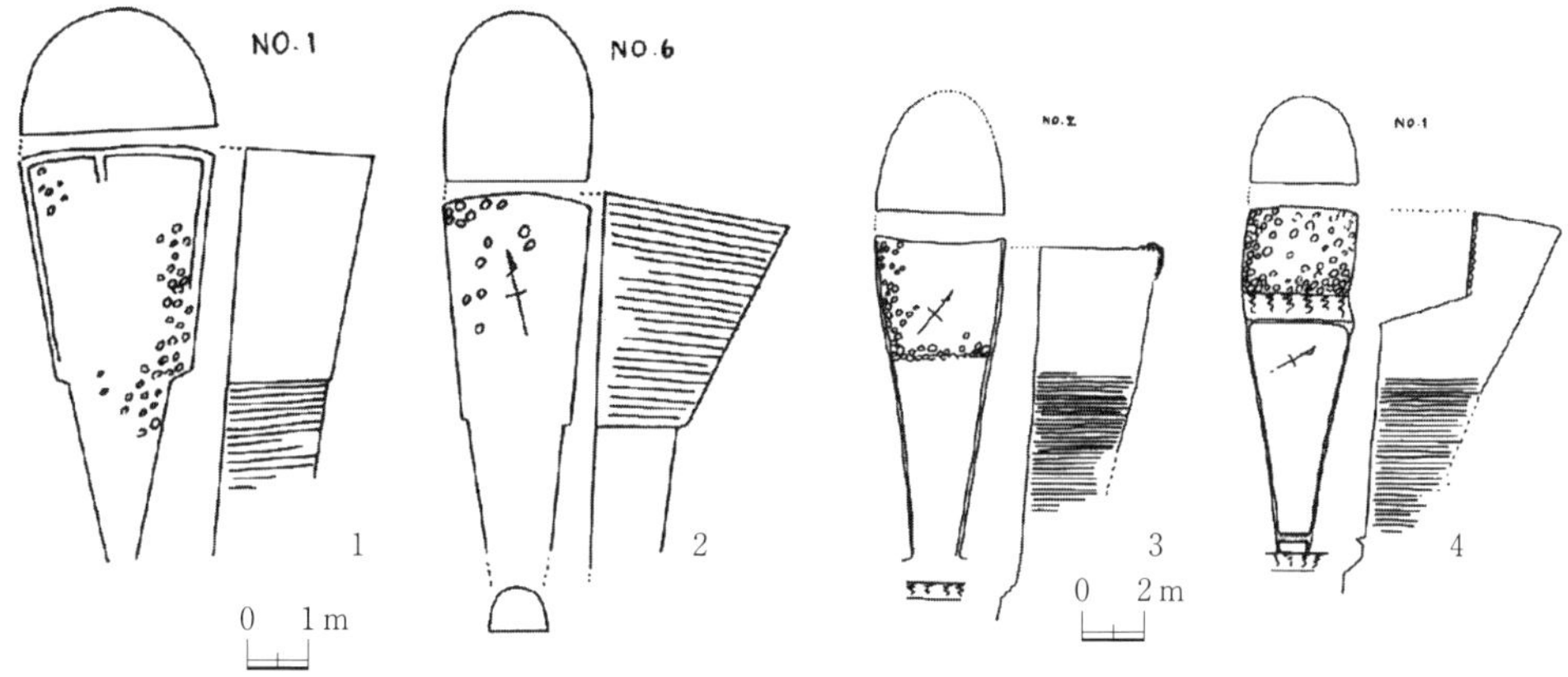

甘沼水道山横穴墓群と八ツ口横穴墓群実測

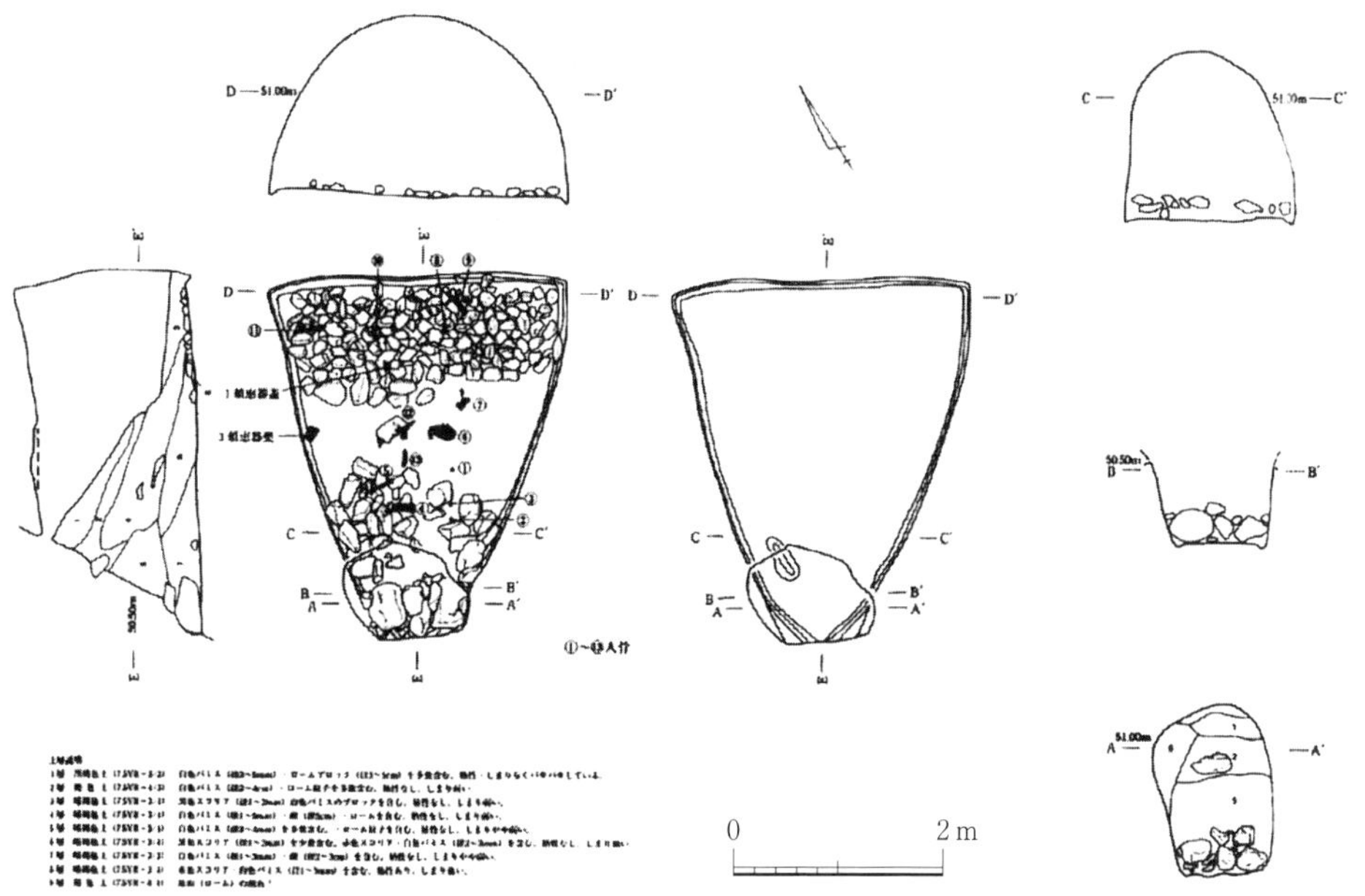

岩井戸横穴墓群 A2号墓実測図

第6図　主な肋状仕上げの横穴墓（2）

玄室と羨道が明確に区分される形態で、静岡県山本横穴墓群第4号墓[54]も本例と同様の在り方を示す。

一番の課題は、こうした肋状仕上げがみられる横穴墓の発生と消長の時期である。横穴墓構築の時期については、古くは形態・構造面からの変遷が主流をなしたが、次第に出土遺物を絡めたトータルな観点からの研究が重要視され現在に至る。改めて該当する横穴墓をみると、形態がほぼ把握できる八〇基のうち最も多いタイプはⅢa＋Caであり、実に六割以上におよび、全体でも半数を占める。この撥形を呈する横穴墓は、大磯丘陵においては最も多くみられる形態であり、抽出した横穴墓の多さ、すなわち分布の結果がそのまま反映したものといえる。これに伴う遺物は、羽根尾C4号墓では七世紀後半、同C11号墓では七世紀中頃の須恵器が共に玄室内より出土している。また、大日ヶ窪18号墓では七世紀終末〜八世紀初頭の須恵器が出土している。さらに、神奈川県下のこのタイプの横穴墓では、総じて七世紀後半から八世紀にかけての遺物が出土する傾向が窺え[55]、追葬を考慮しても七世紀中頃以降に構築されたものと想定できよう。

次いで多いタイプは、同じ撥形でも第5図に示すとおり、万田八重窪1号墓、代官山12号墓、川名森久東7号など付帯施設として高棺座を有する一群である。また、川名森久南23、西5号墓などの造付石棺を有する一群も同様である。遺物としては、万田八重窪1号墓では七世紀第三四半期の須恵器が、川名森久でも七世紀後半の遺物が出土しており、類型内での時間差はあるものの、七世紀中頃以降に構築されたものと想定できよう。

この他に少数形態として、長方形平面（Ⅱb＋Aa）を呈する羽根尾A1号墓（第5図6）がある。このような前壁が明瞭に残るタイプは、従来の形態変遷観では古い段階に位置付けられていたものであるが、二宮町諏訪脇横穴墓群における変遷過程でも初現にあたる西5号墓に近い特徴を有する。遺物という時間軸から立証することは極めて難しいが、諏訪脇ではこれより形態的に後出の横穴墓から七世紀中頃前後の須恵器が検出されているので、ここでは七世紀前半以降の構築と想定しておく。また、羽根尾A3号墓（第5図8）は台形構造でドーム形天井を有する。このタイプで遺物が出土している例はほとんどないが、前壁がさらに形骸化する松田からさわ第5号墓[56]では七世紀中〜後半の須恵器が出土しており、方形構造のA1号墓よりやや遅れて構築されたものと考えられる。

このように肋状仕上げがみられる横穴墓は、時期的には七世紀前半に若干存在するものの、圧倒的多数を占めるのは七世紀中頃から後半にかけてであり、撥形形態の横穴墓が飛躍的に増加することと深く関わっていることが窺える。

三　収束

肋状仕上げの横穴墓について、相模という限られた地域での分布と様相を記した。このような技法については、発掘調査の際に再度確かめるとともに、実測図に取り入れて行きたいと思う。時期については、初現と盛行時期は特定できたものの、その出自と終焉、あるいは出現の社会的背景は依然として不明といわざるを得ないが、範囲を広げながら類例の追加を図って再検討したいと考えている。

大磯丘陵の横穴墓については、初現期より畿内河内型の波及が指摘されているところであるが、隣接する東海地方の影響も少なからず受けている。今回時間の関係で触れなかったが、東海地方の横穴墓の中でも前述した山本横穴墓群4号墓や、掛川市大谷A群20号墓、浜岡町南谷A群2・5号墓など写真および実測図をみると[57]、明らかに肋状仕上げのようであり、今後実見する中で再検討していきたい。

註

（1）山崎直方　一八八七「大磯駅近郊にある横穴塚穴の話」『東京人類学会雑誌』第二〇号
（2）赤星直忠　一九五九『鎌倉市史』考古編
赤星直忠　一九六四「神奈川県大磯町の横穴」『大磯町文化財調査報告』第一冊　大磯町教育委員会
（3）大磯町郷土資料館　一九九四『大磯町の横穴墓群』資料館資料五
（4）鈴木一男・國見徹　一九九六「大磯町の横穴墓―詳細分布調査の成果と課題―」『考古論叢　神奈河』第五集　神奈川県考古学会
（5）前掲（2）に同じ。
（6）a西尾克己他　一九九五「提案―横穴墓掘削技法の概念と用語の整理―」『島根県考古学会誌』第一二集　島根県考古学会
b渡辺　清　一九九六「第Ⅳ章丘陵の遺構と遺物」『藤沢市川名森久地区埋蔵文化財発掘調査報告書』飛島建設株式会社・川名森久地区遺跡発掘調査団
（7）國見　徹　二〇〇一『堂後下横穴墓群発掘調査概報』
（8）上田　薫　一九八六「第三節　横穴墓」『代官山遺跡』神奈川県立埋蔵文化財センター調査報告一一
（9）赤星直忠　一九七八「たれこやと西横穴群」『神奈川県文化財図鑑』（史跡名勝天然記念物篇）
（10）田村良照　二〇〇三「第四節　古墳時代後期の横穴墓」『羽根尾横穴墓群と周辺遺跡』玉川文化財研究所
（11）古墳時代プロジェクトチーム　一九九五～二〇〇二「横穴墓の研究一～八」『かながわの考古学』かながわ考古学財団
（12）杉山博久　一九八八『大日ヶ窪横穴墓群』
（13）赤星直忠　一九六四「下田横穴群」『神奈川県大磯町の横穴』大磯町文化財調査報告第一冊
（14）前掲（9）に同じ。
（15）立正大学による詳細分布調査のレポートによる。
（16）前掲（15）に同じ。
（17）前掲（15）に同じ。
（18）前掲（15）に同じ。
（19）前掲（15）に同じ。
（20）前掲（15）に同じ。
（21）前掲（15）に同じ。
（22）前掲（15）に同じ。
（23）前掲（15）に同じ。
（24）前掲（15）に同じ。
（25）前掲（15）に同じ。
（26）前掲（15）に同じ。
（27）赤星直忠　一九六四「堂後下横穴群」『神奈川県大磯町の横穴』大磯町文化財調査報告第一冊
（28）赤星直忠　一九六四「庄ヶ久保横穴群」『神奈川県大磯の横穴』大磯町文化財調査報告第一冊
川口徳治朗　一九九二「大磯丘陵横穴墳墓群（2）」『神奈川県立博物館発掘調査報告書』第一九号
（29）前掲（15）に同じ。
（30）前掲（15）に同じ。

(31) 杉山博久　一九八七「宮ノ入横穴墓群」『万田八重窪・宮ノ入横穴墓群』同発掘調査団

(32) 上原正人　一九九六「平成六年度発掘調査　万田八重窪横穴群」『平塚市埋蔵文化財緊急調査報告書』九

杉山博久　一九七八「平塚市内の横穴墓群Ⅱ」『平塚市文化財調査報告書』第一三集　平塚市教育委員会

杉山博久　一九八七「八重窪横穴墓群」『万田八重窪・宮ノ入横穴墓群』同発掘調査

(33) 日野一郎・杉山博久　一九七六「平塚市内の横穴墓群Ⅰ」『平塚市文化財調査報告書』第一二集　平塚市教育委員会

(34) 上原正人　一九九五『根坂間横穴群第三地点—宝珠院墓地移転造成に伴う埋蔵文化財発掘調査報告—』平塚市遺跡調査会

(35) 前掲（8）に同じ。

(36) 前掲（6）bに同じ。

(37) 前掲（2）に同じ。

(38) 前掲（2）に同じ。

(39) 前掲（2）に同じ。

(40) 前掲（2）に同じ。

(41) 前掲（2）に同じ。

(42) 前掲（2）に同じ。

(43) 前掲（2）に同じ。

(44) 前掲（2）に同じ。

(45) 前掲（2）に同じ。

(46) 前掲（2）に同じ。

(47) 前掲（2）に同じ。

(48) 富永富士雄・大村浩司　一九八五「篠山横穴E地点の調査」『昭和五九年度茅ヶ崎の社会教育』　茅ヶ崎市教育委員会

(49) 赤星直忠　一九八一「甘沼水道山横穴」『茅ヶ崎市文化財資料集』第八集　茅ヶ崎市教育委員会

(50) 赤星直忠　一九八一「八ツ口横穴」『茅ヶ崎市文化財資料集』第八集　茅ヶ崎市教育委員会

(51) 後藤喜八郎　一九九八『岩井戸横穴墓群発掘調査報告書』岩井戸横穴墓群発掘調査団

(52) 前掲（27）に同じ。

(53) 池上　悟　二〇〇四「第二節　横穴墓出土の農工具」『日本横穴墓の形成と展開』

(54) 飯塚晴夫・及川　司　一九八三「第四節　山本横穴群」『遠江の横穴群』静岡県教育委員会

(55) 前掲（11）に同じ。

(56) 清水信行ほか　一九八九『からさわ・かなんざわ遺跡発掘調査報告書』東海自動車道改築松田町内遺跡調査会、からさわ・かなんざわ遺跡調査団

(57) 静岡県考古学会　二〇〇一『東海の横穴墓』

【中　世】

低地遺跡の実態

はじめに

筆者はかつて、『史峰』第16号で「低地における遺跡の分布について（予察）」と題する小論を発表したことがある。これは、研究フィールドである神奈川県の湘南地方において、標高の低い部分にも遺跡が存在するのではないかという疑問、問題意識を遺跡台帳の記載事項及び数箇所の調査例から推察したものであった。

その発端は確かに遺跡地図あるいは遺跡台帳であったが、元々は横穴墓の基数と集落の数が一致しない点から出発したものである。特に大磯町の場合はそれが顕著であり、丘陵部に集中する横穴墓群と平野部に立地する集落を机上で整合させようとしても相当な無理が生じるわけである。

本地域の横穴墓群を精力的に調査された赤星直忠は著書の中で、被葬者村落について「谷の出口附近」を想定されている。[1] もし、仮にそうした場所に集落が存在すると考えた場合、前記した横穴墓群と集落との整合関係は一気に解決してしまう。しかし、現実には谷の出口附近での遺物の散布は皆無に等しく、六〜七世紀の集落が谷の出口より

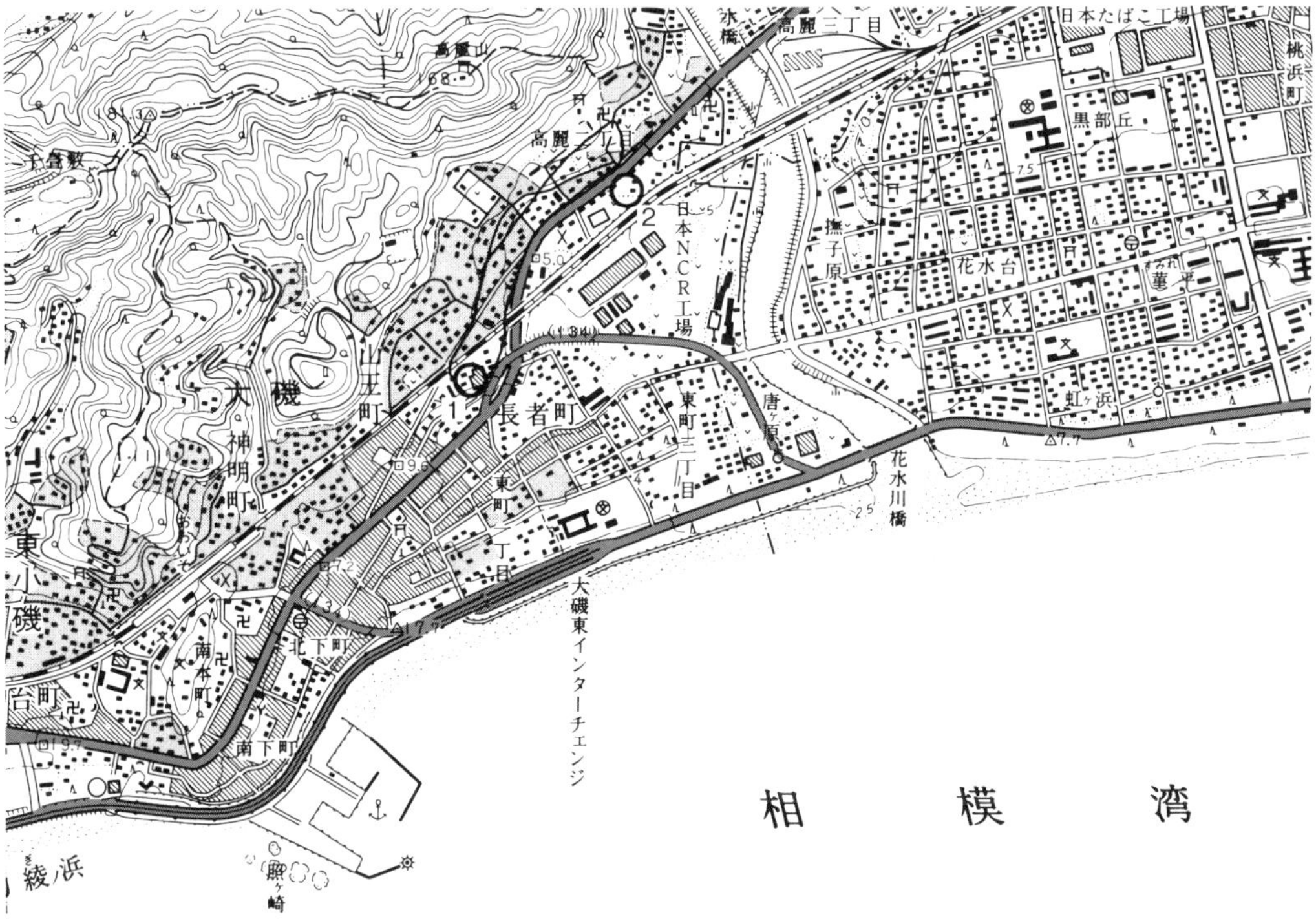

第１図　遺跡の位置（○範囲は坊地遺跡　1 竹縄遺跡　2 坊地Ｋ地点）

も南方の平地部分に立地していることを考えると、既存遺跡の範囲が拡大するのではないか、また現在遺跡ではない部分にも集落が存在するのではないかという可能性が浮かび上がって来るのである。

筆者は後者に的を絞って予察を書いたが、はからずも、最近発掘調査で予察したとおりの成果をあげることができたので、ここに紹介するものである。

一　実例の紹介

坊地遺跡（第1図）

大磯町の東部に位置する南北約七〇〇m、東西約一五〇mの規模を有する古墳時代前期〜平安時代にかけての集落址である。一九七二〜一九九三までに一三箇所の地点（A〜K・竹縄遺跡として二箇所）の発掘調査が行われており、遺跡としてはC地点より古墳時代前期の配石遺構（祭祀）、G地点より古墳時代前期及び平安時代の竪穴住居址、I地点及びJ地点より古墳時代前期の竪穴住居址、K地点より中世の井戸址・建物址、竹縄遺跡より古墳時代後期〜奈良・平安時代の竪穴住居址が各々検出されている。以下では、比較的低い部分に占地する竹縄遺跡と坊地遺跡K地点の概要を説明する。

（1）竹縄遺跡

本遺跡については、一九八二年に一度小規模な発掘調査が実施されている。その場所は後述する地点の東側、標高一〇〜一一mの高台に位置している。遺構は確認されなかったが、鬼高期の遺

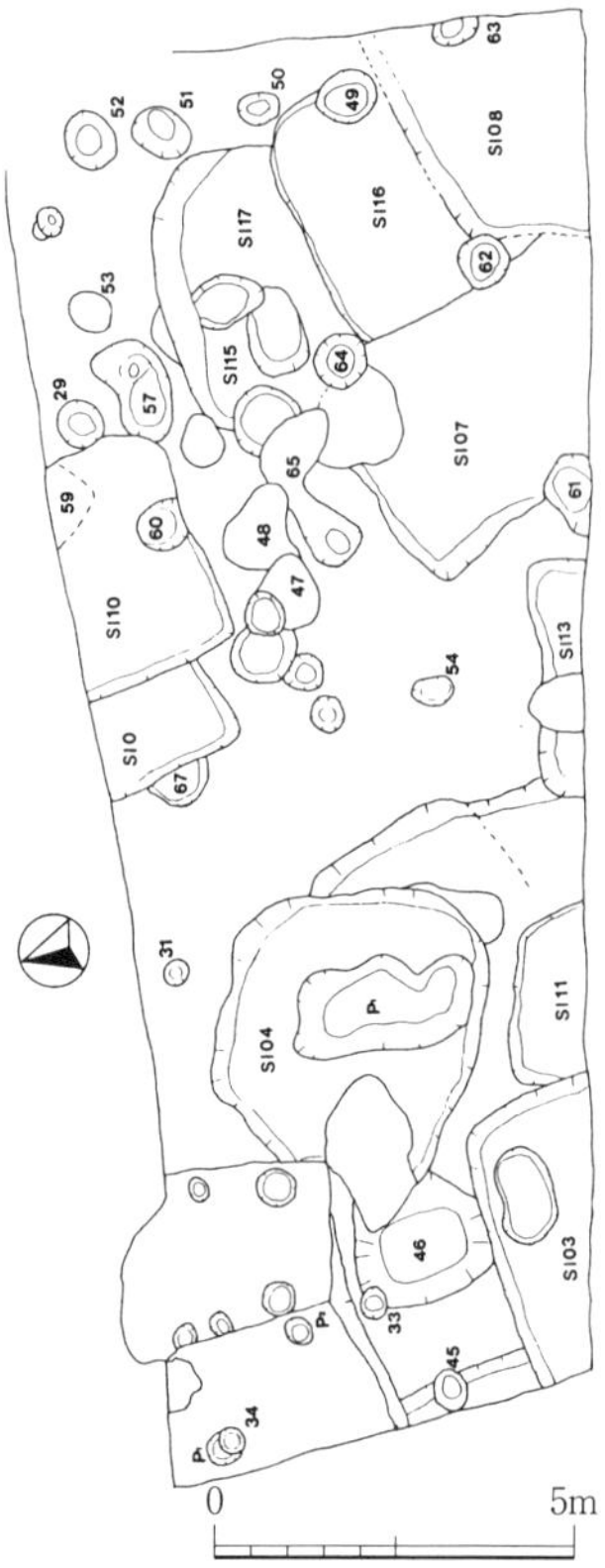

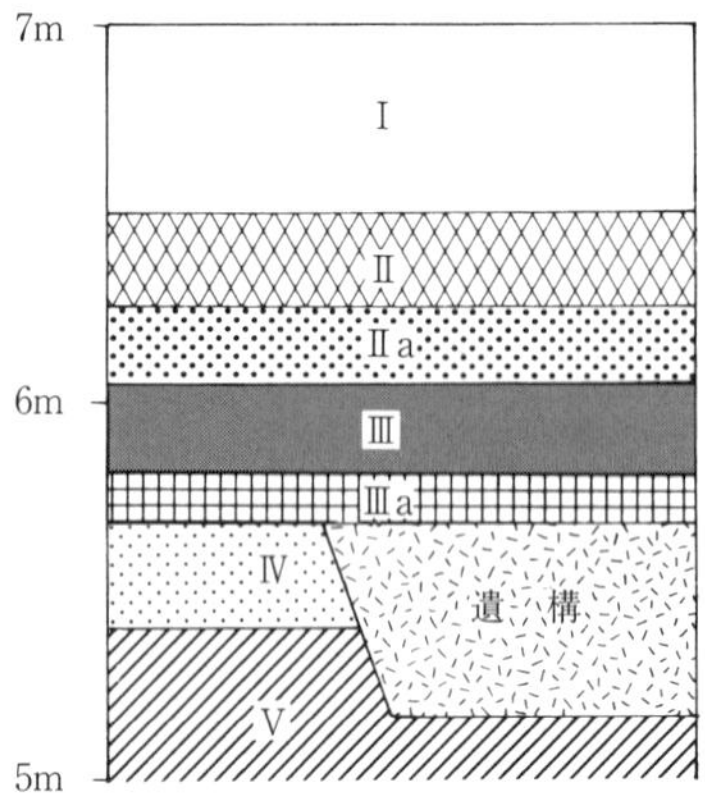

I	盛　　土	40〜50㎝を測る。
II	褐色土層	φ2㎜前後の円礫を多く含み，軟質で締まりは弱い。
IIa	褐色土層	φ3〜5㎜の粒のそろった円礫を多く含む。砂質が強い。宝永火山灰を含む。
III	暗褐色土層	IIaよりも色調は暗く，砂質が強い。
IIIa	暗褐色土層	IIIよりも色調はやや明るく，粒の大きい礫を多く含む。
IV	褐色砂質土層	90%以上砂で占められている。
V	砂礫層・岩盤	砂および3〜6㎝ほどの礫を多く含む。下部は岩盤である。

第2図　竹縄遺跡全体図と層序

物と表土から岩磐まで約一mしかなく、果たして古代人が住居を構えることができたのかどうかという指摘が成された。

ここに実例としてあげる竹縄遺跡は一九九三年に発掘調査されたもので、前年の試掘調査に基づき実施されたものである。試掘調査は約二〇〇〇㎡の面積を有する高台部分（前述した地点とほぼ同じ標高）と約二〇〇㎡ほどの低い部分に対して行われたものであるが、前者からは全く遺物・遺構とも検出することができず、ほとんど期待していなかった一段下がった標高七mほどの部分（遺構掘込面は六m以下）より多量の遺物の出土が見られたのである。

本調査の結果、竪穴住居址一七軒、溝状遺構一条、土坑六七基が検出された（第2図）。これらの遺構の大半は第Ⅲ層もしくは第Ⅲa層下面より掘り込まれているもので、床面は第Ⅳ層を貫き、第Ⅴ層の砂礫層に達していた。

住居址はかなりの切り合いがみられた。また、土坑とも切り合い、さらには土坑同士の切り合いもあり、複雑な様相を呈していたが、住居址出土の土器は六世紀末葉～八世紀にかけてのもので、これらの遺構も大略その範疇に入るものと考えられる。これは層位的にもどうやら整合できそうである。すなわち、第Ⅱa層には宝永火山灰が確認されており、その直下の第Ⅲ層を掘り込む遺構は、当地の場合ほとんどが平安時代に属するものであり、本地点の場合は前者よりも更に下部に掘り込み面があるからである。

住居址出土遺物のうち、興味深いのは自然遺物と鉄滓である。前者はたまたま隣接する平塚市に釣鉤を返却に来られた名古屋大学渡辺誠氏にお見せしたところ、ホオジロザメの脊椎とアオザメの歯というお答えをいただいた。鉄滓も豊富で、工房址の存在が確実である。なお、一点だけ釣鉤のようなものがあったので、渡辺氏に鑑定を依頼しているところである。

（2）坊地遺跡K地点

周知の遺跡である坊地遺跡の範囲外に位置し、一九九三年発掘調査が実施された地点である。標高は五mほどであり、以前から湿地であった場所である。ここも本調査以前に試掘調査が実施されており、その際、弥生土器・土師器などが出土した。また、水位が異常に高いことも確認され、湿地であったことを裏付けた。

本調査の結果では、井戸址三基、溝状遺構七条、土坑一二基、不明遺構四箇所が確認されている。遺構の構築時期は、出土した遺物から一二～一五世紀とやや幅をもった時期が想定され、本稿でいう横穴墓群の被葬者集落とは残念ながら結びつかない。

しかし、遺物は古式土師器や確実に鬼高期に属する土師器もあり、附近に集落が存在する可能性を示唆している。本遺跡ではこの他に須恵器・かわらけ・青磁・白磁・緑釉陶器・古銭（寛永通宝、大観通宝、開元通宝）・土錘・骨・木製品・鉄製品などが出土している。

遺構は標高四・八m～四・六mの部分、すなわちⅠb層下面とⅡ層下面より掘り込まれており、時間差があることを示している。なお、古式土師器はかなりの大形破片が第Ⅴ層の砂礫層より出土しており、しかも磨耗している様子は全く無く、元々そこに存在した可能性が高い。遺構に伴う遺物と考えられるが、精査した限り遺構の存在は無かった。

二　両遺跡の意義

竹縄遺跡例は、古代の集落がかなり標高が低い沖積低地にまで及ん

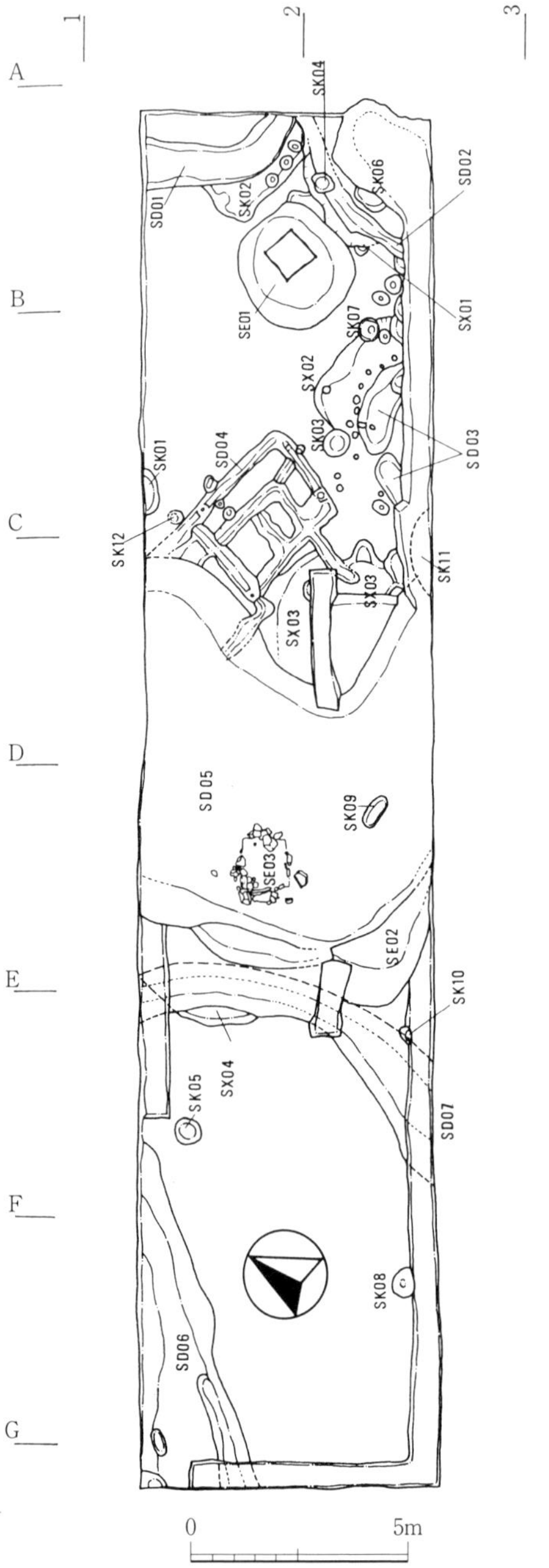

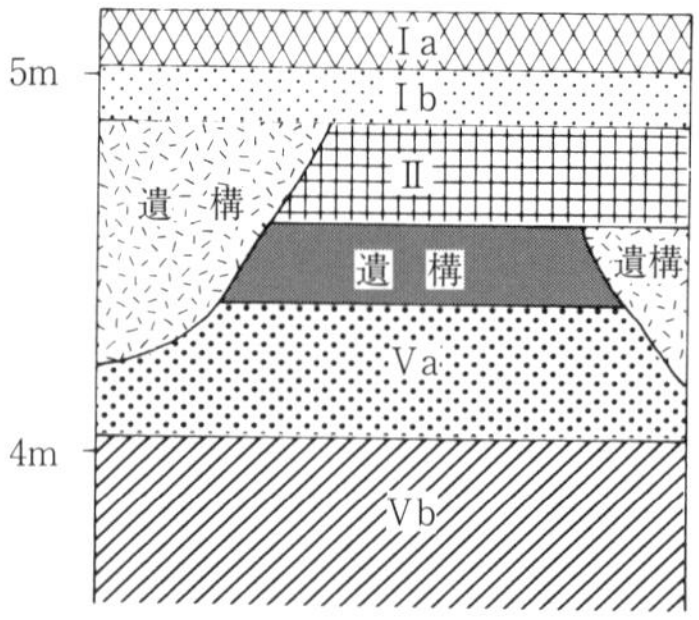

Ⅰ層は宝永火山，パミス，φ１㎜ほどの橙素コリアを含む土層で，含有物・締まりからa／b２層に分かれる。Ⅱ層とⅠ層とⅢ層の中間的な様相を呈する土層で，Ⅲ層は図では現れていないが，黒褐色を呈したφ５㎜大の円礫を含む土層である。Ⅳも同様で，遺跡の一部で確認されたローム層に似た土層である。またⅤ層は沖積砂層および砂礫層であり，サンドイッチ状に堆積するものである。ボーリングデーターではこの下位に基盤層である第三紀の砂質泥岩等の固形堆積物が分布しているという。

第３図　坊地Ｋ地点全体図と層序

でいることを明らかにした。しかし、だからといってすべての遺跡がそうであるとはいえない。そこには、周辺の自然環境も影響してくるはずである。本遺跡の場合、上段の高台では遺構・遺物とも検出されていないが、機械工場建設に当たり整地しているので、おそらくその際に破壊されたものと考える。したがって、この高台と、遺構が集中する低地とは一体となって集落を構成していたことが考えられる。高台部分の様子がわからない今、両者を比較することはできないが、低地部分の住居址の在り方は、当町では前例の無いものであった。すなわち、砂質土層を掘り、砂礫層を貫き、岩盤近くに床を設けて住まいとしていたのである。労力の面からも黒色土層中に住居を構築するほうが遥かに楽なはずである。こうした疑問も本報告では明らかにし、今後周辺で同じような標高の部分を発掘調査して、その在り方をも検討していきたい。

また、第4図に示したように、本遺跡の北方には前谷原、前谷原北、火葬場西、後谷原、後谷原北、南井戸窪、石切場東、石切場、楊谷寺東、楊谷寺の各横穴墓群が存在し、いわゆる「墓場の谷」を構成している。もっとも近い横穴墓群は前谷原で、直線距離にして約四〇〇m、逆にもっとも遠い楊谷寺までは八〇〇mを測る。こうした横穴墓群の他に、台帳では本遺跡の目前に竹縄・池田古墳群が存在する。これは現在消滅してしまっているが、台帳には「現在封土をもつもの六、他は平坦化して小さな玉石を積み上げて痕跡を示している」と記載されている。これがいつ頃の記載か不明だが、いずれにしても六基以上の古墳が存在していたようである。もっともこれが本当に古墳かどうか知る術もないが、秦野市桜土手古墳群②のように地上での観察では小さな円墳であったも、裾部分がかなり埋没していて、発掘調査の結果相

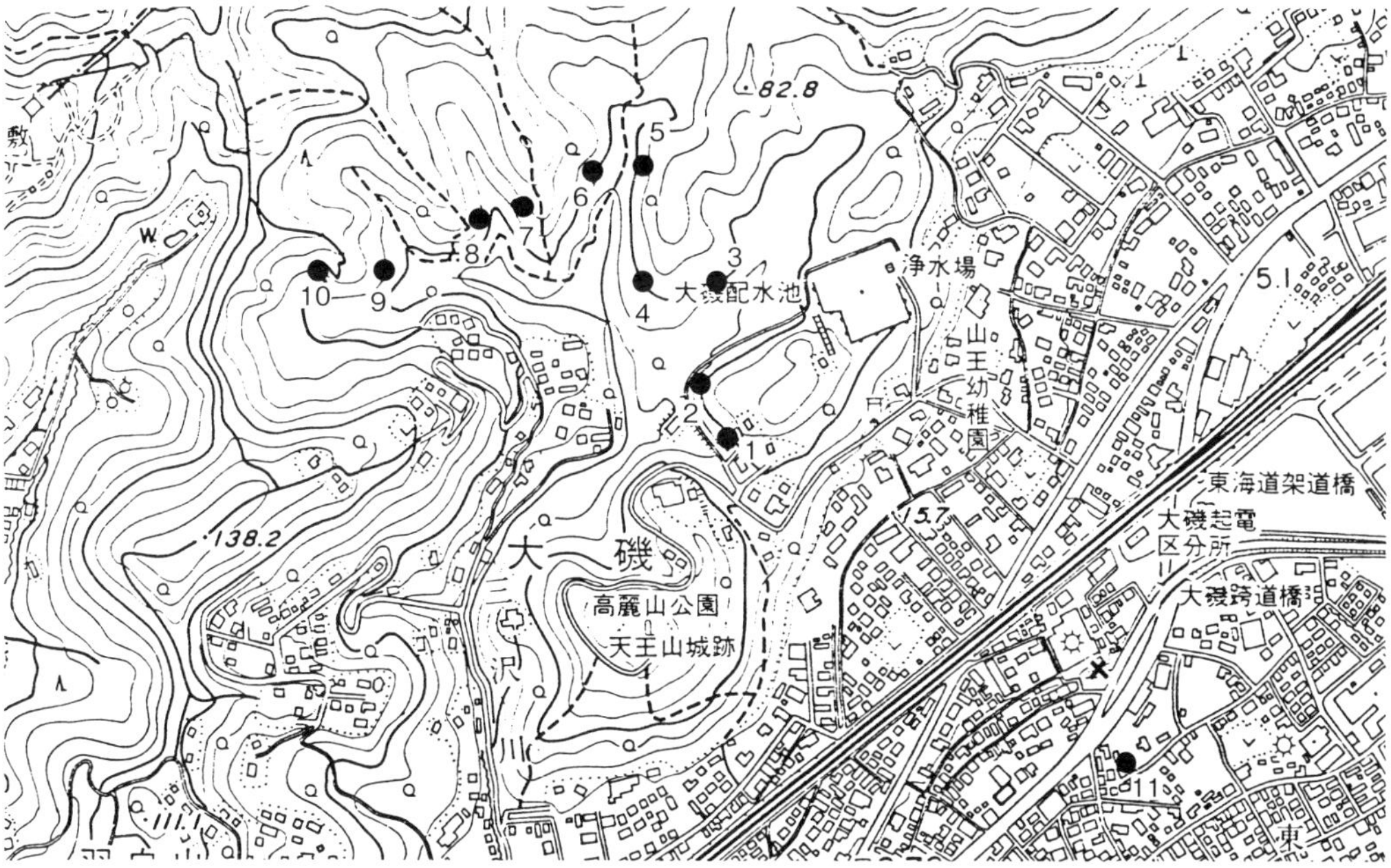

第4図　竹縄遺跡と横穴墓群・古墳群

1 前谷原　2 前谷原北　3 火葬場西　4 後谷原　5 後谷原北　6 南井戸窪　7 石切場東　8 石切場　9 楊谷寺東　10 楊谷寺　11 竹縄・池田古墳群

当の規模を有する古墳であった例もあり、一概には否定できない。

したがって、本遺跡の住人たちが横穴墓群に葬られたのかは不明といわざるを得ないが、いずれにしても低地の遺跡例が増加すれば、やがては横穴墓群および古墳群と集落の数は整合するだろうし、双方の出土遺物による比較も今まで以上にできることになるだろう。

また、この成果により遺跡地図の見直し作業をする必要がでてきたことも事実であろう。当町では標高一〇m前後に線引きが見られる。もちろん、これは表面採集による結果で変更増補されるわけであるが、担当者はより綿密な遺跡地図の作成を目指しているはずであるから、低い部分に対してもツボ掘りするなどして、より正確なものにして行く必要があろう。もっとも、昨今の開発行為優先の埋蔵文化財保護行政の実態からすれば、おおよそかけ離れているが、そうした地味な活動も遺跡の保護を考える上で重要な気がしてならない。また、こういう時期だからこそなおさら必要なのではないかと思う。もし仮に実施されたとしたら、当町の場合は国道一号線沿線はすべて遺跡となってしまうだろう。

坊地遺跡K地点例は、先にも述べたとおり、時期的には中世のものであり、直接横穴墓群の被葬者集落とは関係ない。また、遺構も井戸址や溝状遺構など住居址とは性質を異にするものであるが、土層の堆積状態はよく似ており、しかも土師器の破片も検出されているので、どこか近くに古代の集落が存在する可能性が高く感じられ、今後開発に際して調査されることを期待したい。また、本町の場合は遺跡地図の上で中世の遺跡は城址ぐらいしか無く、数多く存在するはずの一般庶民の生活址は全くプロットされていない。したがって、今回の成果は確かに偶然の結果かもしれないが、こうした調査例が増せば、文献の少ない当町の中世史に大きく貢献できるものと考える。

おわりに

標高五〜六mの部分に構築された古代及び中世の遺跡について述べてきたが、竹縄遺跡例では問題の本質である横穴墓群の被葬者集落として明確に位置づけることはできなかった。それは、記録上では目前に古墳群が存在しているにもかかわらず、現在は消滅していて確かめようがなかったことに尽きる。

それでも、古代人が低地に進出していたことだけは明確におわかりいただけたと思う。先人たちの業績から判断すれば、中世に低地が様々な形態で利用されていたことは容易に想像でき、その一つの姿が坊地遺跡K地点ともいえるのではないだろうか。

繰り返し述べるが、今後は同一標高部分の調査を極力行いたく、また、赤星直忠がいうところの「谷の出口附近」についても、詳細に調査を行っていきたい。幸いにも横穴墓群に関しては池上悟をはじめとする立正大学考古学研究室によりその位置や規模がほぼ把握できているので、引続き前述した調査をお願いし、より明確なものにしていきたいと考えている。

註

(1)　赤星直忠　一九六四「神奈川県大磯の横穴」『大磯町文化財調査報告書』第一集　大磯町教育委員会
(2)　日野一郎　一九八九『神奈川県秦野市桜土手古墳群の調査』

十　三　塚

はじめに

十三塚については、その基本的な文献である『十三塚考』によれば、北は岩手県、南は鹿児島県の一都二府三〇県に分布し、総数は二二七箇所に及ぶという(1)。その後、神奈川大学日本常民文化研究所（以下、常民文化研究所）による全国的規模の悉皆調査が行われたが(2)、これは富士塚研究よりも早く日本民俗学の学史の上に顕著な事跡をしるされた十三塚研究が、『十三塚考』刊行以後もなかなか進展せず、加えて高度経済成長など社会情勢の変化により、果たしてどれほど残存しているかを憂慮してのものであった。結果的に調査の対象は三三二箇所にのぼり、不明・不確かなものを除くと二一五箇所の存在が明らかになった。

しかしながら、この中には消滅してしまったものが一三六箇所も含まれており、逆に完存しているものは僅かに一七箇所しかなく、十三塚を取り巻く環境は極めて良くない状況下にあるものと推察されるのである。また、多くの十三塚は学術的な調査も満足にされないまま消滅したことも事実であり、遺跡として周知される以前に、すでに開墾その他の理由により消滅してしまった場合やその後も遺跡として周知されること無く、開発などにより消滅してしまった場合が想定される。

このような十三塚を含む「塚」と呼ばれる類いは、一般的に遺物の出土が少なく、したがって構築時期が不明な場合が多く、漠然と中世あるいは近世の所産とされることが少なくない。

本稿では、常民文化研究所の調査後、神奈川県内で新たに調査された例を紹介しながら、併せて従前の調査例を参考に、十三塚について考えてみたい。

一　神奈川県内の状況

(1) 現　状

神奈川県内の十三塚については、『十三塚考』によれば一九箇所で、常民文化研究所の調査では二六箇所の存在が確認されている（表）。

その実態としては八割近くが消滅・不明の状況であり、しかも残存しているものも遺存状態はすこぶる悪いことがわかる。このうち、調査されたのは坂口（⑦）と北寺尾（⑨）の二例のみであり、こうした状況は他県あるいは全国的な傾向と一致する。

神奈川県内の十三塚
（常民文化研究所）

①横浜市港北区勝田町	消滅
②横浜市緑区荏田町　消滅	消滅
③横浜市保土ヶ谷区帷子町	消滅
④横浜市保土ヶ谷区上菅町	消滅
⑤横浜市保土ヶ谷区今井	消滅
⑥横浜市保土ヶ谷区境木町	消滅
⑦横浜市港南区野庭町坂口	消滅
⑧横浜市港南区上大岡	不明
⑨横浜市鶴見区北寺尾	不明
⑩川崎市高津区溝ノ口	消滅
⑪川崎市高津区久末	1基
⑫川崎市高津区長尾	不明
＊⑬川崎市宮前区野川	消滅
⑭川崎市宮前区久末	消滅
⑮川崎市宮前区久末	1基
＊⑯川崎市麻生区	13基現存
⑰鎌倉市山崎	消滅
⑱三浦市三崎町	消滅
⑲三浦市南下浦	消滅
⑳横浜市神奈川区菅田町	消滅
＊㉑横浜市神奈川区羽沢町	4基
㉒川崎市高津区末長	消滅
＊㉓中郡大磯町国府本郷	9基
㉔厚木市下荻野	消滅
㉕平塚市（鎌倉郡豊田村）	1基
㉖平塚市真土	消滅

＊は神奈川遺跡地図掲載

したがって、十三塚が元々何基で構成され、どのような配列で並んでいたのかを確かめる術は『風土記稿』等の文献や聞き取り調査など極限られた範囲に限定されてしまうため、基本的事項を充分把握することができないのが現状である。

（2）近年の調査例

ここでは、常民文化研究所の調査以後、神奈川県下で発掘調査された事例を紹介する。

大磯町国府本郷堂後下の十三塚（第1図、表㉓）

この十三塚は、正確には神奈川県中郡大磯町国府本郷字堂後下（旧字十三塚）二〇〇番地に所在したもので、一九九七年公共事業に伴い発掘調査された[3]。海抜五七～五九m程の緩やかな傾斜をもつ尾根上に占地し、一三基の塚が一列にほぼ直線的に配列され、外観はいわゆる「ラクダの瘤」状に連続する。最北の1号塚から最南の13号塚までは約四五m、高低差は約二mを測り、塚間距離はいずれも一m未満で、他の例に比べ明らかに狭い。

個々の塚の平面形態はほぼ円形だが、一部は後世の攪乱などによりやや歪んだ形状を呈する。また、規模はおおむね径三m前後、高さも五〇cm程度で、中央の塚（第1図）が他の塚よりも大きいが、このタイプは類型化された形式の中でも特に例が多く、主流を占める形式ではないかといわれているものに該当する。

発掘調査の所見によれば、構築方法は塚の規模に関係なく基盤となる砂礫層あるいは粘土質土層上に、暗褐色、黒褐色を呈する色調の暗い土層を積み重ねた単純な構造であり、その上を宝永火山灰を含む表土が覆っていることから、少なくとも一七〇七年（宝永四）以前には存在していたことが判明している。また、塚を覆う表土は比較的均等に堆積していることから、宝永以後に整地した可能性を指摘している。なお、遺物は表土より常滑産と考えられる壺の口縁部破片（第3図2）が出土している。

寒川町岡田・大蔵の十三塚（第2図）

この十三塚は、主要地方道丸子・中山・茅ヶ崎線に沿って点在する。ちょうど海抜約二四mの台地中央部の平坦面に立地する。『十三塚考』及び常民文化研究所の調査には何ら記載がないものであるが、『風土記稿』岡田村の項には「並塚…大小十あり」との記述がみられる。

全体の数は一五基とも一三基ともいわれているが判然としない。現状では七基残っているものの、二基はマウンドが失われ、規模が不明である。残る五基は、平面形態が方形を呈するものがほとんどで、規

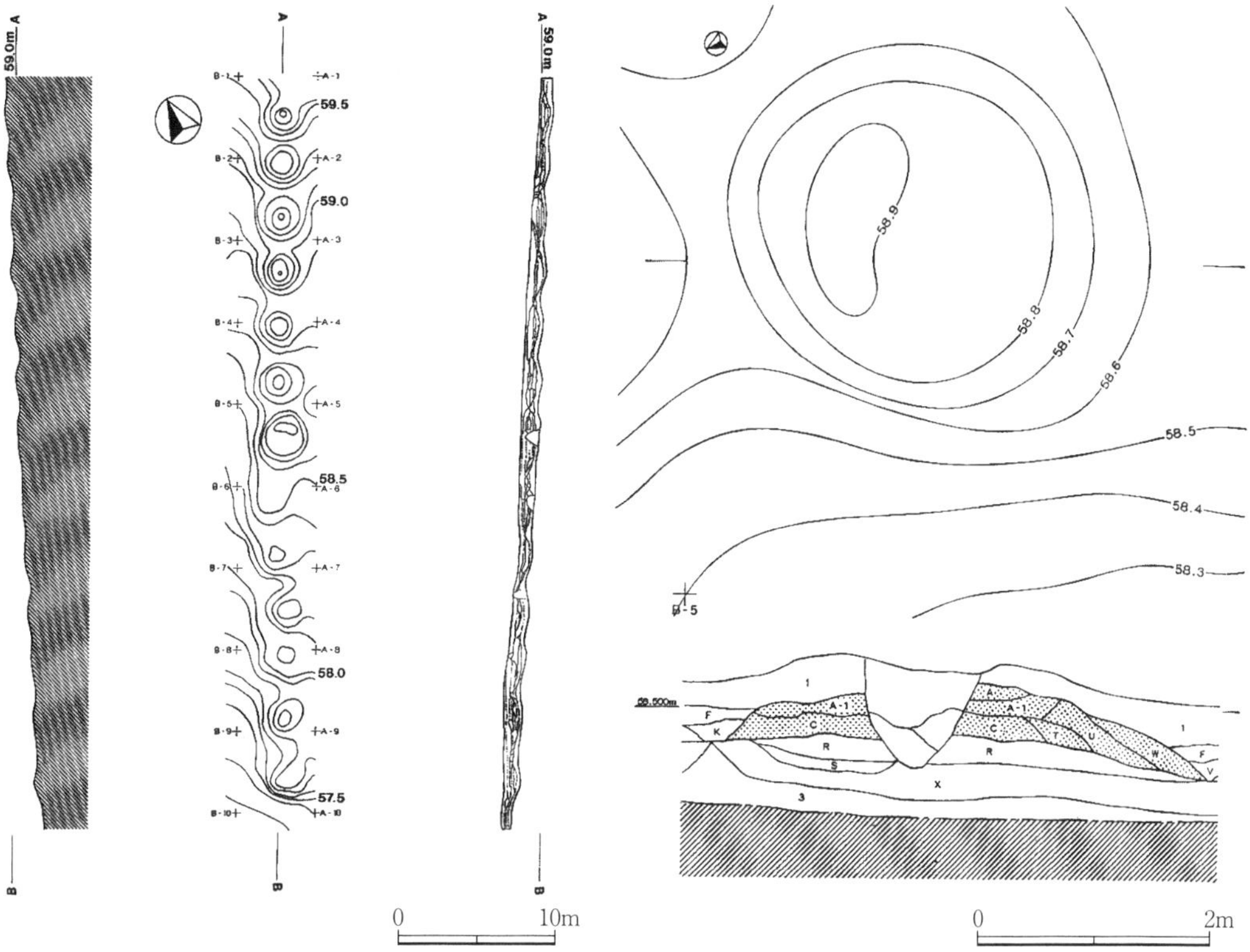

第１図　大磯町堂後下の十三塚全体図と中央の塚（平・断面図）

模的にも長軸で一〇mを越えるものが多く、他所の十三塚と較べると様相を異にしている。さらに、配列も一直線でなく、ズレがみられ、後述する塚の規模と併せ考えると、「十三塚考」の分類の首尾または任意の一塚が特に大きい部類に属するものと考えられる。

一九八七年町史編纂事業に伴い測量調査が行われたが、[4]規模も大きく最も保存状態のよい「おこり塚」についてはトレンチによる発掘調査が行われた。その結果、塚の構築時期を明確に示す遺物の出土はみられなかったが、塚は方形プランで直径一八・四m、高さ四・七mの規模を有することが判明している。また、構築時における塚の盛土方法については土層断面の観察から、中世後半期の自然堆積土層を削平し平坦面を造りだし、その上部にモッコ積みと考えられる盛土により塚を構築したのではないかと類推されている。さらに、塚の封土の土層分析も行われ、構築時期は火山降灰層（一六世紀初頭～中葉）以前の比較的それに近い時期（中世後半）の所産とする推定結果が出ている。[5]

二　若干の考察

大磯町と寒川町の事例は村田の分類に従えば、[6]前者が尾根状型、後者が平坦地型の典型的な例としてとらえることができよう。ただし、後者を十三塚として取り扱うにはいささか抵抗もある。確かに塚の数や配列にも問題があるが、それよりも問題なのは塚の規模が大きい点である。残存している塚は直径一〇mを越え、中には二〇mに迫るものもあり、一般的な十三塚とは懸け離れた数値を示しているからである。しかしながら、構築時期はもちろん、配列等も含

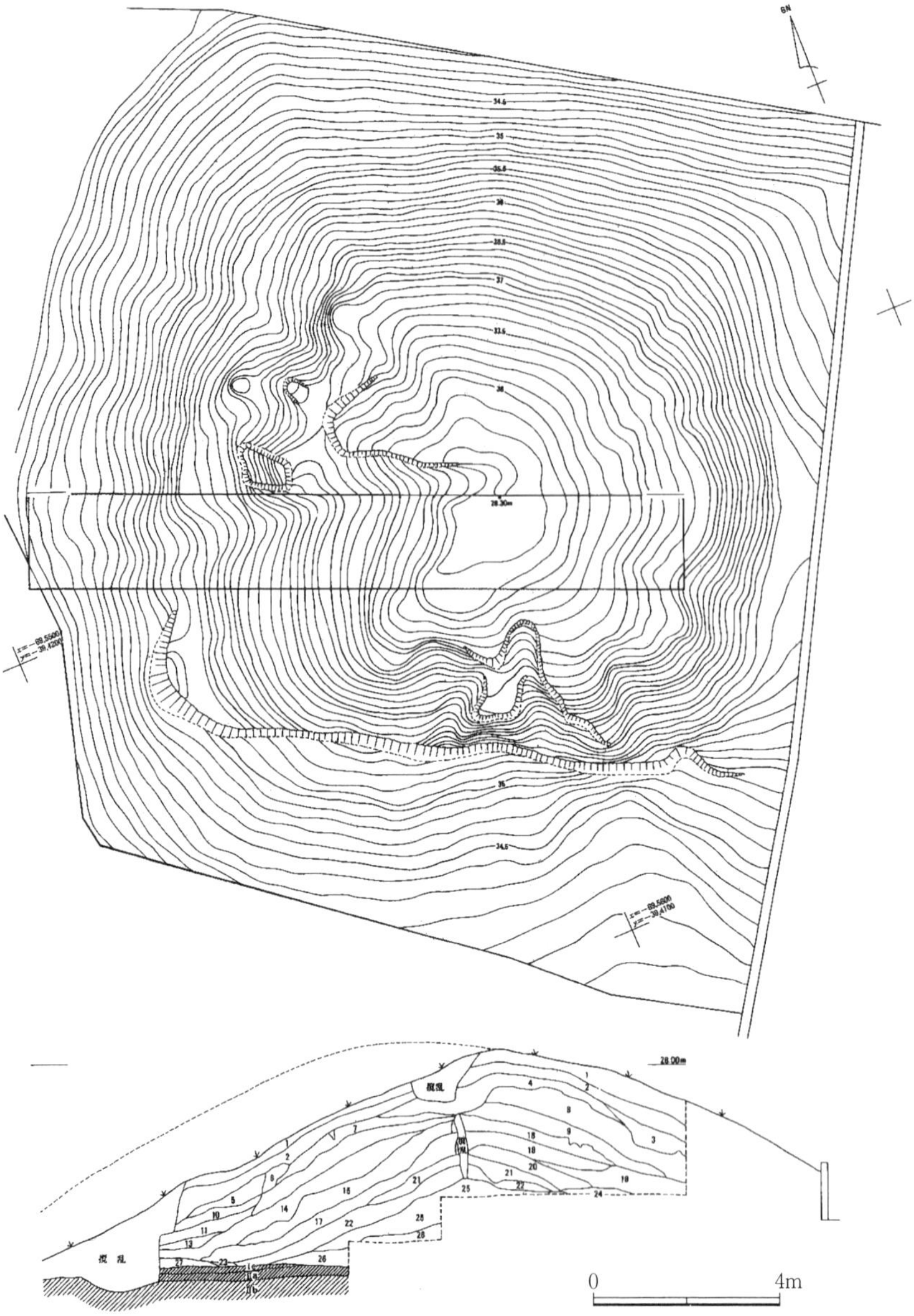

第2図　寒川町おこり塚（十三塚）実測図

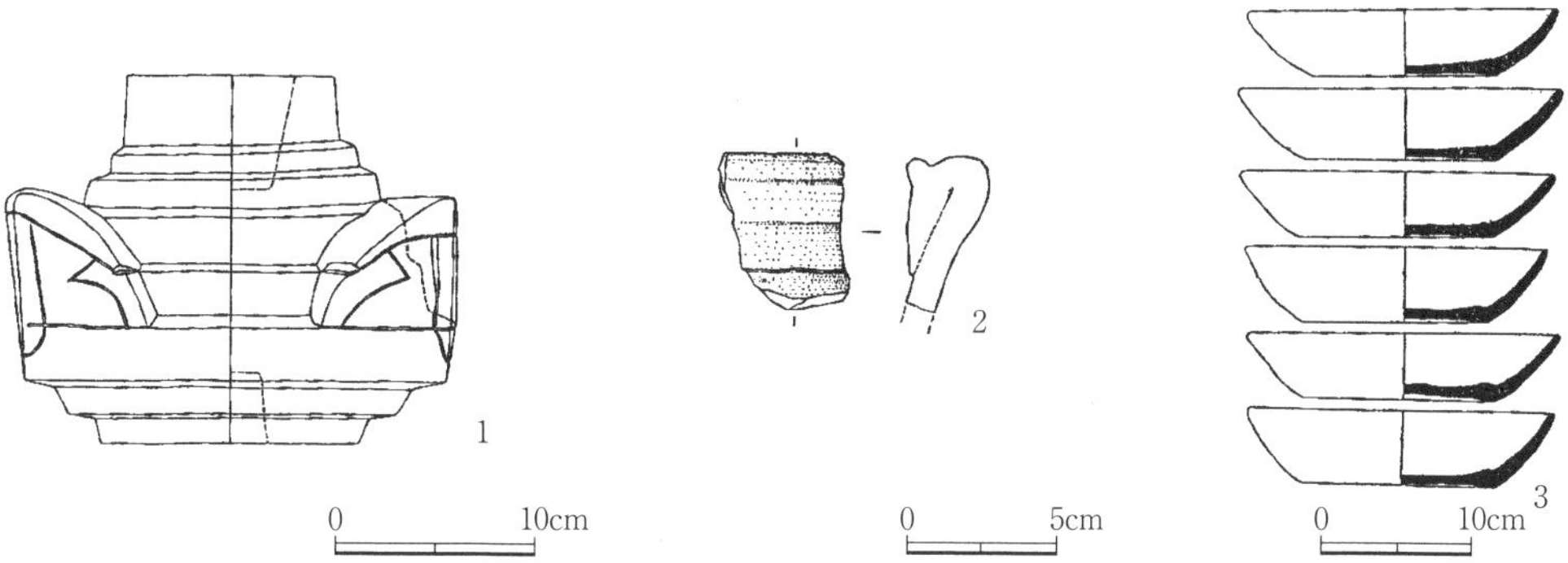

第3図　県内十三塚出土遺物

めた十三塚の変遷過程が今ひとつはっきりしていない現状を考慮すれば、一概に否定もできない[7]。

神奈川県内の十三塚で遺物の出土がみられたのは、わずかに三箇所である。

坂口十三塚からは室町期の宝篋印塔の屋蓋（第3図1）が出土している[8]。

これは中央塚の北裾から出土したもので、発掘調査の所見では土層が乱れていることから、盗掘者が投げ入れたものと判断されているが、重量を考慮すれば塚上に存在していたことも充分考えられる。

堂後下十三塚では表土から一五～一六世紀と考えられる常滑産の壺片（第3図2）が出土している。生産時期と廃棄時期にズレがあることは否定できないものの、人里離れた立地を考えれば元々存在していた可能性もあながち否定できない。また、塚の整然とした姿から宝永噴火後の整地も想定されており、その際に紛れ込んだとも考えられる。

北寺尾十三塚からは一四世紀前後の土師器坏（第3図3）が出土している[9]。これらは、互いに口縁を合わせて三対重ねで出土しており、層位からして塚の築造に伴う可能性が高いと言う。この他、寛永通宝や文久永宝などが出土しており、信仰・伝承の下限を示唆しているものと考えられる。

全国的に十三塚から築造に関係する遺物が出土した例は皆無に近い。神奈川県下の出土遺物は前述したように諸条件は良くないが、不思議といずれもが中世に属するもので、塚の構築時期をある程度示唆しているのではないか考えられる。さらに、岡田・大蔵の十三塚では土層分析を通して、塚の構築時期（中世）をより確実なものとしているが、依然として十三塚築造の目的や構築集団など社会的背景は不明である。

おわりに

十三塚の解明には民俗学、歴史学はもとより考古学に対する期待が大きいことは論を待たない。これは取りも直さず、発掘調査により構築時期を明確にする遺物の出土を視野に入れたものであるが、遺物の出土は極端に少なく、さらに後世に攪乱されていたりして判断材料に欠ける場合も多く、必ずしも諸説の検証および補強には成り得ていないのが現状である。

完全な形で残っている十三塚が極めて少ない現実を考慮すれば、そうした調査の際には、関連諸科学の全面的な応援のもと、徹底的な調査をする必要があろう。

註

（1）柳田國男・堀 一郎 一九四八『十三塚考』三省堂

（2）神奈川大学日本常民文化研究所 一九八四「十三塚—現況調査編—」『神奈川大学日本常民文化研究所調査報告』第九集

（3）鈴木一男 二〇〇一「十三塚」『大磯町文化財調査報告書』第四四集

（4）小林義典 一九九一『岡田おこり塚（十三塚）発掘調査報告書』十三塚遺跡発掘調査団

（5）草柳卓二 一九九一「寒川町岡田おこり塚封土の土層分析」

（6）村田文夫 一九八五「発掘された十三塚」『十三塚—実測調査・考察編—』神奈川大学日本常民文化研究所調査報告 第一〇集

（7）例えば配列には、一直線、並列、不規則などがあり、また平面形にも方形、円形などがあるが、そうした相違が時間差なのか地域差なのかはっきりしていない。

（8）赤星直忠 一九七三『坂口十三塚発掘調査概報』日本道路公団・坂口十三塚遺跡調査団

（9）前掲（6）に同じ。

挿図出典

第1図 註（3）文献より

第2図 註（4）文献より

第3図 註（3）・（6）・（8）文献より

【近 現 代】

赤煉瓦・耐火煉瓦と産業考古学

はじめに

文明開化は、いうまでもなく西洋文化の移入であったが、その背景には欧米列国と肩を並べていかなければならない必然性＝西欧化政策があった。これにより我が国の衣・食・住はその根底から変貌していったが、それは産業経済にも多大な影響を及ぼしたのである。建築における赤煉瓦の登場や、有名な横浜のジェラール煉瓦や瓦などはその典型的な例である。その一方で、幕末に対外国用の大砲を鋳造するための反射炉築造から生まれたのが耐火煉瓦である。

両者は、その需要に応じて幾度となく改良が重ねられ、より良い製品へと移行していったが、赤煉瓦は一九二三年（大正一二）の関東大震災を境に見直しが行われた経緯をもつ。もっとも、それに耐えて現在もその雄姿を伝える建物も少なくない。

近年の発掘調査において、このような近代の産業に関する遺構・遺物に遭遇することが頻繁に見られる。そして、場合によっては現代に属するものも少なからず発見され、今や近代考古学もしくは近現代考古学ともいうべき新しい分野の考古学が確立しつつある。

ここに紹介する資料は、いわゆる「産業考古学」資料である「赤煉瓦」と「耐火煉瓦」であり、最近の発掘調査で出土したものおよび採集されたものである。

一　資料の概要

赤煉瓦（第1〜4図）

(1)大磯町神明前遺跡出土資料（第2図1〜4）

図示した資料は、一九九二年の発掘調査の際に出土したもので、第2図1と2は煉瓦遺構、3と4は表土からの出土である。煉瓦遺構は総計四五個の赤煉瓦で構成されていたが、二次利用されており、「排水施設」としての機能を有するものであることが確認されている。遺跡は、明治中期以後、島津家（島津忠寛＝旧佐土原藩主・貴族院議員）の別荘地であったことが一八八八年（明治二一）の相陽大磯駅全圖、一八九一年（明治二四）の相模大磯全圖などからうかがえる。1〜4の資料は、現存家屋の北側で発見されたもので、同一に存在した可能性が強く感じられるのであるが、一方では計測値に若干の違いがあり、にわかには判断できない部分もある。

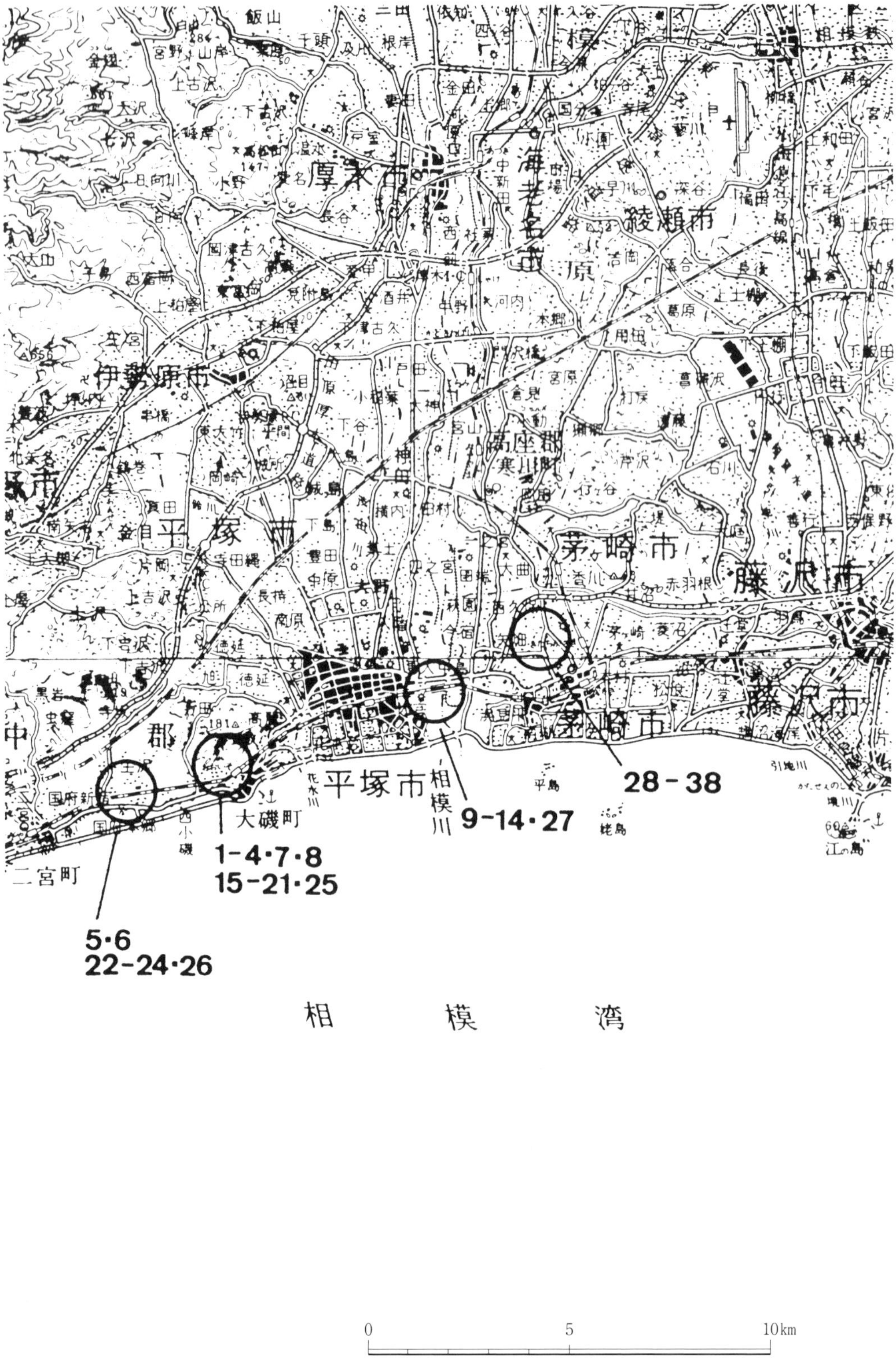

第１図　資料出土・採集地点位置図

すなわち、破片のため長さは比較できないものの、幅が明らかに異なっている点である。刻印は平の面に認められるが、3・4には桜マークの刻印が見られ、一般的には小菅集治監製のいわゆる「囚人煉瓦」と理解されるものである。このような桜マークの煉瓦については、刑務官服の上衣の桜花章のボタンに起因すると考えられているものの、群馬県前橋刑務所外塀の例から、桜マークの煉瓦がすべて小菅製の煉瓦ではない可能性も指摘されており(1)、今後に一考を要するものと思われる。

また、1・2は記号のみ確認できるが、煉瓦遺構を構成する煉瓦で、今回図示しなかった資料にも認められ、全体的にイロハ順になっているものと思われるのである。

(2)大磯町西小磯採集資料（第2図5・6）

一九九一年、立正大学考古学研究室により行われた分布調査時に採集されたもので、採集地点は大磯町西小磯字辻端である。

いずれも完形品ではないが、刻印部分は破損を免れており、共に楕円区画の中に「日本」と刻印されている。また、5は横書きで、6は縦書きである。刻印から判断すれば、日本煉瓦製造株式会社の製品であることがわかる。

横書きの刻印は製造年代が今一つはっきりしないが、縦書きの刻印は一九二五年（大正一四）以降の製品に見られるものである(2)。採集地点附近には煉瓦建物（住宅や蔵）が存在した記録は無く、採集資料がどのような形で使われていたかは残念ながら不明である。

(3)大磯町大磯小学校遺跡出土資料（第2図7）

一九九二年、大磯町大磯八六七番地の駐輪場建設に伴う発掘調査の際にトレンチから出土したものである。ほぼ完形品であり、平の面に右から横書きで「上敷免製」という刻印が見られる。上敷免は地名であり、埼玉県榛沢郡上敷免村（現深谷市）を指すが、ここには日本煉瓦製造株式会社上敷免工場があった。ちなみに、同社は一八八七年（明治二〇）、渋沢栄一、益田孝ら財界人によって設立され、ドイツ人チーゼの指導のもと操業を開始し、一八八九年（明治二二）に完成した上敷免工場は、ホフマン式輪窯三基を有する我が国初の機械抜き煉瓦製造工場で、その製品は翌年の第三回内国勧業博覧会で一等進歩賞をとるなど高い評価を得ている(3)。

この煉瓦がどのような経緯で存在したのかは不明であるが、関東大震災で倒壊した建物の部材を廃棄したと聞く。部分的な発掘調査であったため、そうした痕跡を確認することはできなかったが、大磯町は明治中期以後別荘地として発展した経緯もあり、倒壊した建物に使用されていたことも充分考えられる。

(4)大磯町古屋敷遺跡出土資料（第2図8）

一九九五年の発掘調査の際、調査区外にあった花壇の仕切りに使用されていたものである。完形品であり、平の面に第2図7と同様に上敷免製の刻印が見られる。花壇は二箇所あり、刻印を有するものは双方の花壇に存在したが、総計一四八個のうち約四割にあたる六〇個に刻印が見られた。

また、このうち三個は片仮名のみで、残り五七個に上敷免製の刻印が見られた。図示した資料は、一号花壇の煉瓦で、二号花壇の煉瓦よりやや長いのを特徴としている。いずれにしても、この煉瓦が当初から花壇の仕切りとして利用されていたかどうかは不明である。

(5)平塚市馬入川（相模川）採集資料（第3図）

茅ヶ崎・平塚間の馬入川鉄橋下部で採集された資料である。当地方

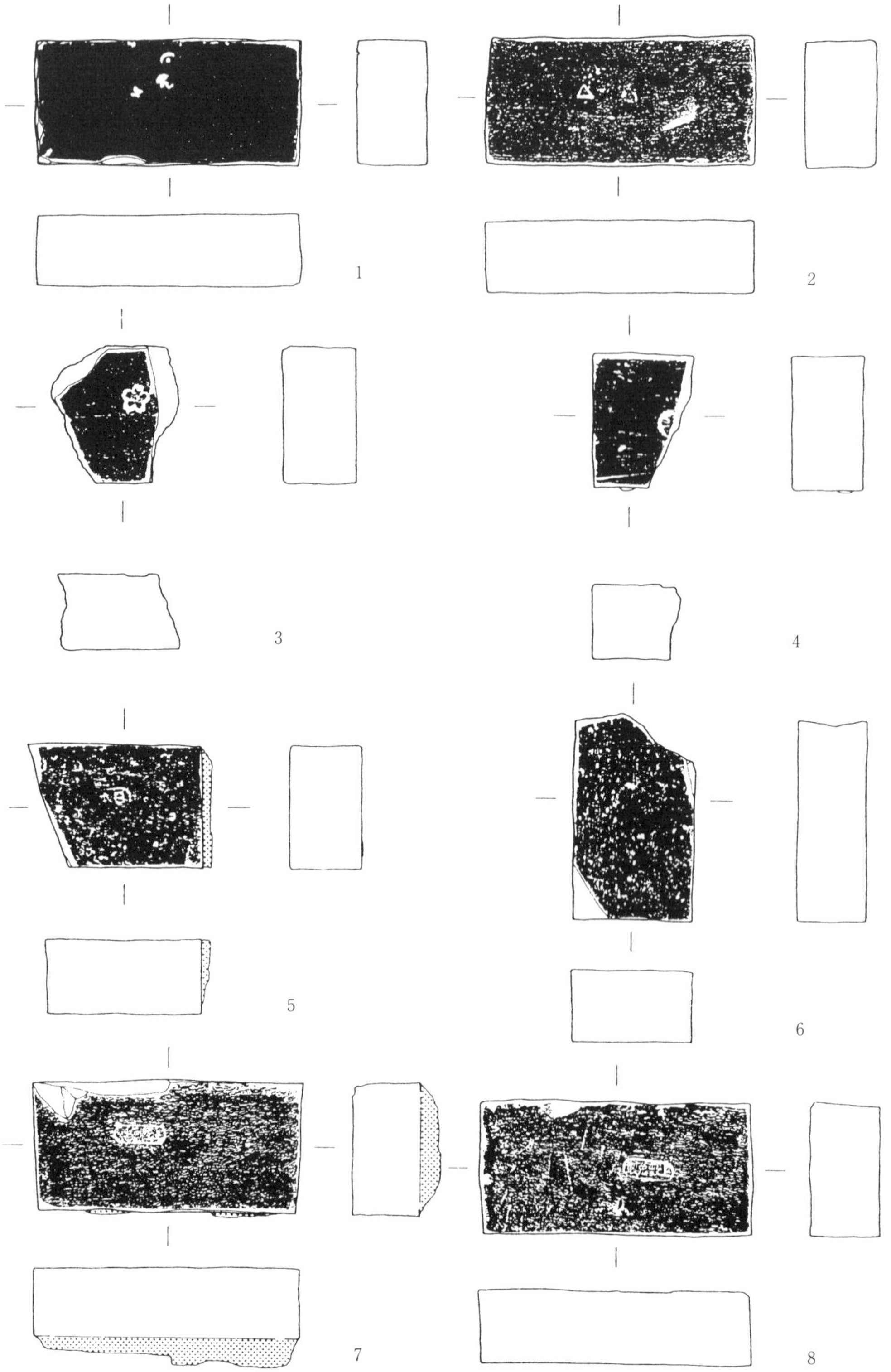

第２図　赤煉瓦実測図（1）（約 1/7）

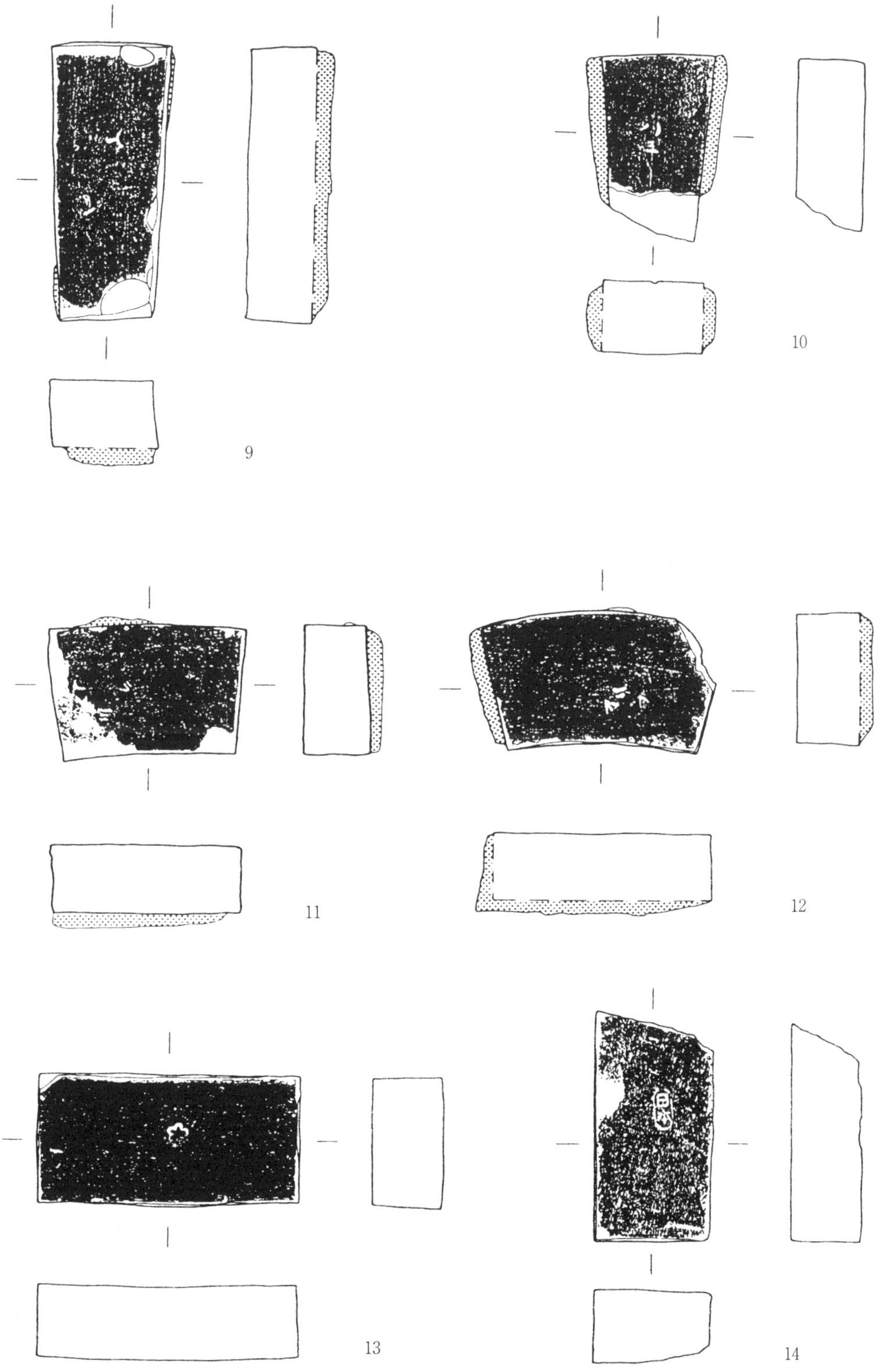

第3図　赤煉瓦実測図（2）（約1/7）

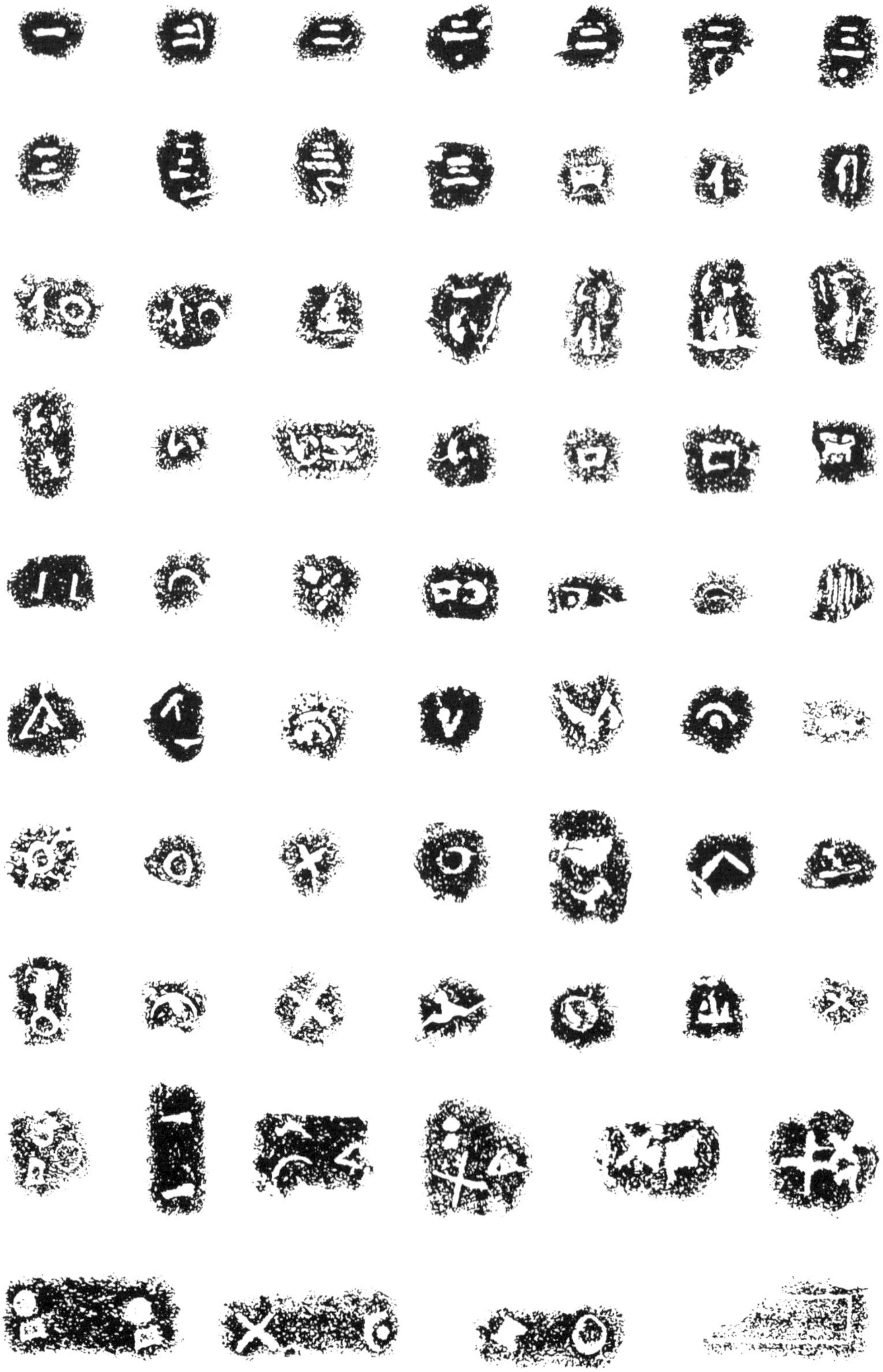

第4図　刻印拓影図（3）（約1/3）

における鉄道建設（横浜―国府津間）は、一八八六年（明治一九）一一月に着工されたが、馬入川橋梁は翌年二月五日に起工式を挙行、五月一〇日には架設がほぼ完成し、七月一一日より営業運転が開始された。しかし、完成直後の試運転では橋脚が一尺五寸（約四五㎝）も沈んだとの記録が残っている。これは砂地であったためと考えられる。[4]また橋台は基礎杭の上にコンクリートを打ち、軀体は煉瓦積で、橋脚は大半が煉瓦積の短径七フィート六インチ（約二・三m）、長径一二フィート二インチ（約三・七m）の楕円形井筒であった。[5]この鉄道創設期の記念すべき橋梁も、関東大震災により倒壊してしまった。図示した資料は、おそらくその一部ではないかと考えられるが（14はやや離れた場所）、三つのタイプにわけることができる。すなわち、第3図9・10のように上下の幅に相違が見られる楔形のタイプA、11・12のように弧を描く（曲面）タイプB、13・14のような普通のタイプCである。A・Bにはモルタルが附着している点や刻印において共通性が見られる。これらは前述した楕円形の橋脚に用いられたものと推察される。一方タイプCは、普通の煉瓦で、13には「桜マーク」、14には縦書きで「日本」の刻印が見られる。先にも記したように14は他の資料とは離れた場所で採集されているので、9～13が同一に存在した資料と考えられる。A・Bタイプは製造会社及び年代がなかなか特定できないが、Cタイプの小菅集治監製と考えられる煉瓦の存在から、文献に記されているように明治中期として差支えないものといえよう。それよりもむしろ、問題なのはA・Bタイプの製造会社である。鉄道事業は息の長い事業であり、大量の煉瓦の輸送を考慮すれば、工事現場に近い所で焼いた方がはるかに効率が良いと思われるが、このあたりも追求していく必要があると考える。

(6)茅ヶ崎市上ノ町遺跡出土資料（第4図）

一九九三年、発掘調査の際に溝状遺構より出土したもので、明らかに二次的に利用されたものである。すべて欠損品であり、総数量は一一七個で、そのうち約一三%の一四三個に刻印が見られた。漢数字、片仮名、平仮名などの他、○や×、□などの記号が見られる。これらは、製造会社に直接関連する刻印というよりはむしろ、焼成室（窯）や製造責任者、あるいは製造ラインなどを表しているのではないかと考えられる。

したがって、本資料の製造年代や製造会社は不明といわざるを得ない。ただ、一九一六年（大正五）九月二七日の「横浜貿易新報」に、煉瓦製造工場茅ヶ崎に設置と題し、実業家笠松吉太郎が茅ヶ崎停車場西方に一万坪の用地を取得し、職工八、九百名、熱海鉄道工事その他京浜一般の需要に応じるはずとの記事がある。これが計画通り建設されたかどうか不明であるが、茅ヶ崎市内でも赤煉瓦製造に適した土壌が存在した可能性を示唆するものと考えられ、こうした大規模な工場以外にも小規模な工場があったのではないかと想像される。

耐火煉瓦（第5～7図）

(7)大磯町西小磯（宮上）採集資料（第5図15～19・21）

これらの資料は、一九九一年、立正大学により採集されたもので、すでに紹介してあるため、[6]ここでは簡単に触れておく。

まず、第5図15は円形区画の中に［MIE］、下段に［SK34］の刻印が施されている。［MIE］は三重と考えられ、社名に三重の付く会社を調べたが、結局発見できなかった。ただ、三重が社名ではない場合もあるため、[7]広く三重県内の会社を調べたところ、大正期には四日市煉瓦製造所と日本耐火窯業、昭和に入ってからも三阿窯業がわ

第5図　耐火煉瓦実測図（1）（約1/7）

ずかに見えるだけであり、耐火煉瓦工場が極端に少ないことがわかった。やや強引な考え方をすれば、工場が少ないことから県の名前を付けたのではないかとの仮説も成り立つのではないだろうか。今後、さらなる追及をしていく所存である。

16は［NIHONTAIKAKOGYO］及び菱形区画の中に［NT］という刻印が見られる。直訳すれば日本耐火工業となり、一九四一年（昭和一六）創業で、大阪に本社をもつ日本耐火工業株式会社の製品と考えたが、同社は［NTK］の刻印であり、したがって、本資料は同社の製品ではなく、別会社の製品であることが判明したわけである。工場通覧には同名の会社として、茨城県多賀郡松原町（現高萩市）に工場のあった日本耐火工業株式会社（創業一九一七年（大正六））の名前がみえるので、先の報告では同社の製品であろうと推定するに止めた。しかるにその後の調査で、同社が一九七一年（昭和四六）頃まで操業していたこと、戦時中は軍部関係に、戦後は日立製作所や松尾鉱山などに供給していたことや、工場が高萩駅前に位置していたことなどがわかった。そして偶然にも当時の関係者の方に直接お話を聞くことができ、この製品が明らかに同社で製造したものであることが判明したのである。(8)

17は、品川白煉瓦株式会社の製品である。商標の［S・S］はSHINAGAWA SHIROReNGA SEIZOUSHO の頭文字を取ったもので、菱形の区画は、創業者である西村勝三の家紋（五ッ松川菱）に由来するものであり、一八九九年（明治三二）に商標法による商標権を獲得している。(9)

18は長方形枠内に［MINO-YOUGYO］と刻印されている。これは美濃窯業株式会社の製品であるが、同社は一九一六年（大正五）設立された瑞浪耐火煉瓦合資会社を一九一八年（大正七）に改組したものであり、創業は同年八月一四日で、現在に及んでいる。したがって本品も一九一八年以降の製品と考えられる。

19は平の面に［K◎B］の刻印を有するもので、「K」は製造会社の頭文字、［◎］は社印、［B］はBrick（煉瓦）を指しているものと考えられる。しかし、当然のことながらこれだけの材料では製造会社を特定することは困難である。

大正年間における［K］の付く頭文字の会社は、兵庫県の金切耐火煉瓦合資会社、同加藤耐火煉瓦株式会社、福岡の九州耐火煉瓦株式会社などその数は少なく、今後さらに追及していく所存である。

21は［S・S］［AF］の刻印を有するもので、品川白煉瓦株式会社の製品であることがわかるが、［AF］という記号がどのような意味をもつのか、また、製造時期についても不明である。(10)

(8)大磯町神明前遺跡出土資料（第5図20）

一括廃棄されていたもので、中には赤煉瓦とモルタルでつながっているものもあった。おそらく別荘のどこかで使用されていたもので、関東大震災により倒壊したため、処分したものと考えられる。なお、この資料は16と同じく日本耐火工業株式会社の製品である。

(9)大磯町西小磯（塚越）採集資料（第6図22〜24）

一九九四年、民家の脇で採集したものである。第6図22と23は同一個体であり、両者の刻印を合わせると［YTR］となる。単純に横浜耐火煉瓦と略せる。創業はやや古いが一九〇一年（明治三四）、横浜市磯子区に横浜耐火煉瓦製造所（後年株式会社）がある。また、24は19と同じ［K◎B］、さらに右上に［YS］の刻印が見られる。おそらく、19と同じ会社の製品と考えられるが、［YS］の意味は不明であ

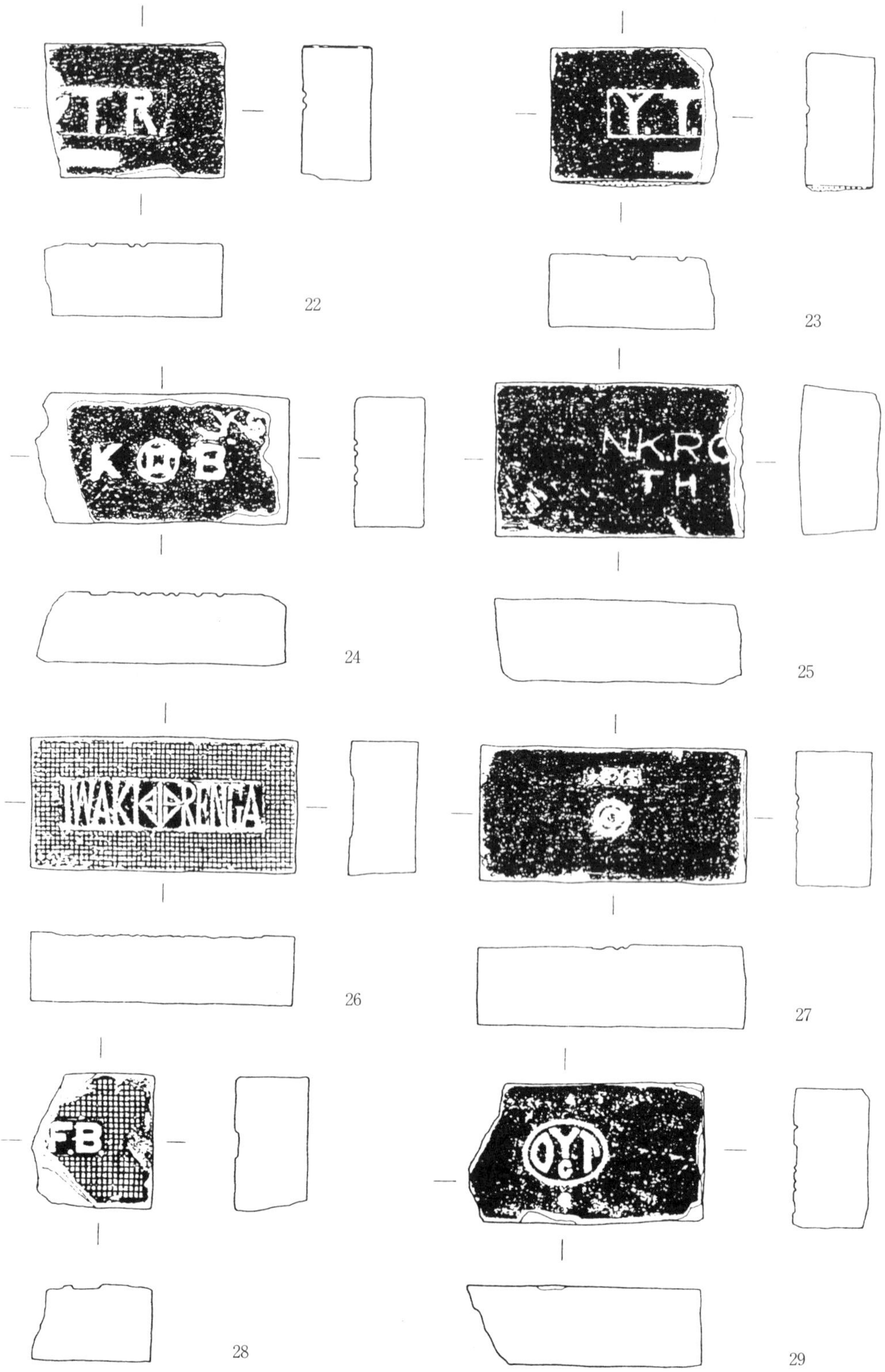

第6図　耐火煉瓦実測図（2）（約1/7）

る。

⑽大磯町大磯小学校遺跡出土資料（第6図25）

7の資料と同様、発掘調査の際にトレンチから出土したものである。平の面に二段わたって［NKR?］［TH］と刻印されている。おそらく、前者は製造会社、後者は製品を表しているものと考えられる。そして、イニシャルから岡山県備前市にある中村窯業株式会社（創業一九三三年（昭和八））の製品ではないかと思われるが、特定するに至っていない。

⑾大磯町国府本郷採集資料（第6図26）

採集地点は、大磯町国府本郷一三九二番地の末村光介氏宅前である。平の面の網目（格子目）の中に［IWAKI◇RENNGA］の刻印が施されており、そのまま直訳すれば磐城煉瓦となる。この煉瓦は末村氏の母方のご実家である山形県で使用されていた長火鉢の底部分に置かれていたもので、形見として大磯に持ち込まれたものであり、その年代は話の内容からおよそ明治末～大正前半と推定される。また山形県という地理的な条件からIWAKIは、磐城と考えられ、本品の製造工場は福島県と特定できる。

明治後期、福島県磐城地方には耐火煉瓦工場として三つの株式会社の名前が見られる。日本耐火煉瓦、品川白煉瓦、磐城耐火煉瓦の三社である。刻印から判断して、可能性の高いのは磐城耐火煉瓦である。同社は、一九〇六年（明治三九）の創業（明治三三年丸平耐火煉瓦合資会社を改称したもの）で、一九〇九年（明治四二）に備前陶器株式会社が買収し、名前を日本窯業株式会社と改称、その後一九一六年（大正五）には品川白煉瓦株式会社に合併された経緯をもつ。

東京都新井三丁目遺跡からは同じような耐火煉瓦が出土している[11]。刻印は［IWAKI◎TAIKWA］であり、直訳は磐城耐火となる。この資料について、大竹憲治は一八八七年（明治二〇）、渋沢栄一らによって設立された磐城硝子会社の製品であるとの見解を示されている[12]。その理由は磐城硝子会社が硝子窯を構築する際に、品川白煉瓦から耐火煉瓦を購入できず（同社は同系列の品川硝子会社に供給していたため）、やむを得ず自社で製造したということと、磐城耐火なる会社が存在しなかったという二点からである。磐城硝子は短命の会社であり、しかも耐火煉瓦を製品として作ったわけではなく、自社の窯を築くためだけの目的で作られたもので、果たして刻印を施すほど手をかけるものであろうかという疑問と、現実には磐城耐火なる会社が存在したことなどから、新井三丁目遺跡の煉瓦は工場通覧にある一九〇六年（明治三九）一二月創業の磐城耐火煉瓦株式会社の製品である可能性が高いように思われるのである。そこで、問題なのは採集資料の磐城煉瓦である。いうまでもなく、磐城耐火とは名前が違うことはもちろん、社印とも考えられるマークにも相違が見られる。したがって、磐城耐火とは別会社の製品であることは明白である。しかしながら、磐城煉瓦という会社は無く、わずかに磐城白煉瓦製造所（創業一九一五年（大正四））の名前が見えるだけである。本資料が同社の製品かどうか不明であるが、年代において話の内容と合致するもので、その可能性は否定できない。

いずれにしても、磐城耐火と磐城煉瓦について今後も追及していきたい。

⑿平塚市馬入川採集資料（第6図27）

14の資料とほぼ同じ場所で採集されたものである。社印と考えられる円形状の刻印が見られるだけで、文字は全くない。したがって、製造工場や年代は不明である。河川敷でもあるため、捨てられた可能性もある。

⒀茅ヶ崎市鶴嶺八幡宮採集資料（第6図28）

参道で採集されたもので、格子目模様に［FB］の刻印が見られる。FBはおそらくFIRE BRICKの略で、その前に社名が書かれているものと思われるが、欠損していて不明である。したがって、製造工場や年代も不明と言わざるを得ない。

⒁茅ヶ崎市宮ノ腰遺跡出土資料（第6図29）

一九八一年（昭和五六）、鶴嶺小学校体育館建設に伴う発掘調査で遺構外より出土したもので、報告では創立当初の校舎建設に使用されたものとされている。[13]耐火煉瓦を校舎建設に用いるのかどうか不明であるが、仮にそうであったとしても一点だけの出土は余りにも不自然である。何らかの理由で紛れ込んだ可能性も否定できない。楕円の区画内に［OYTC］の刻印が見られる。製造工場については漠然と大阪とか大分、もしくは岡山などの地名が浮かぶが、現時点では不明である。

⒂茅ヶ崎市円蔵採集資料（第7図30・31）

第7図30～32の資料は、いずれも後述する東洋（現東海）カーボン茅ヶ崎工場の西側で、間隔をおいて採集されたものである。まず、30は［JIS］マークと［ISOLITE］［N―2］の刻印が見られる。これは石川県鹿島郡石崎村（現七尾市）にあるイソライト工業株式会社（創業一九二八年（昭和三））の製品で、N―2は製品名である。なお、この製品は現在作られていない。[14]製造時期はJISマークの存在から一九五一年（昭和二六）以降の製品と考えられる。[15]

31は、平の面に［ART］の刻印が見られる。愛知とか明石など頭文字［A］の付く県や都市あるいは会社名が想像されるが、現段階では製造工場を特定するに至っていない。

⒃茅ヶ崎市矢畑採集資料（第7図32）

他の製品と同じように、平の面に［YI］［SK34］［OYK］の刻印が見られる。YIは製品名、SKは耐火度を示す。またOYKは当然略号で、パズル式に当てはめれば、大阪窯業株式会社となる。追跡調査の結果、奇しくも同社の製品であることが判明した。[16]

⒄茅ヶ崎市東洋（現東海）カーボン工場敷地内採集資料（第7図33～38）

本工場の敷地内は耐火煉瓦で埋め尽くされているといっても過言ではないほど、大量の耐火煉瓦が存在する。これは以前使用していたものを廃棄した結果で、換言すれば、焼成炉を必要としない製品づくりに移行したため、不用となった耐火煉瓦を処分したものと考えられるのである。

同工場は、一九三八年（昭和一三）に地鎮祭を行い、翌年稼動を開始したが、敷地の面積は実に一万三三九七坪もあった。こうした大工場出現の背景には、日中戦争の勃発から戦時経済体制が強化され、鉄鋼生産は急激な伸びを記録したが、これに比例するように電極の需要が増大したという事実があるようである。生産された製品は、いうまでもなく茅ヶ崎駅からの引込み線により、各地に運ばれたものと考えられる。[17]33は［OY?］［A］［SK34］と刻印されている。OY?は大阪窯業の略かも知れないが、不明である。34は［YK］と刻印されている。これも製造会社は不明である。同様に35も［S］だけが刻印されており、不明である。

36は［IYK］［F］［SK34］の刻印を有する。また、37も同様であるが、［F］が［R］となっている点で異なる。この両者は長さで

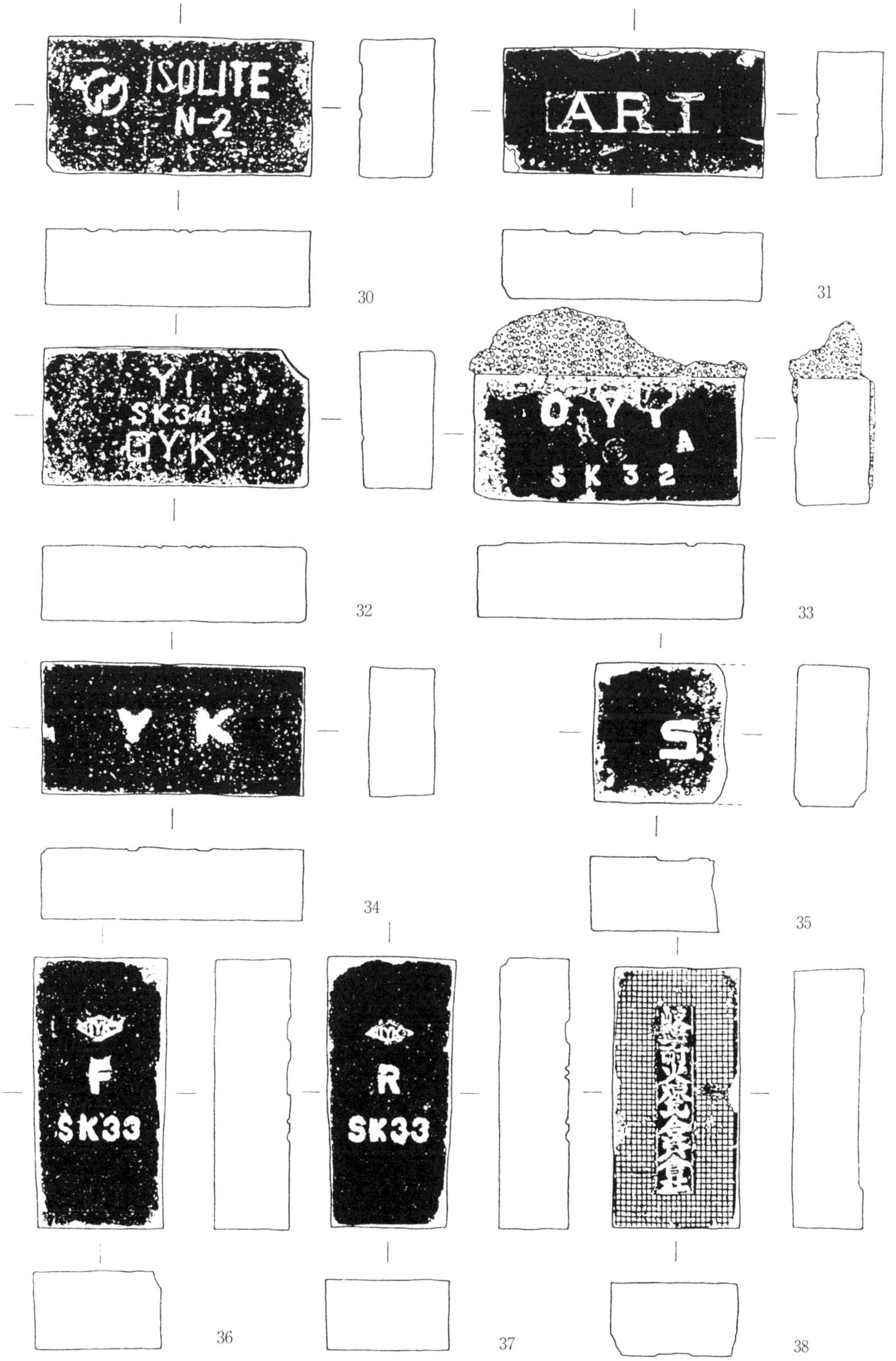

第7図　耐火煉瓦実測図（3）（約1/7）

共通するが、幅や厚さにわずかながらの差異が見られる。これがFとRの違いかどうかははっきりしない。ＩＹＫは当然製造会社をあらわしていると思われるが、イニシャルから伊賀窯業株式会社が想定される程度で、特定するに至っていない。

38は縦書きで、［岐阜耐火煉瓦合資会社］と刻印されている。したがって、岐阜県内で製造されたものと考えられるが、工場通覧には該当する会社名は見られず、現段階では特定することはできなかった⑱。本来ならば本工場創業当初のものと考えるのが妥当であるが、他の格子目を有する耐火煉瓦の年代を考慮にいれると、それを遡る可能性も完全には拭いさることはできない。この場合、同工場建設前に何らかの施設があったのではないかとも考えられるが、それよりもむしろ、関連会社もしくはその附近の耐火煉瓦製造工場の余剰耐火煉瓦を譲り浮けたと理解した方が妥当かも知れない。

二　小結

赤煉瓦では、明らかに使用状態がわかったのは、わずかに馬入川（相模川）橋梁例だけであった。これは現在でも残っているもので、ＪＲ東海道線の上下線の間に位置し、川の水位が低く、透明度の高い時には容易に確認できるものである。また、場合によっては、関東大震災で倒壊したままの橋脚も確認することができるのである。これは先人の技術を知るうえで貴重な情報を提供するものであり、河川の中ということで保存も難しいが、史跡に指定して永く後世に伝えたいものである。

二次的な利用の例としては、神明前遺跡の煉瓦遺構と古屋敷遺跡の花壇がある。前者は、発掘調査の結果や共伴遺物などから島津別荘に伴うもの、換言すれば明治中期～大正前半に位置するものと考えられる。後者はおそらく、昭和に入ってからの遺構と考えられる。

次に刻印であるが、茅ヶ崎市上ノ町遺跡では実に多種多様な刻印が見られる。出土量が多かったこともその一因であろうが、再利用される以前の姿が非常に気になる。刻印は大きく漢数字一文字ないし二文字、片仮名のみ、片仮名と平仮名、平仮名のみ、片仮名と記号、平仮名と記号、記号のみ、記号と記号の組合せに分けられる。同じように神明前遺跡でも片仮名でイロハ順が確認されており、さらに馬入川例でも認められる。特に馬入川例は形状が普通煉瓦と異なっているにもかかわらず、同様の刻印が施されている。なお、刻印はすべて平の面であるが、位置についてはバラバラで統一性は見られない。

赤煉瓦は、何千、何万個単位で発注されたと考えられ、請負った業者は生産ライン上このような措置をとったのではないかと想像される。一方では、明らかに製造場所を示す刻印も見られる。すなわち、上敷免製などである。また、いわゆる「桜」マークのものもこの範疇に入るだろう。ただ、同じ桜でも一重（第2図3、第3図13）や二重（第2図4）があり、これが製造工場の違い、あるいは年代の違い、または職工や焼成窯の違いを示しているのか、現段階では残念ながら不明である。

資料の計測値について若干述べておく。まず、長さであるが、完形品六点（第2図1・2・7、第3図9・13）は、二三cm以下に集中する傾向が読み取れ、わずかに馬入川例（13）が二二cmを下回る。幅は、九・八～一一・三cmとバラツキが見られるものの、おおよそ次の三つのグループに分類される。すなわち、一〇cm前半に収まる（5・6・

9・10・14）もの、一〇cm中～後半（1・2・7・11～13）のもの、一一cm以上（3・4・8）のものである。また、厚さも同様に、六cm以下（6・7・9～12）、六cm以上（1～5・8・13～14）の二つに分けられるが、前者の6や10は、五・九cmなので、どちらかといえば後者に近く、したがって、厚さにおいては六cm前後のものが大半を占めているといえる。現在のＪＩＳ規格は普通煉瓦が二一〇×一〇〇×六〇mm、ボイラー用が二二五×一〇四×六〇mmであり、図示した資料の数値と比較した場合、合致するのはほとんど無いが、僅かに欠損品である14が普通煉瓦の数値と幅、厚さで合致する。

今後の課題として残るのは、神明前遺跡の12や馬入川の9～12、茅ヶ崎市上ノ町遺跡のような記号だけの資料について、如何に製造工場を明らかにしていくかである。幸いにも、馬入川例は現存し、しかも文献もしっかりしていることや目地やモルタルも附着しており、分析を通して時期や工場を特定していくことができるのではないかと考えている。

耐火煉瓦については、廃材置場や路上での採集品、発掘調査での単品出土などいずれも用途・機能を特定できない状況にあるが、東洋（現東海）カーボン茅ヶ崎工場例は、電極製造のための焼成炉を築くため用いられた（特に33の資料は強い火力により溶けた物質が附着している）ものであることが判明しており、大変貴重である。また、周辺では28～32の資料が単品ではあるが採集されており、同工場との係わりが指摘されるのである。

また、神明前遺跡では、日本耐火工業と刻印された耐火煉瓦と赤煉瓦が接着された状態で出土している。島津別荘は平屋との記録が残っているだけで、如何なる部分に用いられたのか不明であるが、風呂場ないし竈、暖炉等に用いられたのではないかと想像される。

次に刻印であるが、赤煉瓦と同様に平の面に施される。唯一異なるのは、ほぼ中央部に整然とプレスされている点と27及び欠損品である35を除いて、製造工場の名前が記されている点である。このことから、耐火煉瓦は赤煉瓦に比べ、比較的容易に製造工場が判明する場合が多いともいえるのだが、38のように岐阜耐火煉瓦合資会社と記されていても、実際にはなかなか該当する工場が判明しない場合や、22や36などのようにイニシャルになっていて特定できない場合も少なくない。また、仮に製造工場が判明した場合でも、今度は製造時期について問題が生じるわけで、確かに創業年月日はわかるが、その製品がいつ頃造られたものなのか、製品自体からは容易に判定できないのである。使われていたであろう工場の操業記録が必要不可欠であるが、短命の会社や吸収合併して経緯がよくわからない場合など、決して恵まれた環境にあるとはいえず、製造時期については大づかみなものとなってしまうことは否めない。一方では、同じ品川白煉瓦でも、字体が太いものと細いものの両者が見られ、これが工場による相違なのか時期による相違なのか判定しにくいといった問題もある。今後の課題としてあげておく。この他、刻印には耐火度を示す［ＳＫ］も何点か見られる。また、［ＡＦ］［ＴＨ］［Ｎ―２］など直接製品名と思われる記号が刻印されているものもある。さらには、格子目状の模様が見られる（第5～7図16～18・20・26・28・38）ものもある。⑲

耐火煉瓦の計測値であるが、長さは二二～二三cmの範疇に入るものがほとんどであり、幅は25を除けば、一〇・八～一一・六cmに収まる。ただ、厚さは17や21（共に品川白煉瓦の製品）のように七cmを超えるものや、16・26のように六cmに満たないものなど非常にバラツキがある。

これは当然、製造時期の相違も絡むものと考えられる。一九二五年（大正一四）告示された日本標準規格［ＪＥＳ］によれば、並形の標準寸法は二一五×一一五×六五となっている。そして問題が多いとの理由で、一九四二年（昭和一七）には二三〇×一一四×六五㎜となった。紹介した資料において、先の日本標準規格に合致するものはないが、改正された数値にはほぼ合致するものとしては、30と36がある。特に30は製造会社が判明しており、しかも製品番号から、一九五一年（昭和二六）以降の製品と言われているものであるが、この事実が計測値からもある程度裏付けられたともいえるのである。

一九二三年（大正一二）、耐火規格統一調査によれば、並形の寸法は一様ではなかったことが知られている。いわゆる「東京型」は七・五×三・六×二寸であり、およそ二二七×一〇九×六〇㎜と考えられるが、19の資料はほぼ合致する計測値を示し、欠損品である20・22～24もそれに近いもので、この点に限っていえば、製造時期は大正一二年前後の年代を与えることができよう。

今後の課題としては、製造工場と製造時期の特定があげられる。そして不可能かも知れないが、刻印から製造時期を判定する方法の開発も必要ではないかと考えるのである。いずれにしても、耐火煉瓦も赤煉瓦同様、単品では役目を果たさないものであり、過去の記録に従い、計画的に発掘調査を行うこともこれから多いに実施すべきであろう。

おわりに

赤煉瓦と耐火煉瓦は同じ煉瓦でありながら、その派生が全く異なること、用途・機能が違うことなどから、使用される部位が必然的に違うわけである。しかしながら、現代に至るまで多くの人々の試行錯誤の繰り返しにより、品質の向上、製品の多様化に伴う生産技術の躍進などが図られたことは疑いの無い事実である。我々が発掘調査で扱う機会の多い土器や石器もまさしく同じ道を歩んできたものと考えられる。耐火煉瓦はどちらかといえば化学分野に属し、赤煉瓦は建築分野に属するものと考えられるが、発掘調査で得られた場合は遺構・遺物として扱われる。

ゆえに考古学的手法を用いて解決しようとするわけである。つまり、計測値とか重量、刻印などを利用して何とか年代を出そうとするわけであるが、どうもうまくいかない。やはり、その背景にある人と社会の動向を把握することが必要不可欠であると考える。今回の小報では、資料に目が向き、残念ながらそうした点も含めての言及ができなかった。なお、平塚・茅ヶ崎両市の資料は立正大学学生伊東崇君が寸暇を惜しんで採集されたものであることを明記しておきたい。

註

（1）水野信太郎　一九八九「前橋刑務所外塀の桜花章刻印煉瓦」『日本建築学会大会学術講演概要集』九〇四七
（2）日本煉瓦製造株式会社会長金子祐正氏のご教示による。
（3）日本煉瓦製造株式会社社史編集委員会編　一九九〇『日本煉瓦一〇〇年史』
（4）平塚市史編纂室　一九八七『平塚市史五　資料編近代（一）』
（5）守田久盛・高島　通　一九八八『鉄道路線変せん史探訪』
（6）鈴木一男　一九九二「神奈川県大磯町西小磯採集の耐火煉瓦について」『史峰』第一七号

(7)　水野信太郎氏のご教示による。
(8)　高萩市在住の落合 裕氏のご教示による。
(9)　品川白煉瓦株式会社編　一九七六『創業一〇〇年史』
(10)　品川白煉瓦株式会社技術部（市川氏）のご教示による。
(11)　宮沢聡ほか　一九八八『新井三丁目遺跡発掘調査報告書』本文編
(12)　大竹憲治　一九八九「東京都新井三丁目遺跡出土耐火煉瓦の生産工場」『考古学ジャーナル』第三〇九号
(13)　富永富士雄・大村浩司　一九八六「宮ノ越遺跡」『茅ヶ崎市文化財資料集』第一〇集
(14)　イソライト工業株式会社のご教示による。
(15)　前掲（13）に同じ。
(16)　大阪窯業株式会社（現株式会社ヨウタイ）のご教示による。
(17)　東海カーボン株式会社　一九九三『東海カーボン七五年史』
(18)　その後の調査で、岐阜耐火煉瓦合資会社は、一九三七年（昭和一二）発足、一九四六年（昭和二一）岐阜窯業合資会社となり、一九五九年（昭和三四）岐阜窯業株式会社となったことが明らかになった。
(19)　水野信太郎氏のご教示によれば、確かに耐火煉瓦は熱に耐えるが、接着剤である目地材料が熱でやられてしまう。そこで目地材料を限りなくゼロに近づける（眠り目地）のだが、そうすると接着が弱くなるため、格子目状の模様をつけるということである。

赤煉瓦・耐火煉瓦一覧表

（単位：cm）

No.	出土・採集地点	計測値	刻　印	備　考
1	大磯町神明前遺跡	22.9 × 10.4 × 6.0	×その他2箇所あり	煉瓦遺構を構成
2	大磯町神明前遺跡	22.8 × 10.5 × 6.1	△ハ	煉瓦遺構を構成
3	大磯町神明前遺跡	〈11.0〉× 11.3 × 6.2	桜マーク（一重）	
4	大磯町神明前遺跡	〈8.7〉× 11.0 × 6.1	桜マーク（二重）	
5	大磯町西小磯辻端	〈15.0〉× 10.2 × 6.2	日本（右より横書）	立正大学採集
6	大磯町西小磯辻端	〈16.5〉× 10.2 × 5.9	日本（縦書）	立正大学採集
7	大磯町大磯小学校遺跡	23.0 × 10.8 × 5.6	上敷免製（右より横書）	
8	大磯町古屋敷遺跡	23.0 × 11.0 × 6.0	上敷免製（右より横書）	1号花壇を構成
9	平塚市馬入川橋梁	22.8 × 10.0 × 5.5	Y　その他1箇所あり	伊東崇氏採集
10	平塚市馬入川橋梁	〈14.2〉× 9.8 × 5.9	ハ　三	伊東崇氏採集
11	平塚市馬入川橋梁	〈16.0〉× 10.6 × 5.6	ラ　三	伊東崇氏採集
12	平塚市馬入川橋梁	〈18.7〉× 10.6 × 5.5	ニ　→	伊東崇氏採集
13	平塚市馬入川橋梁	21.5 × 10.6 × 6.0	桜マーク（一重）	伊東崇氏採集
14	平塚市馬入川河川敷	〈18.0〉× 10.0 × 6.0	日本（縦書）	伊東崇氏採集
15	大磯町西小磯宮上	22.9 × 11.3 × 5.6	MIE　SK34	立正大学採集
16	大磯町西小磯宮上	〈16.8〉× 10.0 × 5.7	NT NIHONTAIKAKOGYO	立正大学採集
17	大磯町西小磯宮上	22.6 × 11.3 × 7.3	S.S　SHINAGAWA	立正大学採集
18	大磯町西小磯宮上	22.8 × 11.1 × 5.8	MINO-YOGYO Ltd	立正大学採集
19	大磯町西小磯宮上	22.6 × 10.8 × 6.1	K◎B	立正大学採集
20	大磯町神明前遺跡	〈19.7〉× 11.0 × 5.9	NT NIHONTAIKAKOGYO	
21	大磯町西小磯宮上	22.7 × 10.8 × 7.0	S.S　AF	立正大学採集
22	大磯町西小磯塚越	〈15.5〉× 11.0 × 6.1	TR	郷土資料館採集
23	大磯町西小磯塚越	〈14.0〉× 11.0 × 6.0	YT	郷土資料館採集
24	大磯町西小磯塚越	〈21.6〉× 10.8 × 5.9	K◎B YS	郷土資料館採集
25	大磯町大磯小学校遺跡	〈20.4〉× 12.8 × 7.0	NKRO か　TH	
26	大磯町国府本郷大畑	22.6 × 11.0 × 5.8	IWAKI◇RENGA	立正大学採集
27	平塚市馬入川河川敷	22.5 × 11.0 × 6.8	○（マーク）SK34	伊東崇氏採集
28	茅ヶ崎市鶴嶺八幡宮参道	〈10.2〉× 11.2 × 6.3	□□ F. B.	伊東崇氏採集
29	茅ヶ崎市宮ノ腰遺跡	〈19.8〉× 11.6 × 6.6	OYTC	
30	茅ヶ崎市円蔵	23.0 × 11.5 × 6.4	JISマーク　ISOLITE N-2	伊東崇氏採集
31	茅ヶ崎市円蔵	22.5 × 10.5 × 5.8	ART	伊東崇氏採集
32	茅ヶ崎市矢畑	23.0 × 11.6 × 6.3	Y1 SK34 OYK	伊東崇氏採集
33	茅ヶ崎市東海カーボン	23.0 × 10.6 × 6.5	OYTC か　A SK32	伊東崇氏採集
34	茅ヶ崎市東海カーボン	22.8 × 11.0 × 5.6	YK	伊東崇氏採集
35	茅ヶ崎市東海カーボン	〈11.5〉× 11.8 × 6.0	S.□□	伊東崇氏採集
36	茅ヶ崎市東海カーボン	23.0 × 11.5 × 6.5	IYK　F　SK33	伊東崇氏採集
37	茅ヶ崎市東海カーボン	23.0 × 11.0 × 6.0	IYK　R　SK33	伊東崇氏採集
38	茅ヶ崎市東海カーボン	23.0 × 11.0 × 6.2	岐阜耐火煉瓦合資会社	伊東崇氏採集

海内第一避暑地の煉瓦構造物

はじめに

神奈川県のほぼ中央部、相模湾に面する大磯町は東西約七km、南北約二・五km、総面積一七km²の小さな町である。大磯の名を一躍有名にしたのは、日本国内で早い時期に海水浴場を開設したことに伴い、明治～大正・昭和初期にかけて政財界人が競って別荘を設けたことによるが、その数は二〇〇軒以上にのぼる[1]。前面に海、背後には大磯丘陵が横走し、一年を通して比較的温暖であるという地理的な好条件に加え、鉄道の延線による一八八七年（明治二〇）の大磯駅の開設が最大の要因となり、飛躍的な発展を遂げた。

しかし、一九二三年（大正一二）に発生した関東大震災により、大磯町はかなりの被害を被った。このような別荘建築も大打撃を受けたが、それでも建て直された別荘は少なくない[2]。

広大な敷地は以後も変わりなく維持されてきたが、その間、所有権は個人から個人へ、あるいは個人から企業へと移り変わり、バブル崩壊後の景気低迷に伴って建物は解体され、土地は細かく切り売りされたり、高層住宅へと変化した。

こうした別荘が建ち並ぶ一帯は、ほとんどがいわゆる「周知の遺跡」となっていないため、無条件に近い形で開発行為が行われてきたが、一九九二年、大磯駅前の旧島津忠寛（旧佐土原藩主・貴族院議員）邸の発掘調査では[3]、縄文～古墳時代の遺構・遺物の他、別荘に伴う土坑や煉瓦を用いた施設、土管を用いた導水施設等の遺構（第1図）や汽車土瓶をはじめとする遺物が検出され、今まで余り知られていなかった近代史の一端が明らかになった。これを契機に、その後、機会あるごとに事前調査を行う等万全とはいえないが、資料の蓄積を図ってきた。ここに紹介する資料は、そうして得られた成果の一部である。

第1図　旧島津邸の煉瓦施設

一　別荘建築の変遷

大磯の地は東海道五十三次の宿場として栄えたが、一八六七年（慶応三）の大政奉還によって江戸幕府から明治新政府へと政権が移った後、一八七二年（明治五）宿駅制度が廃止され、さらに翌一八七三年（明治六）には町の中心部を焼失する大火等により完全に息の根を止められた。

しかし、一八八五年（明治一八）初代軍医総監松本順が海水浴場として大磯の照ヶ崎海岸を紹介、一八八七年（明治二〇）には横浜〜国府津間の鉄道が開通すると、療養を兼ねた避暑地として、あるいは避寒地として一躍その名が知られることになり、同年山縣有朋が別荘を構えたのを嚆矢とし、一時は「大磯で閣議が開ける」といわれるほど多くの要人が別荘を設けた。一八八八年（明治二一）発行の『相陽大磯駅全圖』には九軒、一八九一年（明治二四）の『相模大磯全圖』には二八軒、一八九四年（明治二七）の『神奈川縣大磯明細圖』には四七軒の別荘が記載されており（第2図）、昭和初期までに二〇〇軒を数えるまでに増加した。

ところで、建築学的見地から大磯の別荘を調査された稲葉和也によれば、およそⅢ期に大別できるという[4]。すなわち、第Ⅰ期は明治中期〜後期にかけての頃で、駅の周辺や海浜部など景観が良い場所が選ばれ、広い敷地に建物は当初小さかったが、やがて洋館部と和館部を別にした大邸宅型別荘が登場する。この時期、別荘を構えた人物は、前出の山縣有朋（公爵・元帥）、伊藤博文（内閣総理大臣）、鍋島直大（侯爵・貴族院議員）、樺山資紀（海軍大臣）、山ノ内豊景（貴族院議員）など薩摩や長州、土佐といった明治維新の遂行に尽力のあった高級官僚や三井高棟（三井財閥）、岩崎弥之助（三菱財閥）、有村国彦（実業家）など財閥資本家であり、建物のプランも接客を考えたものとなっている。官僚・財閥型別荘として捉えることも可能である。

第Ⅱ期は、明治期末から一九二三年（大正一二）［関東大震災］までの時期で、大正デモクラシーの影響もあって、実業家や商店主、会社役員などが別荘を構えた。主な人物としては、木村孝太郎（廻米問屋）、小林弥太郎（株式会社ライオン社長）、園田幸吉（川崎銀行頭取）、中橋徳五郎（大阪商船会社社長）、八十島親徳（品川白煉瓦会社取締役）等で、実業家型別荘ともいえる。この時期の建物は、大部分が取り壊されていて規模や様式が不明の点が多いが、五〇〜六〇坪程度の中規模な洋風住宅が多くみられ、プライバシーを重視した家族本位の別荘となっていたようである。

第Ⅲ期は、一九二三年（大正一二）から一九四五年（昭和二〇）までの時期で、震災により一時避難していた人達がそのまま移り住むようになったり、一般庶民の間でも別荘を構える人達が出始めたが、同時に安田靫彦（日本画家）や中村吉右衛門（歌舞伎役者）、島崎藤村（作家）などの文化人も多く住むようになり、急激に別荘が増えた。全体的には、屋敷の規模や建物も以前と比べると非常に小さくなっており、中規模あるいは小規模な和風住宅が多くみられる。

第Ⅰ期や第Ⅱ期の別荘の型式からいえば、この第Ⅲ期の別荘は庶民派型別荘といえる。

第Ⅰ期〜第Ⅲ期の別荘を通じて共通することは、限られた場所に集中している点である。すなわち、臨海部に位置し、後方に小高い丘や山を配する自然の景観に恵まれた環境の良い場所が選ばれていたわけ

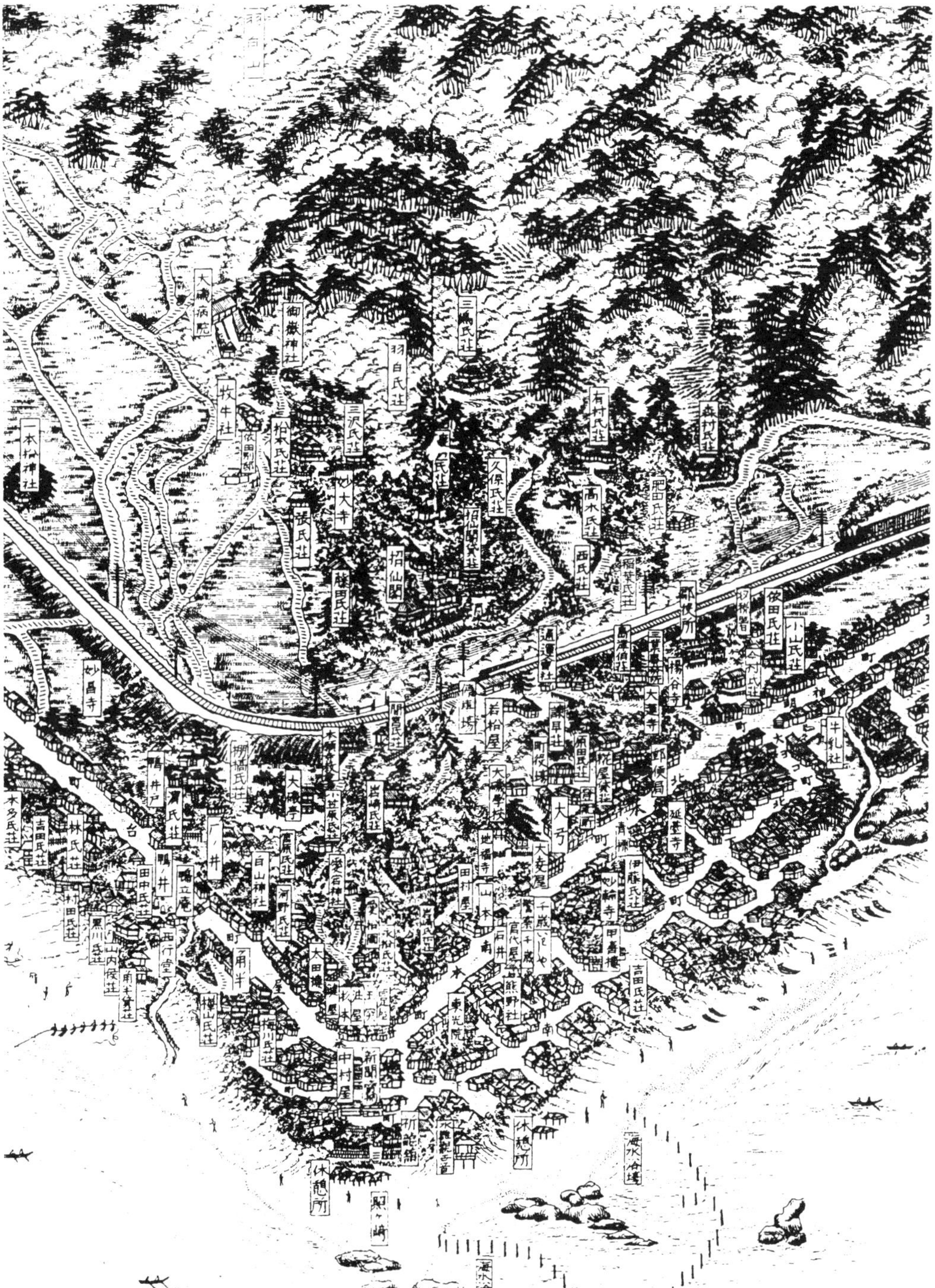

第２図　神奈川縣大磯明細全圖（1894、部分）

第３図　煉瓦採集地点（「大磯町全図」1995 より作成）

である。一九〇八年（明治四一）には、日本新聞社が公募した優良避暑地において第一位に選ばれ、『海内第一避暑地』と称せられたことも、以後の別荘建築ラッシュに拍車をかけたものと考えられる。[5]

このように大磯町の近代別荘建築は、「海水浴」という日本古来の湯治の伝統と西洋の公衆衛生学に基づく海水浴の概念を融合させた画期的な「病気治療」の一手法とともに発達したわけであるが、海水浴が別荘客を中心とする一部上流階級の人々だけでなく、日帰りの手軽なレジャーとして大衆化するにつれて、次第に衰退していった。[6]

二　遺構・遺物の紹介

ここに紹介する資料は一九九五～九七年にかけて第３図に示した地点において調査・採集された遺物で、具体的には煉瓦塀及び暖炉、煙突等に用いられた赤煉瓦と耐火煉瓦である。

旧細田邸煉瓦塀

大磯町大磯一三〇二番地に一部現存するものである。細田邸の主、細田安兵衛氏は菓子商で、榮太楼本舗主。東京市日本橋区西河岸町一番地に住所を有し、一九〇五年（明治三八）に大磯の土地を購入し、別荘を建てている。[7]別荘の規模・内容は不明であるが、一九四三年（昭和一八）まで所有していたことが判明している。敷地の面積はおよそ一四〇坪ほどである。

問題の煉瓦塀は、当初は別荘を取り囲むように構築されていたものと考えられるが、現状では東・西の部分だけが残っていた。このうち東側部分が駐車場建設に際して取り壊された。長さ約二五ｍ、高さ二・五ｍ、積み方はイギリス積みである。

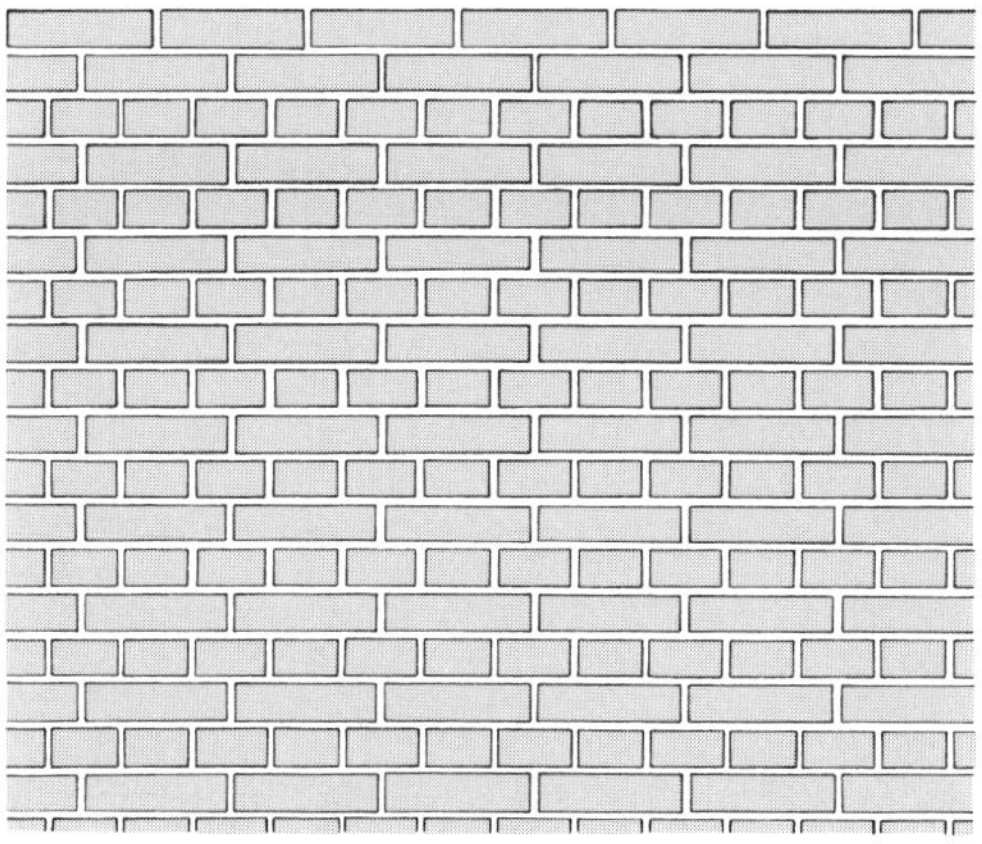

第５図　旧細田邸煉瓦塀組積模式図

第４図　旧細田邸煉瓦塀（北東→）

一九九五年にその存在が明らかになり、同年中に何回か写真撮影を行うとともに、採集にも努め記録に残した（第４・５図）が、翌一九九六年四月に取り壊された。紹介する資料（第６図）はその際に採集したものである。なお、機械により取り壊されたため、繋がったままの資料がほとんどであったが、完形に近く、なおかつ刻印を有するものを選抜して図示した。

資料はすべて型枠による手抜き成形である。形状は、1と4の資料がいわゆる「七五」と呼ばれるもので、他は「オマナ」と呼ばれる普通煉瓦である。前者は、元々手抜き成形で製造されたものではなく、普通煉瓦を職人が現場で必要に応じて「七五」状態にしたものである。

長手寸法は二二五～二二八㎜と比較的まとまっている傾向にあるものの、小口幅は一〇五～一一〇㎜、厚さ五八～六二㎜とややバラツキがみられる。

刻印はすべて平の面に施されている。1は〇の中に「サ」、2は1と同様の刻印と更に〇が二つみられるが、〇の中の文字はやや不鮮明で読み取ることができない。

また3・4は2と類似するものの、〇に「サ」ではなく、へに「サ」の刻印がみられる。

5や6の資料には、四角を二つ並べたようなものがみられる。7の資料は、一見すると縦書きで「十二」とも読めるが、実際には漢数字の「十」ではなく、「+」あるいは十字と考えられる。

旧曽根田邸煉瓦塀

大磯町東小磯三九一番地に所在したもので、一九九五年に隣接する樺山邸試掘調査の際に、取り壊される事を知り、調査したものである。煉瓦塀の長さは約二八ｍ、高さ一・七ｍを測り、積み方は長手積で、部分的に小口面を縦方向に積んでいる箇所がある（第７・８図）。第10図は、調査後取り壊された際に採集したものである。

曽根田氏は、一九五四年（昭和二九）に土地を取得しており、以前の所有者は土地台帳では塩田泰助氏の名前がみえる。塩田氏は東京市小石川区丸山町三番地に居住し、一九一九年（大正八）～一九二二年（大正一一）にかけてこの土地を取得し、別荘を建築したことが知られている。[8] 敷地面積は約三五〇坪である。

第10図8～10は機械成形で、8は長手寸法は二二一㎜、11は型枠による手抜き成形煉瓦で、長手寸法は二三〇㎜を越す。小口幅も同様の

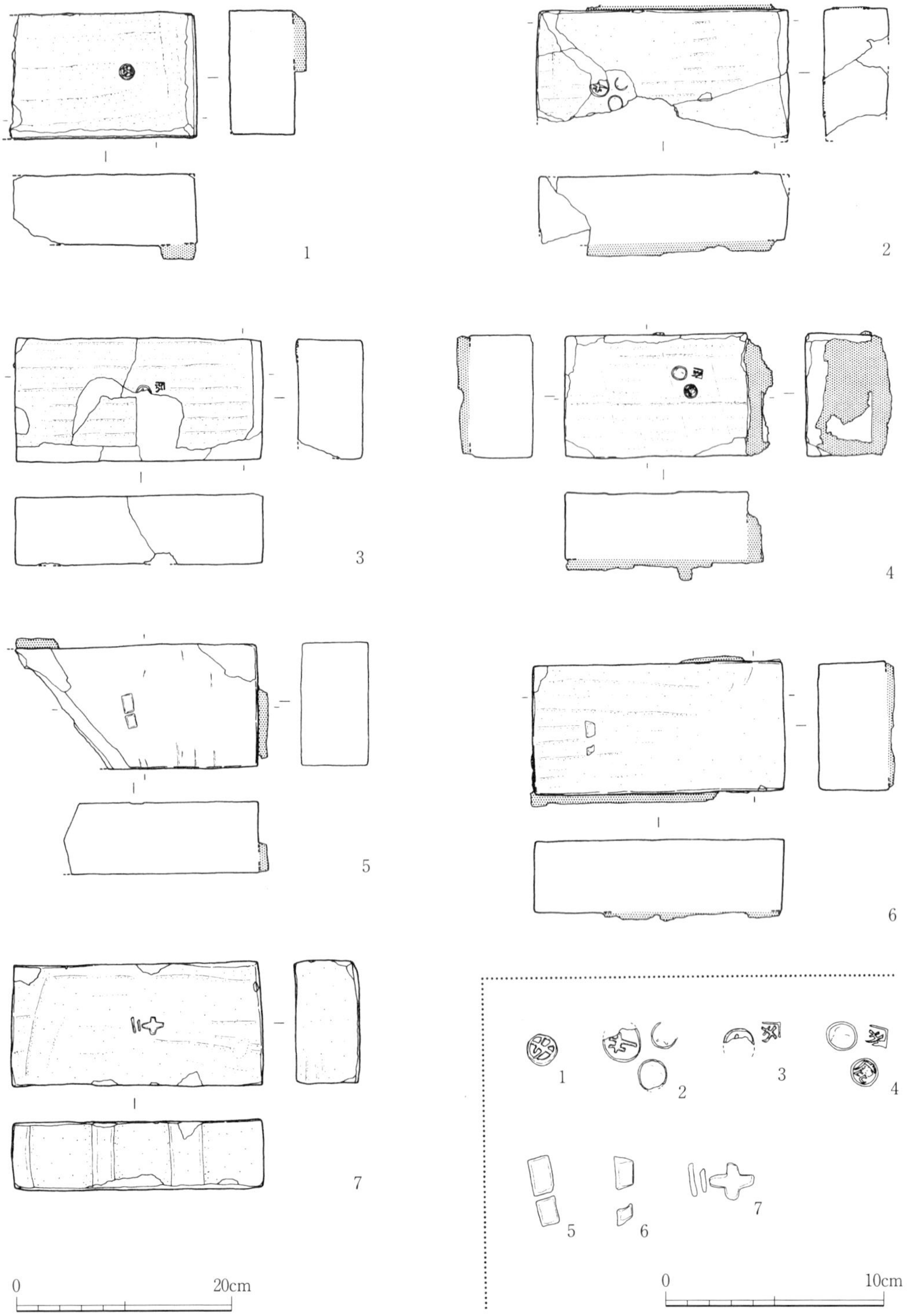

第6図　旧細田邸採集煉瓦

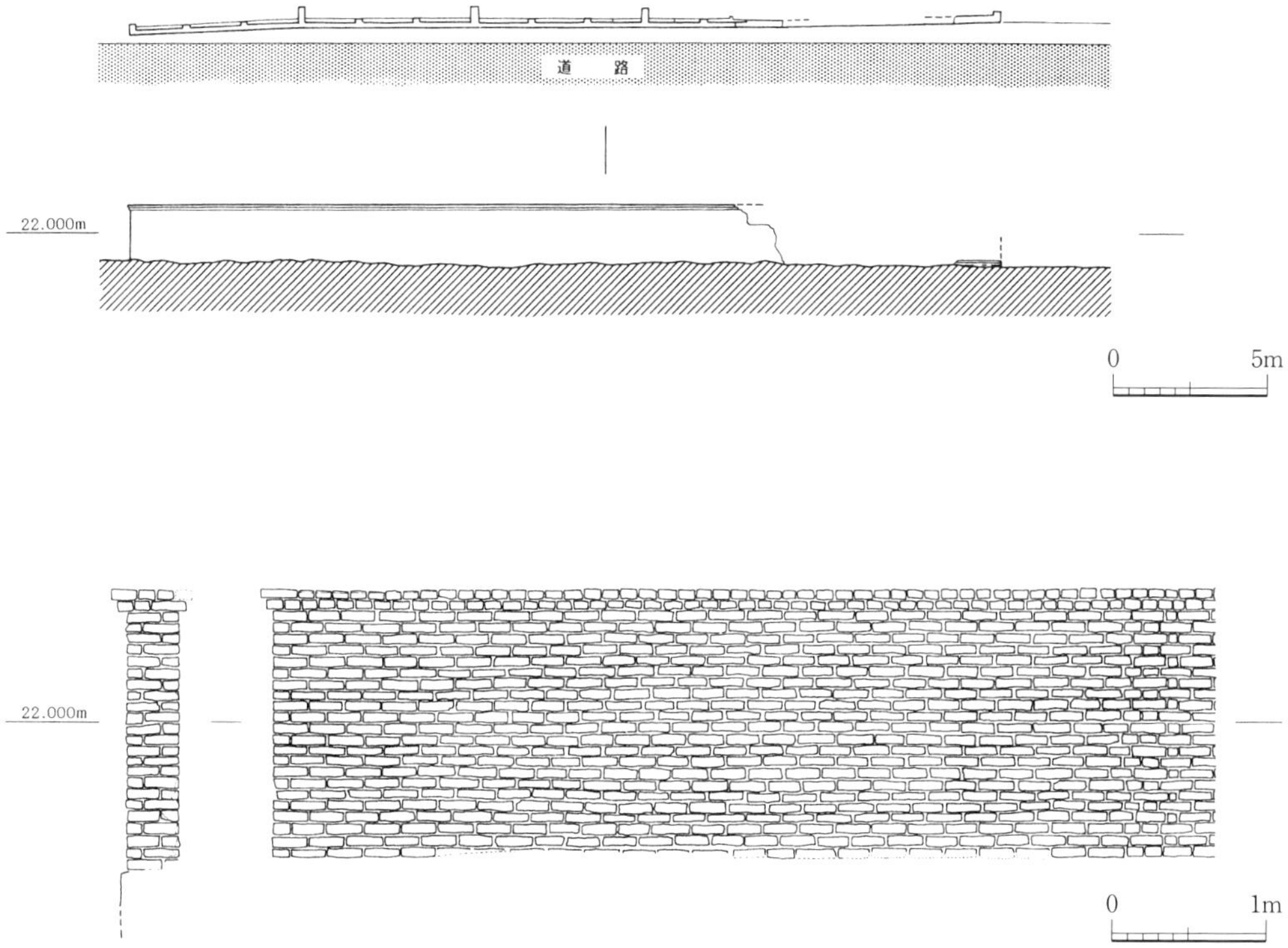

第7図　旧曽根田邸煉瓦塀実測図

傾向が認められ、手抜き成形の煉瓦の方がやや大ぶりである。一方、厚さは拓本で刻印のみ示した12が五四㎜と最も薄く、13が六四㎜と最も厚い。

刻印はすべて平の面に施されている。8~10には「+」の刻印がみられ、共通性が読み取れる。また、拓本で示した資料のうち12にもそれに近い刻印が施されている。更に13には三日月状、14には△、15には上敷免製の刻印がみられる。この15は厳密には煉瓦塀に伴うものではなく、附設された階段（第9図）に用いられていたものである。

旧加藤邸煙突・暖炉

大磯町東小磯八二番地に所在したもので、一九九七年マンション建設に際して敷地全体が発掘調査され、縄文土器や古墳時代後期~平安時代の竪穴住居址が検出された。第12図は、発掘調査前の建物解体（第16図）に伴う資料である[9]。

加藤氏は一九三八年（昭和一三）に土地を取得しているが、約二五〇〇㎡の敷地には和館と洋館が建っていた（第11図）。洋館（第13図）からは一九四四年（昭和一九）の棟札が発見されている。

暖炉と煙突は洋館に付随するものである。和館は建築年代がはっきりしないが、少なくとも洋館よりは古いようである。

出土・採集された資料には赤煉瓦と耐火煉瓦があるが、前者は暖炉外部・煙突、後者は暖炉内部（第14図）に用いられていたものである。

赤煉瓦は、機械成形（第12図16~18）と手抜き成形（同図19）のものがあり、後者は、試掘坑からの出土である[10]。第12図17・18は長手面と小口面に引っ掻き疵のような沈線が施されている。簾煉瓦あるいはスクラッチタイルと呼ばれるものに該当するようであり、同じ機械成形の16よりも大ぶりで、長手寸法も二二〇㎜前後である。小口幅は、16

第９図　旧曽根田邸階段部分（南東→）

第８図　旧曽根田邸煉瓦塀（北東→）

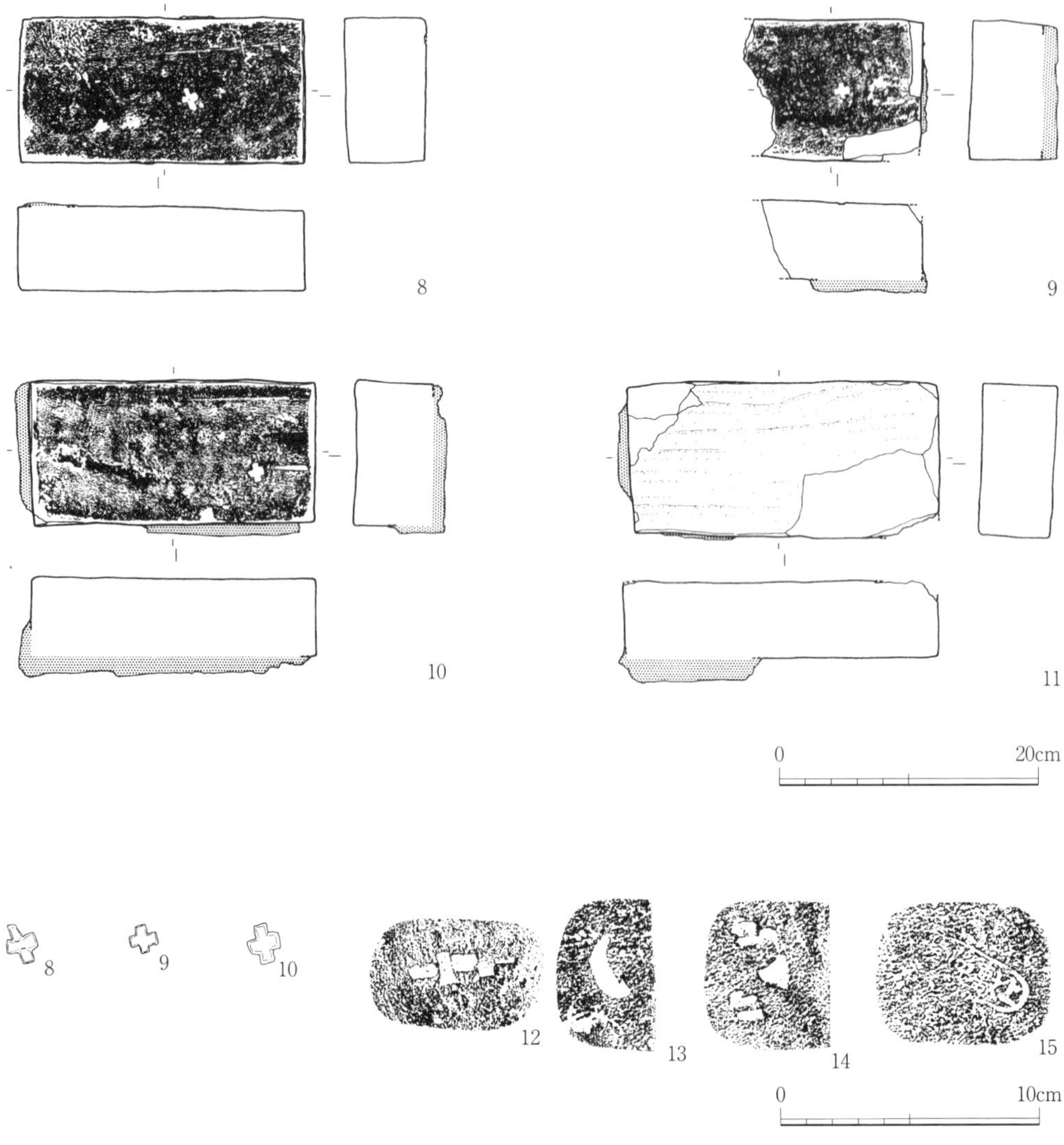

第10図　旧曽根田邸採集煉瓦

第11図　旧加藤邸平面図（1/500）

を除くと一一〇㎜に近い数値であり、厚さも六〇㎜を超える。刻印は、わずかに第12図16に楕円区画内に「上敷免製」と施されているだけである。

一方耐火煉瓦は、20と21が暖炉壁、22が底部分に用いられていたもので、22は欠損品であるが、長手寸法、小口幅、厚さともほぼ同様の規格を有するものと判断される。三点とも平の面は格子目状を呈している。刻印は縦書で「三石耐火煉瓦株式會社」、その右横に社印のようなマークがプレスされているが、底に敷かれた22には刻印が施されていない。

三　まとめと課題

近年調査・採集した煉瓦について、その概略を記したが、ここでは煉瓦及び煉瓦構造物について若干の検討を加え、まとめとしたい。

まず、旧細田邸の赤煉瓦の時期であるが、若干の差異はあるものの、寸法として二三〇㎜×一一〇㎜×六〇㎜に近い数値を示す。一九二五年（大正一四）に公布された日本標準規格（JES）及び一九五一年（昭和二六）の日本工業規格（JIS）による寸法（二一〇㎜×一一〇㎜×六〇㎜）とは長手寸法において相違が認められる。また、一九〇二年（明治三五）頃の日本煉瓦製造の寸法(11)（二二七㎜×一〇九㎜×六〇・六㎜）及び一九〇五年（明治三八）の東京形煉瓦

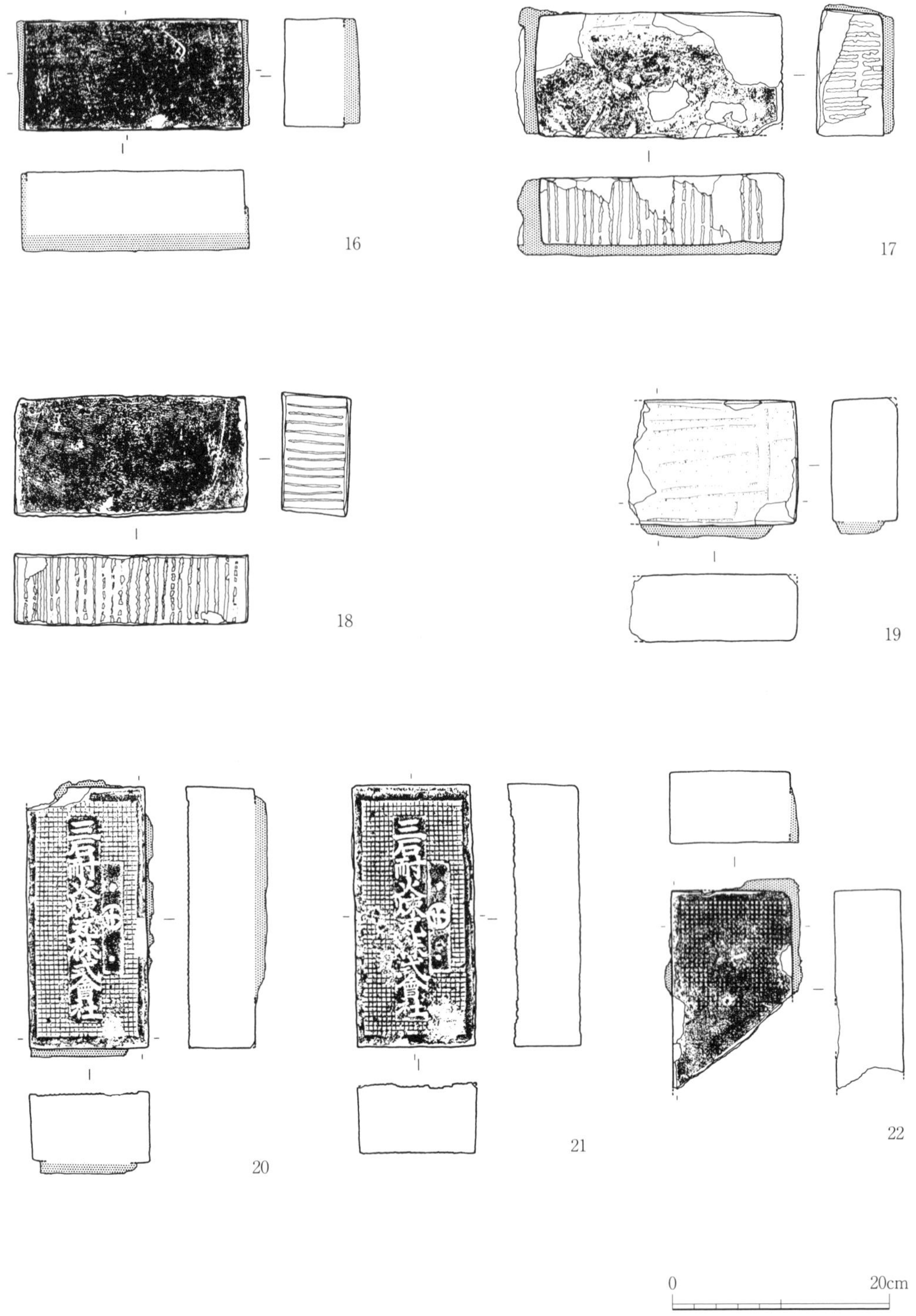

第12図　旧加藤邸採集煉瓦

第13図　旧加藤邸洋館（南東→）

第14図　旧加藤邸暖炉（南→）

第15図　旧加藤邸煙突基部（北東→）

第16図　旧加藤邸暖炉・煙突
（解体時／南東→）

寸法[12]（二二七・三㎜×一〇九・一㎜×六〇・六㎜）とは厚さにおいて相違がみられる。

つまり、小口幅を除くと厚さは大正末期以降に、長手寸法は明治期後半以降の数値に各々限りなく近くなり、計測値から単純に時期を特定することは困難といわざるを得ない。成形はすべて型枠による手抜き成形で、技法の面では一見すると古くみえるが、明治期半ば以後普及した機械成形以後も手抜き成形は少なからず存続しており、技法の面からの時期決定も必ずしも容易ではない[13]。

旧細田邸の煉瓦には平の面に刻印がみられる。こうした刻印から製造場所や製造時期が判明する場合も少なくない。例えば、函館製造煉瓦には小口に製造場所と製造年があり[14]、日本煉瓦製造株式会社の製品には[15]、上敷免製あるいは日本、また小菅集治監製造の煉瓦には桜マークの刻印がみられる[16]。本資料では〇の中に片仮名で「サ」（第6図1・2）、あるいは∧の下に同じく片仮名で「サ」（第6図3・4）と刻印されているものがみられる。

さらに両者には〇が二つ付属するものがあるが、内部の文字はかなり摩滅しており残念ながら読み取ることができず、結局のところ現状では製造場所を特定することはできない。ただ、東京都仙台坂遺跡[17]では○の中に平仮名の「さ」、∧の下に平仮名の「さ」が、富岡製糸場[18]では∧の下に片仮名の「ニ」がみられる。

過去に収録された聞き取り調査によれば、一九〇二年（明治三五）生まれの話者は、子どもの頃の記憶としてこの煉瓦塀の存在を覚えており、別な話者は、細田邸の東隣が風呂屋であったため、火災除けに煉瓦塀を造ったことを伝え聞いているという。塀としては、高さが異常に高いのは、前記した風呂屋との関係からかも知れない[19]。これらの話からすると、少なくとも大正初期には煉瓦塀があったものと推測され、一九〇五年（明治三八）に土地を購入し、別荘を建てたことを考慮すれば、使用された煉瓦も明治期末に製造された可能性が出てくる。

積み方については、イギリス積みであることは先に述べた。しかし、採集品を観察すると「オナマ」を加工して「七五」の煉瓦にしているもの（第6図1・4）があり、オランダ積の可能性も否定できない。オランダ積はイギリス積より遅れて一般化した積み方といわれているが、出隅部の処理の仕方に相違があるだけであり、「七五追出しイギリス積」[20]と呼んでイギリス積の範疇に含まれることが多い。この煉瓦塀が仮にオランダ積とした場合、明治二〇年代以降主流を占めていたイギリス積に後続する積み方と理解すれば、先に想定した煉瓦の製造時期ともそう違和感がないようにも思える[21]。また、現状で先端に近いと考えられる部分は、目地がきれいに処理されているが、そこから塀の中央部にかけてはセメントモルタルが外側にはみ出し、見た目にも荒い仕上げになっており、明らかに積み直した形跡が認められる。このような大規模な積み直しは、関東大震災による煉瓦塀の一部倒壊に伴うものではないかとも想像されるが、確認するに至っていない[22]。

次に旧曽根田邸の煉瓦（第10図）であるが、第10図11を除く七点は平の面が縮緬状を呈する「機械成形」という点で共通しているので、少なくとも一八八七年（明治二〇）以降の製品であることがうかがえる。寸法からも旧細田邸の手抜き成形煉瓦とほぼ同じ内容ながら、幾分小ぶりな感じがする。刻印は、十字、四角の連続、三日月状、三角等がみられたが、これらは形全体が窪んでおり、焼成前にそうした工具により押圧して施されたものである。当然こうした刻印から製造場所および製造時期を特定することは困難であるが、同様の例は大磯町神明前遺跡[23]や茅ヶ崎市上ノ町・広町遺跡[24]でも確認されており、伴出遺物等から明治期後半〜大正期とやや幅をもった時期が想定されている。

唯一製造場所を特定できる資料が第10図15で、平の面に上敷免製の刻印が施されている。これは、埼玉県榛沢郡上敷免村（現深谷市）にある日本煉瓦製造株式会社の製品にみられるものである。ちなみに、同社は一八八七年（明治二〇）、渋沢栄一、益田孝ら財界人によって設立され、ドイツ人煉瓦技師ナスチェンテス・チーゼ（Carlos Ildefonso Nascentes Ziese）の指導のもと操業を開始し、一八八九年（明治二二）に完成した上敷免工場は、ホフマン式輪窯三基を有する我が国初の機械成形煉瓦工場であった[25]。上敷免製の刻印は、少なくとも「日煉」や「日本」といった刻印が登場する前段階と考えられ、一八八九年（明治二二）以降大正期初めあたりまで付けられていたものと考えられる。問題なのは、この煉瓦が塀ではなく、塀に附設された階段部分にあったため、確実に塀の構築時期を決定づける資料とはならない点である。

積み方は、「長手積」と呼ばれているもので、最も単純な組積法であり、断面方向はすべて「芋目地」となってしまうため、構造部材の

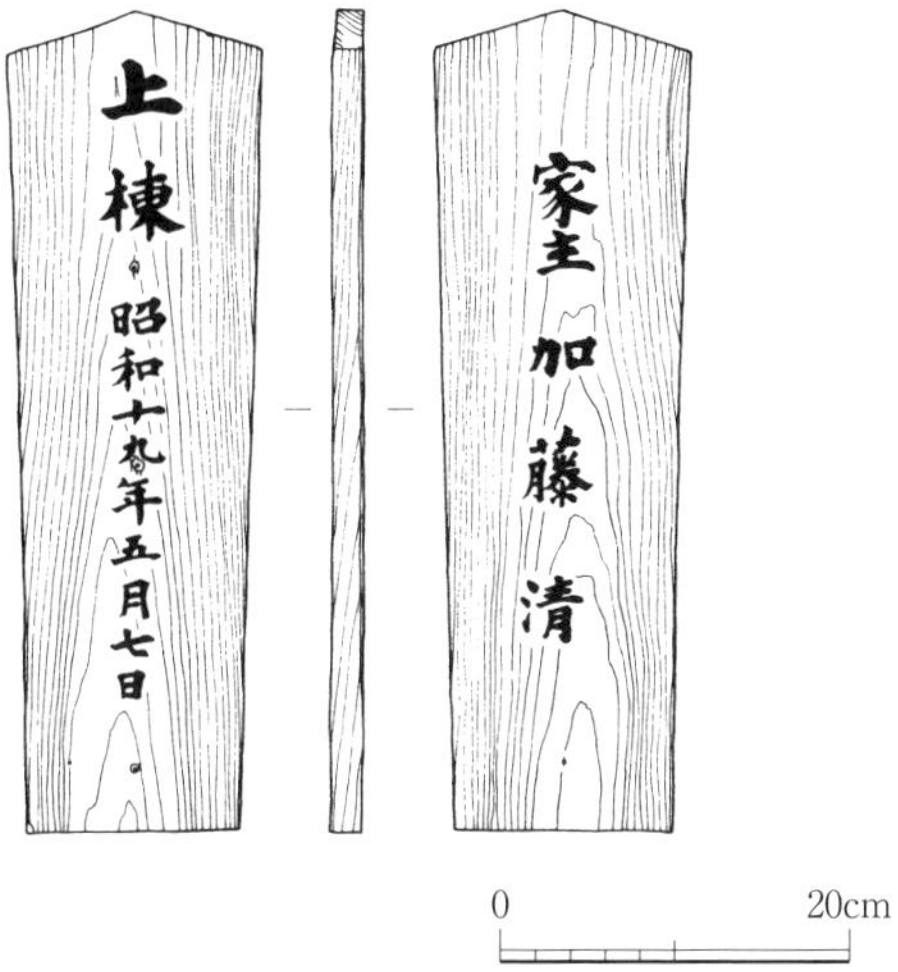

第17図　旧加藤邸の棟札

積み方としては適当ではないとされた組積法である。確かに、関東大震災前まではイギリス積が主流をなしていたが、単純な塀等は施主や施工者の意向が強く反映したものと考えられ、その結果が長手積に結び付いたとも考えられる。附近の方の話では、この煉瓦塀は関東大震災の時には存在していたらしく、そのまま信用すれば、一九二三年(大正一二)以前の構築となる。元々の所有者である塩田氏は、一九一九年(大正八)頃から土地を購入して別荘を建てており、一九二五年(大正一五)の「大磯町各別荘所有者調」(26)にも同氏の名前がみえる。塩田氏の前には隈本栄一郎氏の名前がみえる。隈本氏は実業家で、東京市芝区芝公園第一七号三(後、同区三田小山町一番地に転居)に居住し、農場や缶詰工場を経営していたといわれており、一九〇〇年(明治三三)頃から大磯の土地を買収しはじめて、最盛期には四万二〇〇〇坪以上を所有していたが、自らも東小磯二一八番地に別荘を構えていた記録が残っている(27)。したがって、第10図11の手抜き成形煉瓦と上敷免製煉瓦の存在が気になるところであるが、隈本氏時代の所産とするにはいささか無理があるので、一応ここでは塩田氏時代、つまり一九一九年(大正八)～一九二二年(大正一一)に構築されたものとしておく。

最後に加藤邸の煉瓦である。洋館の建築年代は、発見された棟札より一九四四年(昭和一九)であることがわかっている(第17図)。したがって、暖炉や煙突に用いられた煉瓦もそれ以前の製品であると結論づけられる。ただ、第12図16の資料には上敷免製の刻印がみられ、刻印だけで判断すれば時代にズレが生じる。つまり、上敷免製の刻印は明治期中頃以後大正期初めあたりまで使用してたと考えられ、一九四四年(昭和一九)という年代には、「日本」という刻印が施された煉瓦が出回っていたはずである(28)。ちなみに、寸法は他の場所から発見されたものや旧曽根田邸の資料、あるいはＪＥＳ規格と比較しても小ぶりである。また、煉瓦市況は日華事変勃発の一九三九年(昭和一二)からほんの数年間、活況を呈したが、戦争による資材と労働力の欠乏により生産量が激減していく過程をたどる。旧加藤邸はこうした背景の中で建築されているわけで、軍部や業界に太いパイプがあったのではないかとも考えられる。

煙突上部に多く用いられた煉瓦は、第12図17や18のような簾煉瓦と呼ばれるものである。小口と長手面に引っ掻き疵のような沈線があり、一見して他の赤煉瓦と区別できる。このタイプの煉瓦を用いた建物には、アメリカ人建築家フランク・ロイド・ライト(Frank Lloyd Wright)の設計により一九二三年(大正一二)完成した帝国ホテルがある。ここに使用された煉瓦は、帝国ホテル煉瓦製作所(創業一九一七年(大正六))で製造されたが、工場通覧にも製品種類の項目に、簾煉瓦・穴抜煉瓦とある(29)。震災後、時代の流れは煉瓦からタイルへと移行していったが、本資料もそうした過程の中で製造されたものと理解できる。

暖炉内部に用いられていた耐火煉瓦は平の面が格子目状で、「三石耐火煉瓦株式會社」とプレスされている。これは岡山県和氣郡三石町三石（現備前市）にあった、一八九二年（明治二五）創業の三石耐火煉瓦株式会社の製品と考えられる。操業停止時期は不明であるが、工場通覧の一九四一年（昭和一六）版には名前があるので、かなり長期間創業していたことがわかる[30]。また、東京都仙台坂遺跡からも同社の煉瓦が出土しているが、格子目がない点や脇の小さな刻印に相違がみられる[31]。旧加藤邸は棟札から一九四四年（昭和一九）に建てられたもので、暖炉も建築に併せて同時期に造られたと考えられるので、本資料も時間的に差のない時期に製造されたものと理解されるが、一方では火を燃やす部分のみに用いられ、個数も少ないので古い在庫品を使用したとも考えられる。

暖炉の構造は耐火煉瓦を敷き、壁にはそれを積み上げ、室内は切石で仕上げられていて、暖炉から煙突にかけては、屋根まではコンクリートで造られており、その上部及び外壁は煉瓦積となっている。

以上、煉瓦構造物の時期について種々述べてきたが、別荘の場合は土地を取得し、建物を建築する場合と借地して建築する場合とがある。また、登記する場合とそうでない場合もある。したがって、附近の聞き取り調査と平行して閉鎖登記簿も含めて徹底的に調査する必要があることを痛感している。また、今回のように建物に附随する煉瓦塀等は、建物所有者が変わっても存続する場合があり、いつ、だれが造ったのか正確な建築年代がわからない場合が多い。建物の場合は、取り壊し前に専門家に調査していただいているが、できれば解体時にも調査していただくと、さらに詳細な部分、例えば外観上わからなかった増築部分等を知ることができると思う。

おわりに

近年極力、力を入れている別荘等建築に附随する煉瓦資料について、三例をあげて概要を述べてみた。比較的新しい時代にもかかわらず不明な点が多く、調べれば調べるほどその疑問は深まるばかりである。

文明開化の遺産のひとつでもある赤煉瓦は、明治を代表する産物として広く愛されたが、関東大震災を境に急速に需要が減少していった。それでも、震災に耐えて今日なおその雄姿を内外に誇示している建物も少なくない。また、近年「街おこし」として保存・活用されている建物も数多く存在する。さらに、家庭においてもガーデニングブームの影響で年々その利用度が増してきており、私たち日本人にとって馴染み深い煉瓦は、今でも各方面で愛されている。

大磯町における現存する煉瓦構造物は、残念ながら皆無に等しい。例えば有名な建築家ジョサイア・コンドル（Josiah Conder）が設計した赤星邸は、関東大震災で倒壊しており、わずかに図面と煉瓦資料があるだけである。また、木造建築の別荘も被害を被り、解体、建て直しの過程できれい処理され、ほとんどの資料が残存することなく消えている。しかし、大磯の駅前の旧岩崎弥之助邸（現エリザベス・サンダースホーム）内には煉瓦建物の基礎部分が残っており、また旧陸奥宗光邸をはじめとして現存する別荘建築には、暖炉や風呂場等に赤煉瓦や耐火煉瓦が使われている可能性が高く、大磯町の近代史に欠くことのできない資料が眠っていると考えられる。今後も地道な調査を重ねて、今まであまり知られていなかった部分にもスポットを当て、考古学から観た煉瓦について調査・研究して行きたい。

註

（1）佐々木哲也　一九七七「大正・昭和初期における大磯町別荘所有者の特徴」『大磯町史研究』第五号

（2）松本　宏　二〇〇一「新館建築前後の三井城山荘」『大磯町史研究』第八号

（3）周知の遺跡ではなかったが、一九九一年に高層建物の建設が計画され、町教育委員会で試掘調査を実施した所、縄文時代の遺物が出土したため、翌一九九二年本格調査が実施された。その際に煉瓦遺構が検出されている。

鈴木一男　一九九三「神奈川県大磯町神明前遺跡の煉瓦遺構について」『史峰』第一九号　新進考古学同人会

（4）稲葉和也　一九九二『大磯のすまい』大磯町文化財調査報告書第三七集

（5）a佐川和裕　一九九八「海水浴場と漁港―場をめぐる軋轢と選択―」『地方史研究』二七四　地方史研究協議会

b飯田善雄　一九九一『石造物調査報告書四』大磯町文化財調査報告書第三四集

（6）前掲（4）に同じ。

（7）鈴木　昇　一九九〇『大磯の今昔』（四）

（8）前掲（4）のほか、大磯町行政文書による。

（9）ここも周知の遺跡ではなかったが、現地踏査後試掘調査を実施した所、縄文時代の遺物が出土したため本格調査に移行した。

（10）前掲（4）には四軒の別荘があり、前身建物の存在も気になるところである。

（11）日本煉瓦製造株式会社社史編集委員会　一九九〇『日本煉瓦一〇〇年史』

（12）松村貞次郎　一九六一「日本建築近代化過程の技術史的研究」『東京大学生産技術研究所報告』第一〇巻第七号

小野田滋　一九九八「わが国における鉄道用煉瓦構造物の技術史的研究」『鉄道総研報告』特別第二七号　財団法人鉄道総合技術研究所

（13）水野信太郎　一九九九『日本煉瓦史の研究』

（14）横浜開港資料館　一九八五『日本の赤煉瓦』

（15）前掲（11）に同じ。

（16）前掲（14）に同じ。

（17）品川区遺跡調査会　一九九〇『仙台坂遺跡』品川区埋蔵文化財調査報告書第七集

（18）前掲（14）に同じ。

（19）前掲（4）に同じ。建物調査の際には、古い町屋の形式をとどめているが風呂屋であったことは確認できていない。建築年代は、幕末～明治初期と推定されるが、建物は既に解体されている。

（20）前掲（13）に同じ。

（21）前掲（13）に同じ。イギリス積は特別の指示がない場合、関東大震災まで主流を占めていたという。

（22）仕上げが荒い部分が当初の塀であり、きれいに仕上げられている部分が新しいという見方もできる。

（23）鈴木一男　一九九三「神奈川県大磯町神明前遺跡の煉瓦遺構について」『史峰』第一九号　新進考古学同人会

（24）大村浩司ほか　一九九七『上ノ町・広町遺跡』茅ヶ崎市文化振興財団

（25）前掲（11）に同じ。

（26）この他に大正一〇年四月、昭和二年六月（昭和三年七月訂正）がある。

（27）前掲（7）に同じ。また、一九九二同書（五）や一九九四同書（六）にも著名な住人・別荘・土地所有者一覧が掲載されている。

（28）鈴木一男　一九九七「湘南地方における赤煉瓦・耐火煉瓦と産業考古

学」『考古学の諸相―坂詰秀一先生還暦記念論文集―』
(29) 後藤　靖編　一九八六『工場通覧』Ⅰ～Ⅷ　柏書房
(30) 後藤　靖・下谷政弘編　一九九二～一九九三『全国工場通覧』一～二　三　柏書房
(31) 同社の製品は仙台坂遺跡では二種類確認されている。本資料と計測値はほぼ同じであるが、格子目と小さな片仮名の刻印に相違がみられる。製造時期や使用部位の相違が考えられる。
明治～大正期にかけて、耐火煉瓦の寸法についても一様でなかったことが知られている。
竹内清和　一九九〇『耐火煉瓦の歴史』内田老鶴圃

挿図出典

第1・4・8・9・14～16図（調査時に撮影）
第13図（佐川和裕氏撮影）
第2図（大磯町郷土資料館所蔵）
第3・5～7・10～12・17図（新規作成）

煉瓦一覧表

（単位：mm）

No.	計測値	成　形	刻　印	備　考
1	(170) × 108 × 60	手抜き成形	○の中にサ	焼成後七五に加工
2	228 × (112) × 58	手抜き成形	○の中にサ，○が二つ	
3	228 × 108 × 58	手抜き成形	∧にサ，○が二つ	
4	(165) × 107 × 58	手抜き成形	∧にサ，○が二つ	焼成後加工
5	(222) × 109 × 62	手抜き成形	□□	
6	225 × 110 × 60	手抜き成形	□□	
7	228 × 105 × 58	手抜き成形	十字状，二	塀に使用されたかどうか不明
8	221 × 107 × 60	機械成形	十字状	
9	(136) × 100 × 55	機械成形	十字状	
10	218 × 105 × 60	機械成形	十字状	
11	231 × 110 × 58	手抜き成形	なし	
12	217 × 101 × 54	機械成形	□の連続	
13	(189) × 105 × 64	機械成形	三日月状	
14	224 × 104 × 60	機械成形	△	
15	(150) × 110 × 55	機械成形	上敷免製	焼成後加工
16	201 × 95 × 55	機械成形	上敷免製	
17	224 × 107 × 60	機械成形	なし	簾煉瓦
18	216 × 105 × 60	機械成形	なし	簾煉瓦
19	(149) × 108 × 61	手抜き成形	なし	試掘坑出土
20	229 × 108 × 60	枠　成　形	三石耐火煉瓦株式會社	格子目，○の中にチ
21	229 × 108 × 60	枠　成　形	三石耐火煉瓦株式會社	格子目，○の中にチ
22	(175) × 109 × 60	枠　成　形	なし	格子目

＊計測値：長さ×幅×厚さ　(　)：遺存値

戦争遺跡から発見される焼夷弾

はじめに

戦争遺跡とは、一般的に近代以降の日本の国内・対外戦争とその遂行で形成された遺跡で、[1]時代的には明治〜昭和期にかけてを指すが、ここで扱う戦争遺跡は、一九三一年（昭和六）の満州事変から一九四五年（昭和二〇）の降伏文書調印で終わった、太平洋戦争あるいはアジア太平洋戦争と呼ばれるいわゆる「一五年戦争」に伴うものである。その中でも今回は、遺跡から発見される焼夷弾について述べる。いうまでも無く遺跡の発掘調査に際して、その初期段階において発見される近代あるいは現代に属する遺構等は、いわば目的外の産物であり、その処理は自ずと調査者の裁量に左右されるといっても過言ではなく、緊急発掘調査隆盛時代にあってはなおさらのことである。特に、比較的上層から発見される焼夷弾については、余程注意しないと単なる鉄屑として処理される場合も多いはずである。近年、近現代考古学に対する理解も高まりつつある。また、戦争遺跡については数多くの証言や関係書類の調査もされている。こうした中で、物質文化の側面から解明しようとする考古学に課せられた期待はまだまだ大きいものがあると考える。

本稿では、神奈川県平塚市を中心とする湘南地域二市一町において発見された焼夷弾を紹介するが、戦跡考古学研究の一助となれば望外の幸せである。

一　研究小史

近現代考古学については、その一部を構成する産業考古学や戦跡考古学が一歩先行する形で出発したが、本格的に論じられるようになったのは、一九九六年以降のことである。[2]その後、調査例の増加とともに、二〇〇〇年には『季刊考古学』において特集が組まれ、[3]二〇〇四年にはシンポジウムが開催されるなど[4]新たな段階を迎えつつある。

一方、戦争遺跡の考古学的調査は一九七四年（昭和四九）東京都町田市田中谷戸遺跡[5]における一人用待避壕（たこつぼ）、神奈川県横浜市釜利谷遺跡[6]における兵舎跡等の発掘調査に端を発し、一九八四年（昭和五九）沖縄県の當眞嗣一が「戦跡考古学のすすめ」を提唱したのを契機に、[7]一九八七（昭和六二）には『考古学ジャーナル』誌上において「現代史と考古学」という特集が組まれ、[8]全国的な展開をみせるよ

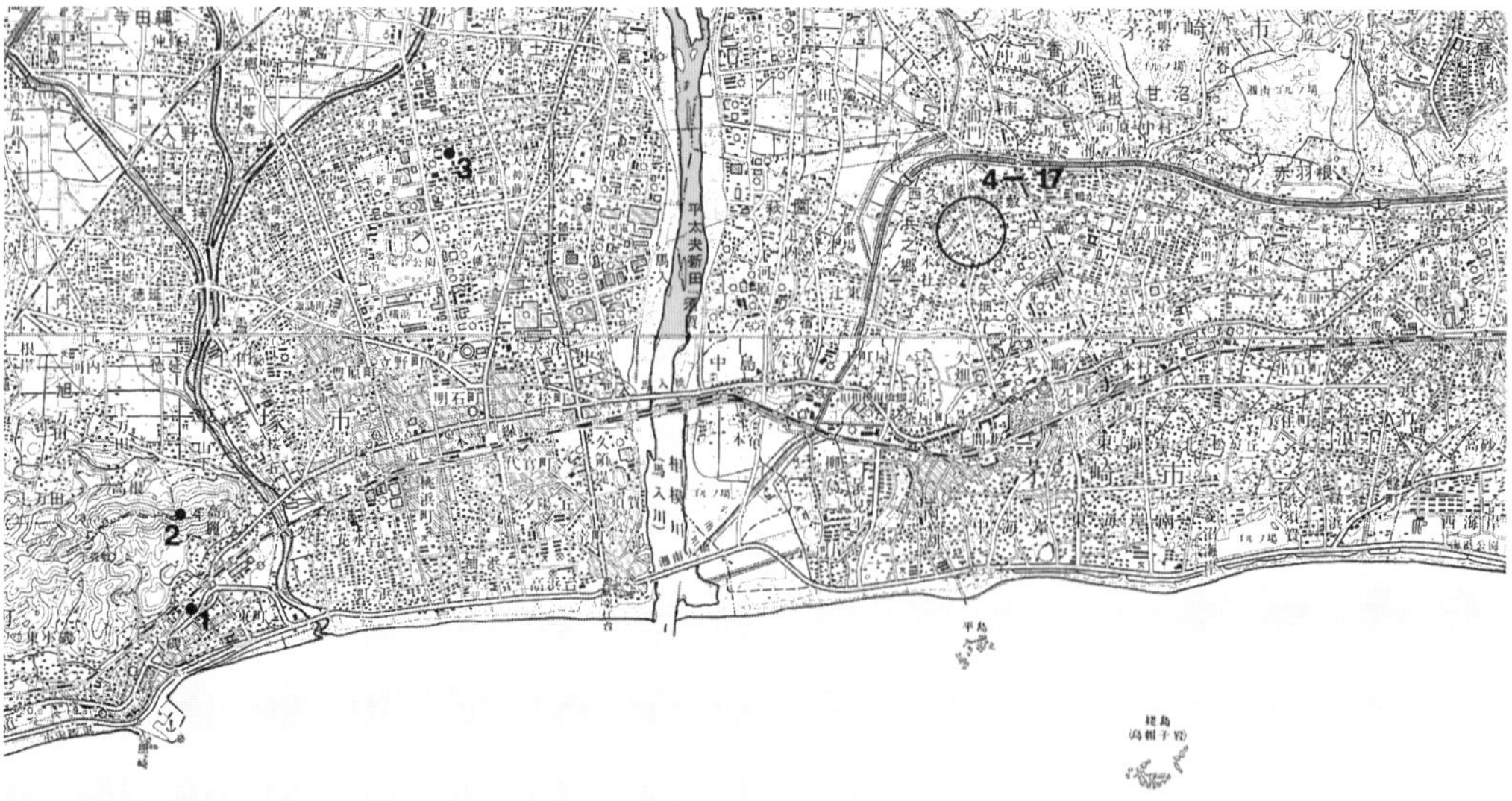

第1図　焼夷弾出土遺跡位置図

1 大磯町竹縄遺跡　2 大磯町高麗山遺跡　3 平塚市構之内遺跡　4 茅ヶ崎市浜之郷本社 A 遺跡　5 茅ヶ崎市矢畑明王谷遺跡　6 茅ヶ崎市矢畑金山遺跡第 4 次地点　7 茅ヶ崎市矢畑金山遺跡第 5 次地点　8 茅ヶ崎市矢畑金山遺跡第 6 次地点　9 茅ヶ崎市円蔵御屋敷 B 遺跡　10 茅ヶ崎市円蔵御屋敷 B 遺跡第 1 次調査　11 茅ヶ崎市下町屋遺跡　12 茅ヶ崎市円蔵御屋敷 B 遺跡第 2 次調査　13 茅ヶ崎市円蔵御屋敷 B 遺跡第 3 次調査　14 茅ヶ崎市円蔵御屋敷 B 遺跡第 5 次調査　15 茅ヶ崎市下ヶ町遺跡第 13 次調査　16 茅ヶ崎市西久保大町 A 遺跡第 2 次調査　17 茅ヶ崎市浜之郷西ノ谷上遺跡第 2 次調査

ようになった。

神奈川県内の戦争遺跡については、大坪宣雄がまとめているが、[9]川崎市宮添遺跡[10]では陸軍照空隊陣地跡、横須賀市大塚台遺跡[11]では横須賀海軍警備隊の高角砲座や機関銃座などが発掘調査により明らかにされた。また、平塚市道半地遺跡[12]では、高射機関砲台基礎が検出されている。さらに、未調査ながら、大磯町においては洞窟式一五cm加農砲陣地やコンクリート製の円形機関砲台基礎などの存在が確認されている。その他湘南海岸一帯には幾多の防空壕の存在が確認されてるが、調査された例は極めて少ない。

二　発見事例

相模湾に面する大磯町、平塚市、茅ヶ崎市の遺跡から焼夷弾が発見された例は、第1図に示すとおり一七箇所である。米軍によるこの地域への空襲は、後述するように平塚市にあった海軍火薬廠の存在や、その後を見据えた米軍の作戦の中で遂行されたものであり、その被害はいうまでも無く平塚市が最も激しく、全市街地面積の五七％が破壊・焼失されている。にもかかわらず平塚市の事例が少ないのは、それだけ戦後の復興が早かったことはもちろん、空襲を受けた地域の大半が遺跡でない地域に該当していたことなどに起因するものと思われるが、かなりの遺跡から出土していることは事実である。同様に、西側に位置する大磯町、東側に位置する茅ヶ崎市も少なからずその被害を被った分けであるが、その程度は平塚市に比べると少ないものであった。

大磯町竹縄遺跡（第1図1、第2図、第3図）

　一九九三年、マンション建設により発掘調査された遺跡⑬で、比較的標高の低い部分から古墳時代後期の、やや上層から奈良・平安時代の住居址が多数検出されている。この調査中に八～九世紀の遺構確認面、ちょうど地表下約九〇～一二〇cmの部分から八本の焼夷弾が発見されている（第3図）。いずれも突き刺さった状態で検出されており、焼け焦げている箇所も確認されていることから上空から落下した当時のままと推定される。この中には古代の土坑の中にすっぽり納まってしまったものもみられた（第2図）。おそらく偶然の出来事と思われるが、表土はもちろん遺構覆土が比較的軟弱であったためと考えられる。

　検出された八本の焼夷弾はいずれも脆くて遺存状態は良くないが、長さ四〇数cm、形状は六角形を呈する。

大磯町高麗山遺跡（第1図2）

　二〇〇一年、高地性弥生遺跡の確認のため高麗山西側の八俵山（標

第2図　焼夷弾出土状態（竹縄遺跡）

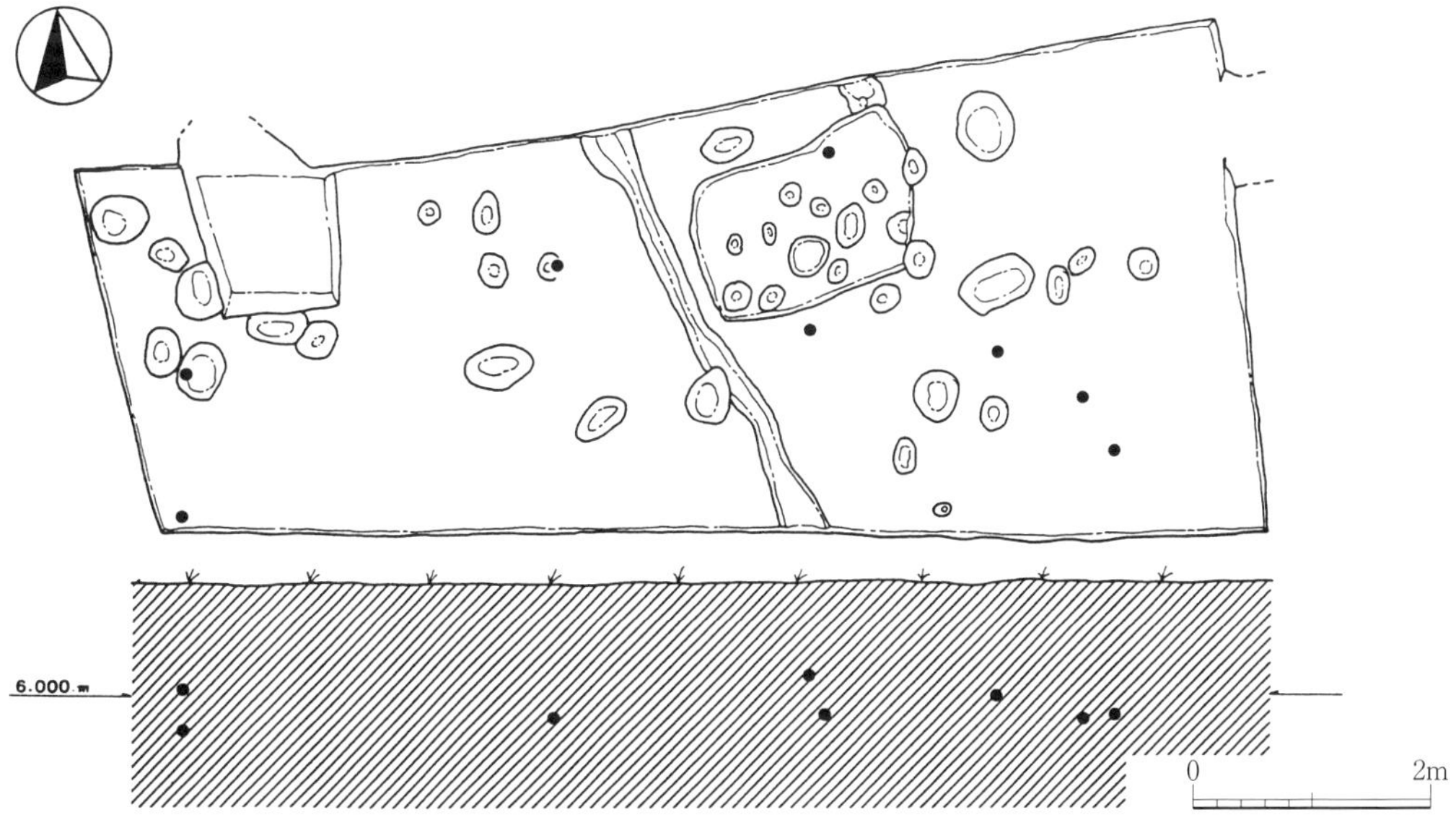

第3図　焼夷弾分布状況（竹縄遺跡）

高一五三m）附近を発掘調査した際に⑭、弥生土器や土師器の破片とともに、岩盤に突き刺さった焼夷弾が検出されている。長さ約四〇cm、横断面六角形、よく燃焼しつくしていて、下端を除いて原型を留めていない。破片と思われるものも二点検出されている。

平塚市構之内遺跡（第1図3、第4図）

一九九四年に発掘調査された遺跡⑮で、近世の土坑や溝状遺構、奈良・平安時代の竪穴住居址など七九〇基もの遺構が検出されている。この調査では、一八本の六角形型の焼夷弾が地表下一～一・五mの深さに突き刺さった状態で検出されているが、その平面分布は第4図のとおりで、北西方向へ規則的に落下している。

茅ヶ崎市浜之郷本社A遺跡（第1図、第5図①）

一九九二年、共同住宅建設に伴い発掘調査された際に⑯、地表下約四〇cmの遺構確認面より発見されている。残存状態はよくほぼ垂直に埋まっており、翼あるいは羽と考えられる突出した部分が確認されている。

茅ヶ崎市矢畑明王谷遺跡（第1図、第5図②③）

一九九二年、共同住宅建設に伴い発掘調査された際に⑰、遺構確認時と覆土除去時に発見されている。六角形を呈する。

第4図　焼夷弾分布状況（構之内遺跡）

茅ヶ崎市矢畑金山遺跡第4次地点（第1図、第5図④）

一九九二年住宅開発に伴う発掘調査の際に、[18]地表下七〇cmの井戸址覆土内で、斜めに埋まった状態で発見された。全長約五〇cm。

茅ヶ崎市矢畑金山遺跡第5次地点（第1図、第5図⑤）

一九九二年、宅地開発に伴う発掘調査の際に、[19]溝状遺構の覆土中から発見された。ほぼ垂直に突き刺さった状態で、残存はあまり良くない。

茅ヶ崎市矢畑金山遺跡第6次地点（第1図、第5図⑥）

一九九三年、宅地開発に伴う発掘調査の際に、[20]地表下約九〇cmの溝状遺構の覆土中から発見された。やや斜めに突き刺さった状態で、長さ六〇cm、折れ曲がった羽状のものが確認されている。

茅ヶ崎市円蔵御屋敷B遺跡（第1図）

一九八八年（昭和六三）、下水道工事に伴う発掘調査の際に[21]溝状遺構より発見された。残存は良くない。

茅ヶ崎市円蔵御屋敷B遺跡第1次調査（第1図、第5図⑦〜⑩）

一九九四年発掘調査の際に、[22]四本の焼夷弾が発見されている。第5図⑦と⑨は同じ溝状遺構から発見されているが、⑦は地表下四〇cmの覆土上層から斜めに埋まっており長さ四〇cmを測る。⑨は地表下約一四五cmの覆土下層から発見されたもので、ほぼ垂直に埋まっていた。⑧は別な溝状遺構から発見されたもので、地表下約二五cmの所でほぼ垂直に埋まっていた。残存は良く長さ七〇cmを測る。⑩は地表下二七cmの遺構確認面より発見されたもので、ほぼ垂直に埋まっていた。

茅ヶ崎市下町屋遺跡（第1図）

一九七六年（昭和五一）に発掘調査されたが、[23]報文の中に「第

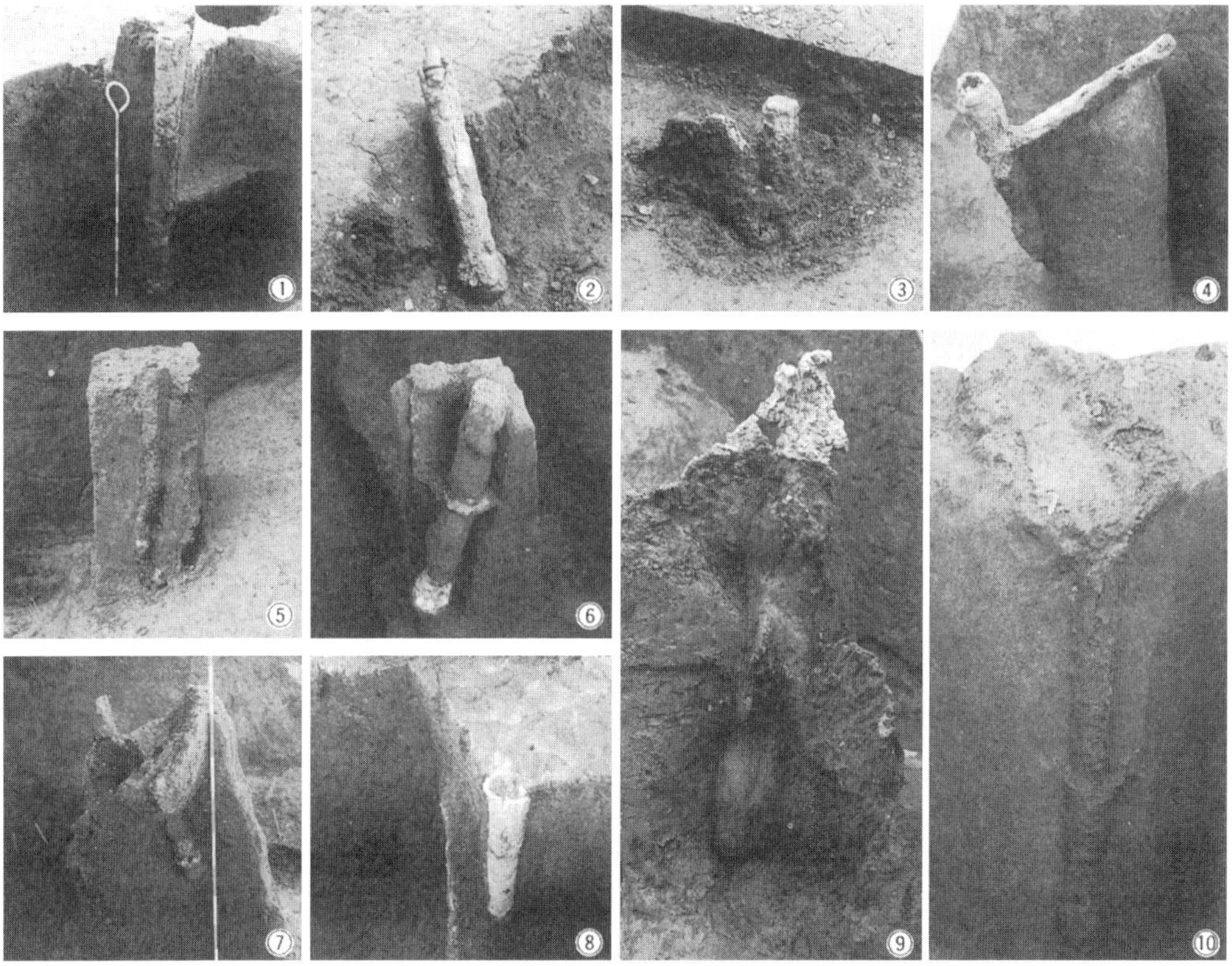

第5図　焼夷弾出土状態（茅ヶ崎市）

6トレンチに焼夷弾が炸裂した跡がある」という記述がみられる。

茅ヶ崎市円蔵御屋敷B遺跡第2次調査（第1図）

一九九六年にマンション建設に伴う発掘調査に際して[24]焼夷弾が一本発見されている。

茅ヶ崎市円蔵御屋敷B遺跡第3次調査（第1図）

一九九六年にマンション建設に伴う発掘調査に際して[25]焼夷弾が一本発見されている。

茅ヶ崎市円蔵御屋敷B遺跡第5次調査（第1図）

二〇〇二年宅地開発に伴う発掘調査に際して[26]焼夷弾が一本検出されている。

茅ヶ崎市下ヶ町遺跡第13次調査（第1図）

二〇〇六年宅地開発に伴う発掘調査に際して[27]焼夷弾が二本検出されている。

茅ヶ崎市西久保大町A遺跡第2次調査（第1図）

一九九六年専門学校建設に伴う発掘調査に際して[28]焼夷弾が一本検出されている。

茅ヶ崎市浜之郷西ノ谷上遺跡第2次調査（第1図）

二〇〇三年老人介護施設建設に伴う発掘調査に際して[29]焼夷弾が一本検出されている。

三　収束

このように湘南地域における遺跡出土の焼夷弾例は、一一遺跡四六例に達するが、報告書未記載のものを含めるとその数は相当数に上ると思われる。発見された状況は様々であるが、遺構確認作業時や遺構覆土除去時で、しかも地表下九〇cm以上の深い部分で検出される場合が多いことが判明した。これは上空から相当な速さで落下したことはもちろん、落下地点の土層が比較的柔らかかったことに起因する。換言すれば遺跡の多くが砂丘や砂丘間凹地、あるいは沖積段丘上に立地していることによるものと考えられる。

焼夷弾の多くは垂直あるいはやや斜めに突き刺さった状態で発見されていることから、落とされた当時の状態を維持しているものと考えられる、茅ヶ崎市の事例のように発火したものの酸欠状態で不完全燃焼であったことがわかる。

次に焼夷弾の密度である。後述するようにM50の場合、高度三〇〇〇mで親爆弾が投下され、高度一五〇〇mで装置が作動して一本一本の焼夷弾が降り注ぐように落下するが、三・三㎡あたり一・六本落ちる計算と言われている。例えば、構之内遺跡（第4図）では二〇〇〇㎡で一八本、つまり約一一〇㎡あたり一本と、かなり少ない数値となっている。これに対して、竹縄遺跡では（第3図）では一四〇㎡で八本、つまり一七㎡あたり一本と前者より高い数値となっている。共に市内中心地より離れているにもかかわらず、こうした相違がみられることは飛行経路とも関連する問題であり注意したい点である。

さて、こうした焼夷弾は冒頭でも述べたとおり太平洋戦争における「平塚空襲」に伴うものと考えられる。平塚は米軍による空爆目標都市として一二〇番目に選定されているが、それは海軍火薬廠の存在はもとより以後の作戦を遂行するにあたり、この地域一帯を非常に重要視していたためである。平塚空襲は昭和二〇年七月一六日から一七日にかけてが最も激しく、マリアナ群島グアム基地より飛び立った「超空の要塞」のニックネームをもつB29大型爆撃機一三二機により一時

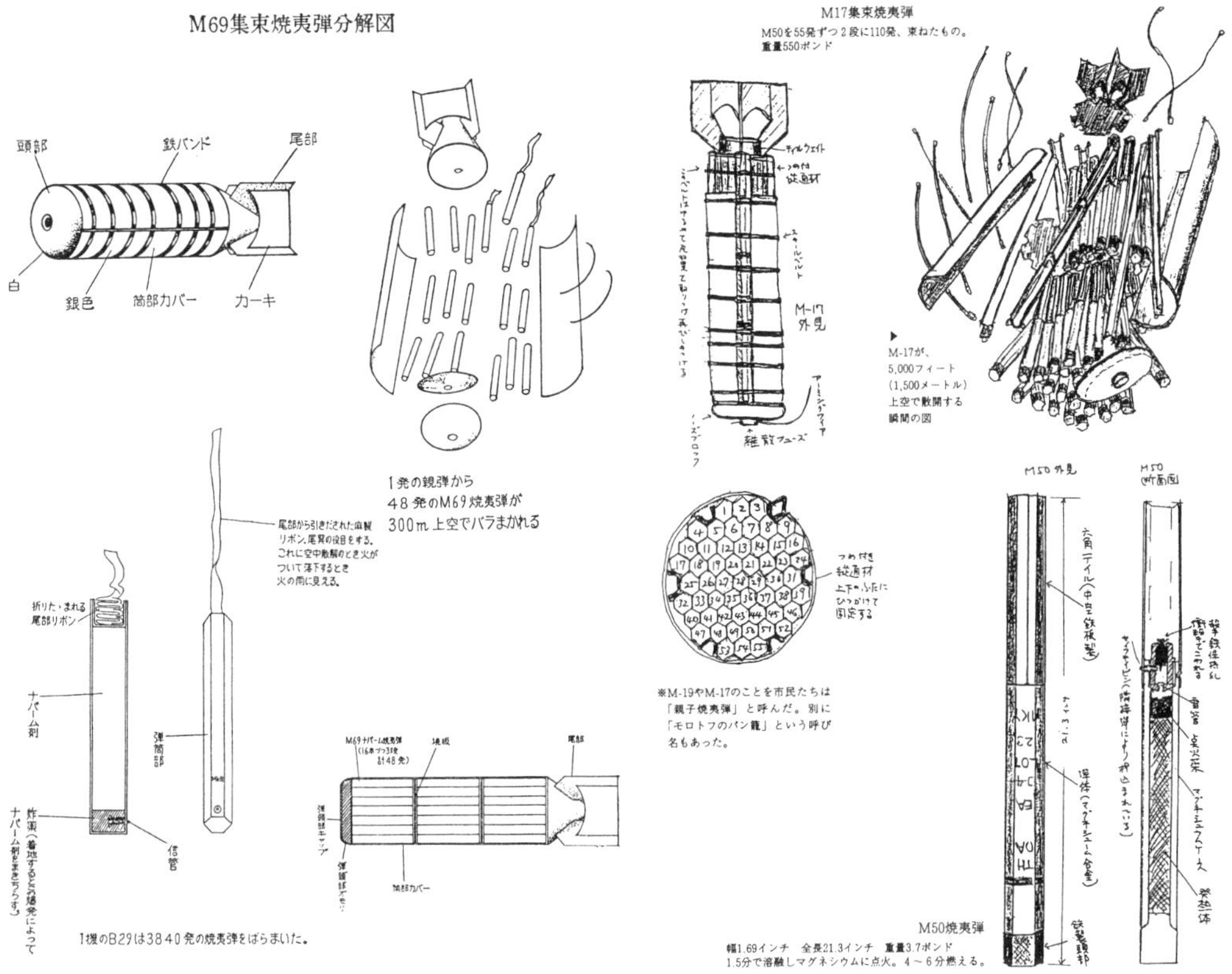

第６図　焼夷弾分解図

間四〇分にわたって絨毯爆撃が実施され、四四万四七一六本もの焼夷弾が投下された。その被害は甚大であったが、西側に隣接する大磯町においては大磯駅周辺・高麗・寺坂、東側に隣接する茅ヶ崎市においては柳島・松尾・中島・今宿・下町屋・浜之郷・矢畑・円蔵・西久保・赤羽根・茅ヶ崎・東海岸などの一部が被災している。[30] 紹介した遺跡はすべてこの範囲内にあり、記録との一致が窺える（傍線は遺跡の所在地）。

　また、平塚空襲は相模湾をほぼ真南から進入して爆撃を行い、平塚市城島附近で左に旋回、秦野市上空を通過後、松田町附近で再び左に旋回し、伊豆半島から硫黄島を経由してグアム島に帰還したとされている。その一方で、南側からではなく西側（高麗山側）から進入した攻撃機もあったとの証言がある。竹縄遺跡では焼夷弾が東西方向に分布しており、あたかも平塚方向に向かっているような状況を呈している。近接する高麗山遺跡例も併せ考えると、攻撃目標である平塚市の西側に位置していることも含め、そうした証言を裏付けるものではないかと考えられる。

　これとは別に、市街地の南東方向、須賀方向から市街地へと爆撃が行われ、次第に北西方向の大磯町寺坂に近づいてきたとの証言もある。[31] これは、平塚空襲が夜間空襲であるため編隊を組むことなく、単独で目的地を目指した結果ではないかと想定される。茅ヶ崎市の事例もこうした状況を物語っているものではないかと思われる。

　ところで、平塚空襲の際に使用された爆弾は、AN―M47―A2とAN―M47―A1の二種類であったことが知られている。AN―M47―A2は焼夷効果と爆風効果を併せ持つ大型油脂焼夷弾

（日本側では50K油脂焼夷弾と呼ぶ）で、本体にガソリンにゴム・灰汁・ココナッツ油を成分とするゼリー状の混合剤を封入したものであり、アダプターを用い六発ずつ集束して投下された。長さ一・二二m、直径二〇・三二cm、重量四五・三kg、大きな建造物の破壊に適しており、ゼリー状のガソリンを一五〜三〇mの範囲に円錐状に飛散させた。

一方、AN—M47—A1はテルミット・マグネシウム焼夷弾で、一発の中にAN-M50を一一〇本束ねて詰め込んでいるものである（第6図）。M50は、アルミニウム粉末に酸化鉄を成分にした、長さ六一cm、直径約五cm、重量二kgの六角棒状の焼夷弾で、着火力に富み、屋根を突き破って停止すると発火し、続いてマグネシウム本体に引火し、火炎は一三〇〇度以上で一〇分間燃え続けた。

出土した焼夷弾をみると、大磯町竹縄遺跡、高麗山遺跡、平塚市構之内遺跡出土例は形状や大きさ等その特徴からM50と考えられ、平塚空襲に伴うものと思われる。茅ヶ崎市の事例では、かつて一九九五年に大村浩司がまとめた報文があり[32]、第6図に示したようにM50にはいわゆる「はね」は無く、また東京大空襲の際用いられたM69にもそうした「はね」は無いので、いずれにしても該当しないことになる。つまり、茅ヶ崎市の「はね」をもつ事例は別物と考えざるを得ない。したがって、大村が言うように茅ヶ崎市内の遺跡から出土した焼夷弾は平塚空襲に伴う副産物的な焼夷弾ではなく、茅ヶ崎市の軍事色の強い工場を狙ったものではないかという説が有力視されることになる。当時の記録をもっと探求しなければならないが、現状ではそうした記録が見当たらないことや、出土例の内、矢畑明王谷（第5図②）や矢畑金山（第5図⑤）例などは記述や写真からも明らかにM50と判断されることなどから、茅ヶ崎市の遺跡から出土した焼夷弾には少なからず平塚空襲に伴うものも含まれていることだけは確かであろう。ただ、そうした中で円蔵御屋敷例（第5図⑧）は、形状、長さなどM50、M69とは異なっており課題として残る。いずれにしても、これからの出土例や証言記録などを待って再検討する必要があろう。

おわりに

平塚空襲は湘南地方に於ける未曽有の大惨事であったが、それを物語るように多くの遺構や遺物が残されている。その一方で、遺跡内において発見された戦争関連の遺構や遺物について考古学的調査が行われた例はそれほど多くない。ましてや遺跡外の場合は押して知るべしであろう。今回紹介した焼夷弾は防空壕などと同様、いわば「歴史の生き証人」でもある。記録を積み重ねることにより新たな事実も浮かび上がってくるかも知れない。

考古学が「過去の人類の物質的遺物を資料として人類の過去を研究」する学問である以上、過去とは「つい昨日」までのことであり、古い時代だけを研究対象としていないことはいうまでもないことである。戦後六〇余年が過ぎ戦争体験者の方々の多くは高齢化し、記憶そのものも希薄になりつつある中で、戦跡考古学の果たす役割はますます高まるものと考えられる。今後とも機会ある毎に紹介していきたいと考えている。

註

（1）　十菱駿武・菊池　実　二〇〇一『しらべる戦争遺跡の事典』柏書房
（2）　五十嵐彰・阪本宏児　一九九六「近現代考古学の現状と課題—新しい

時代の考古学をめぐって—」『考古学研究』第四三巻第三号

(3) 坂詰秀一ほか　二〇〇〇「特集近・現代の考古学」『季刊考古学』第七二号

(4) メタ・アーケオロジー研究会　二〇〇四「近現代考古学の射程」『シンポジウム発表要旨』

メタ・アーケオロジー研究会　二〇〇五『近現代考古学の射程』六一書房

(5) 浅川利一ほか　一九七六『町田市田中谷戸遺跡』町田市田中谷戸遺跡調査会

(6) 横浜市埋蔵文化財調査委員会　一九七六『釜利谷1』横浜市金沢区釜利谷開発地区埋蔵文化財発掘調査報告書第一集

(7) 當眞嗣一　一九八四「戦跡考古学のすすめ」『南東考古学だより』第三〇号

(8) 月間考古学ジャーナル　一九八七『特集現代史と考古学』第二七八号

(9) 大坪宣雄　一九九八「神奈川県内における戦争遺跡について」『考古学論叢神奈河』第七集

(10) 谷本靖子　一九九五「まとめ黒川地区に設営された照空隊陣地について」『川崎市黒川地区遺跡群報告書』Ⅶ

(11) 北爪一行　一九九七「第2章まとめ　7．現代」『神奈川県横須賀市吉井・池田地区遺跡群』Ⅱ

(12) 平塚市博物館　一九九五『四四万七七一六本の軌跡—平塚の空襲と戦火—』夏季特別展図録

(13) 竹縄遺跡発掘調査団　一九九三『竹縄遺跡発掘調査概報』

(14) 岡本孝之ほか　二〇〇二「高麗山遺跡の発掘調査報告」『大磯町史研究』第九号

(15) 平塚市遺跡調査会　二〇〇〇『構之内遺跡発掘調査報告書—三共株式会社平塚工場建設に伴う発掘調査Ⅱ—』

(16) 寺井朗雄・大村浩司・鹿野覚雄・石倉澄子　一九九三「浜之郷本社A遺跡」『第四回茅ヶ崎市遺跡調査会発表要旨』

(17) 富永富士雄・宮下秀之　一九九三「矢畑明王谷遺跡第一次調査」『第四回茅ヶ崎市遺跡調査会発表要旨』

(18) 大村浩司　一九九三「矢畑金山遺跡第四次調査」『第四回茅ヶ崎市遺跡調査会発表要旨』

(19) 宮下秀之・富永富士雄・大村浩司　一九九三「矢畑金山遺跡第五次調査」『第四回茅ヶ崎市遺跡調査会発表要旨』

(20) 藤井秀雄　一九九四「矢畑金山遺跡第六次調査」『第五回茅ヶ崎市遺跡調査会発表要旨』

(21) 茅ヶ崎市教育委員会　一九八九「円蔵御屋敷B遺跡」『昭和六三年度茅ヶ崎の社会教育—公共下水道工事に伴う発掘調査—』

(22) 大村浩司・寺岡早苗　一九九五「円蔵御屋敷B遺跡」『第六回茅ヶ崎市遺跡調査会発表要旨』

(23) 杉山博久　一九七六『神奈川県茅ヶ崎市下町屋における緊急調査の記録』下町屋遺跡発掘調査団

(24) 長野博美　一九九七「円蔵御屋敷B遺跡第二次調査」『第六回茅ヶ崎市遺跡調査会発表要旨』

(25) 長井　洋　一九九七「円蔵御屋敷B遺跡第三次調査」『第六回茅ヶ崎市遺跡調査会発表要旨』

(26) 茅ヶ崎市教育振興財団（現公益財団法人茅ヶ崎市文化・スポーツ振興財団）のご教示による。

(27) 前掲（26）に同じ。

(28) 茅ヶ崎市教育委員会　一九九七「西久保大町A遺跡第二次調査」『平成八年度茅ヶ崎の社会教育』

(29) 宮下秀之　二〇〇四「浜之郷西ノ谷上遺跡第二次調査」『第一五回茅ヶ崎市遺跡調査会発表要旨』

(30)　茅ヶ崎市　一九七八「資料編（下）近現代」『茅ヶ崎市史』二

(31)　佐川和裕　一九九五「大磯の戦禍」『リポート』一一　大磯町郷土資料館

(32)　大村浩司　一九九五「遺跡から発見される焼夷弾」『文化資料館調査研究報告』三　茅ヶ崎市文化資料館

挿図出典

第1図　国土地理院五万分の一、平塚及び藤沢を合体縮小

第2図　大磯町教育委員会所蔵

第3図　大磯町教育委員会國見徹氏作成図

第4図　平塚市博物館　一九九五『四四万七七一六本の軌跡―平塚の空襲と戦火―』夏季特別展図録三六頁の図を拡大

第5図　大村浩司　一九九五「遺跡から発見される焼夷弾」『文化資料館調査研究報告』三　茅ヶ崎市文化資料館　七〇頁を複写

第6図　中山伊佐男　一九九七『ルメイ・最後の空襲―米軍資料に見る富山大空襲―』一四八頁と東京大空襲・戦災誌編集委員会　一九七三『東京大空襲・戦災誌』第三巻七八一頁の図を合体縮小

煉瓦構造物

はじめに

湘南とは、一般的には神奈川県相模湾沿岸を指し、現在の行政区域としては湘南地域県政総合センターの管轄範囲である、藤沢市、茅ヶ崎市、平塚市、秦野市、伊勢原市、大磯町、二宮町、寒川町の五市三町が該当する。特に大磯町にある日本三大俳諧道場のひとつである「鴫立庵」には、「著盡湘南清絶地」と刻まれた石碑があり(1)、江戸期(寛文初期あるいは正保の頃)に湘南という言葉が存在していたことが窺える。ここで紹介する煉瓦構造物についても、湘南発祥の地ともいえる大磯町に所在するものである。

かつて東海道の宿場町として栄えた大磯も、明治維新により一変し、一漁村と化してしまったが、一八八五年(明治一八)元軍医総監松本順の推奨により開設された海水浴場と、一八八七年(明治二〇)の鉄道の開通と大磯駅の誕生により、避暑・避寒を目的とした別荘文化が一気に花開いた。伊藤博文や山縣有朋、三井・三菱・住友・安田の四財閥はじめ、多くの政財界人が競って別荘を構えた。その隆盛は、大磯駅前にある一九〇八年(明治四一)の「海内第一避暑地」の石碑が

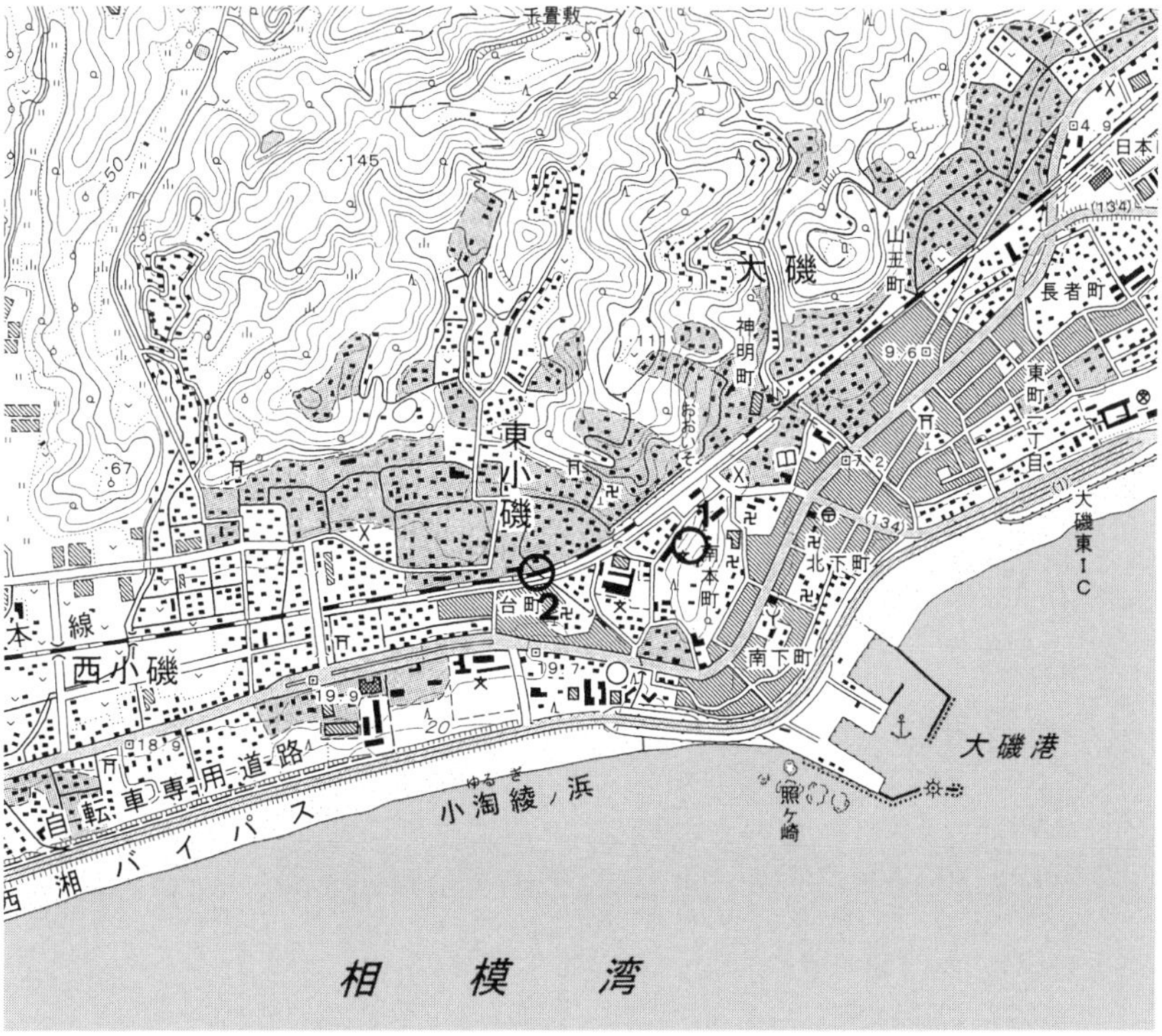

第１図　煉瓦構造物の位置図（1 旧岩崎邸　2 鴫立沢橋梁）

如実に物語っている。(2)ちなみに、第二位は軽井沢で、鎌倉は一一位、江ノ島は三九位であった。

本稿では鉄道と、それがもたらした政財界人の別荘に伴う煉瓦構造物について、近年その存在が確認された二箇所を紹介するものである。

一　二例の煉瓦構造物

旧岩崎邸（第1図1、第2図1～3、写真1）

東海道線大磯駅前の愛宕山と呼ばれる小高い丘陵に位置する（第1図1）。敷地約一万坪を有し、頂上からは相模湾が一望できる。ここにはかつて三菱財閥二代目岩崎弥之助が母のために建てた「陽和洞」と呼ばれた別荘があった。(3)建築は一八九〇年（明治二三）から始まり、二年後の一八九二年（明治二五）に完成したという。現在、頂上部には当時の建物はないが、南側の低い部分に一部残っている。(4)

二〇〇二年に初めて頂上部の現地調査が行われた。その際、煉瓦構造物として二本の煉瓦造りのトンネルと煉瓦壁（写真1）が確認されている。二本のトンネルのうち、一本は一部崩落しており、もう一本は現在も利用されているが、モルタルが吹き付けられており、外見上は煉瓦造りとはわからない。後述するように、いくつかの煉瓦構造物の存在が確認されたが、写真1は煉瓦壁で三列で構成され、積み方は「イギリス積」であった。

採集した赤煉瓦のうち、刻印を有する主なものを第2図に示した。すべて手抜き成形で、1は長さ二一八㎜、幅一〇五㎜、厚さ五八㎜、ほぼ中央部に放射状の刻印を有し、隣接して不鮮明な刻印がみられる。平と長手の一部にモルタルが附着しており、並べて積み重ね利用され

写真1　旧岩崎邸煉瓦壁

第2図　赤煉瓦実測図（1/4）

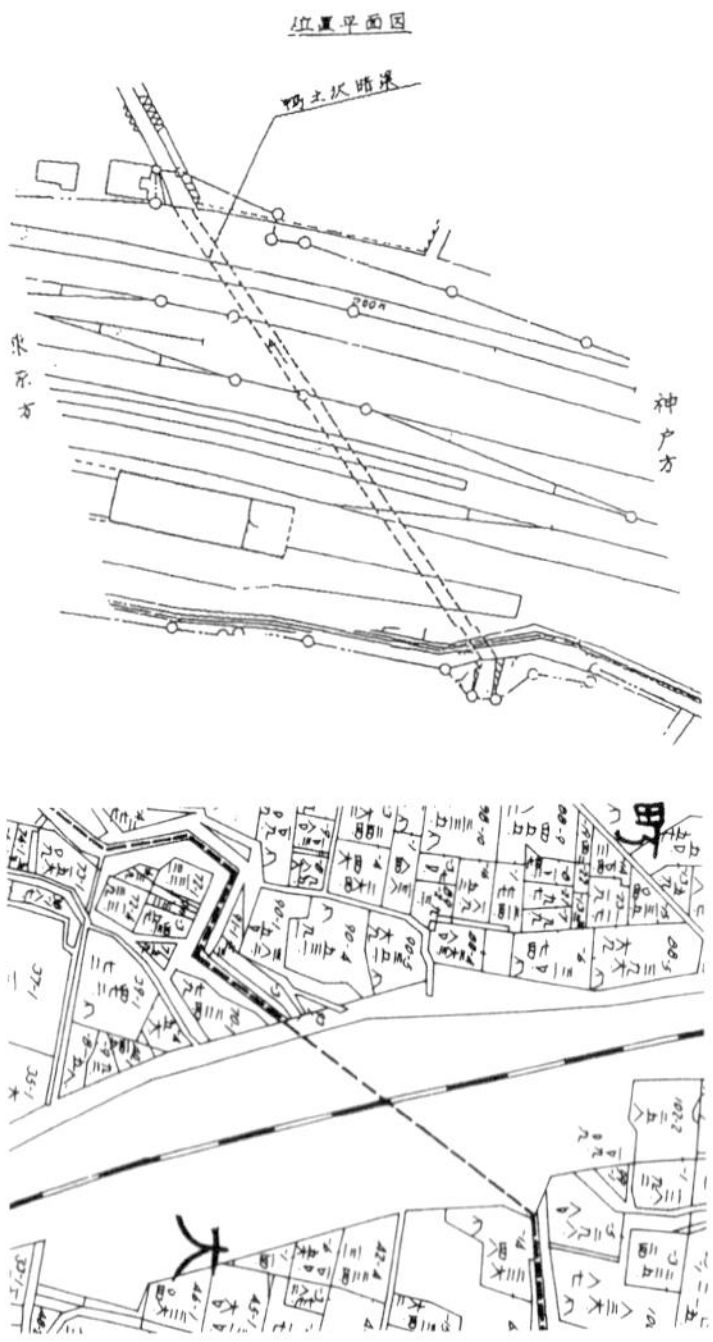

第３図　暗渠位置図

たことがわかる。一部圧縮変形がみられる。2は長さ二二二㎜、幅一〇二～一〇五㎜、厚さ五八㎜、左端に放射状の刻印、隣接して円形の刻印を有する。長手と小口にモルタルが附着しており、1と同じ用途が想定される。

3は一部欠損しているが、長さ二二一㎜、幅一〇五㎜、厚さ五六～五八㎜、ほぼ中央部に桜の刻印が見られる。こちらもモルタルの附着と一部に圧縮変形がみられる。

鳴立沢橋梁［暗渠］（第1図2、第2図4、第3・4図、写真2）

東海道線大磯駅から西に約四〇〇m、大磯丘陵に源を発する鳴立川は第3図に示すとおり、東海道線の下部を流れ、町道幹線一三号線の所で再度顔を出す。この町道部分に架かる橋梁を富士見橋と呼ぶ。現在では出口部分は完全に塞がれ、下流は暗渠となっており、橋梁というイメージは全くなく、道路南側にわずかに残る四mほどの橋の欄干が往時を物語っているだけである。

東海道線は一八八七年（明治二〇）七月、横浜～国府津間が開通、大磯駅が開業している。町道幹線一三号線は別名「統監道」と呼ばれ、初代総理大臣伊藤博文の尽力により、政財界人の寄附金等で一九〇七年（明治四〇）八月に開通式が行われている。[5] コンクリート製・一部石積み構造の富士見橋の建設年月日は不明だが、少なくとも一九〇七年を下ることはない。また、東海道線と町道との境附近では、各種工事の際に深さ五〇㎝ほどで煉瓦敷きに突き当たるという。

このことから、煉瓦構造の暗渠は、鉄道の真下に位置し、その末端は一部町道と接する部分にかかっていたことが想像できる。東京鉄道局に残る図面には、工事件名として鳴立沢橋りょう、括弧書きで暗渠となっており、鉄道に附帯する暗渠と、町道に附帯する橋梁と理解される。なお、位置は、東海道線大磯—二宮間、東京起点六八㎞一八二m九八と記され、竣工は一八九八年（明治三一）となっている。

その存在は、限られた土木関係者の間ではかなり以前から知られていたらしいが、初めて目にしたのは二〇〇七年のことである。下水道工事の一環として、暗渠内に汚水枝管が敷設されるのに伴い、現地調査が行われた。

第4図は、東京鉄道局の図面を一部修正したものであるが、アーチ状の構造で、高さ二・一七m、幅約一・八二m、長さ一八・一五mを測る。現地においても同様の計測値が得られているので、この暗渠は竣工時と同じ姿で現存していることになる。

暗渠は、第3図に示すように鉄道の真下を通過し、長さ約七〇mを測る（図面の都合で、上が南になっている）。このうち煉瓦構造の暗渠は下流に位置し、上流側はコンクリート構造であったことが窺える。

第2図4は実際の工事中に採取した赤煉瓦である。手抜き成形で、一部欠損しているものの、長さ二二三㎜、幅一〇六㎜、厚さ六〇㎜を

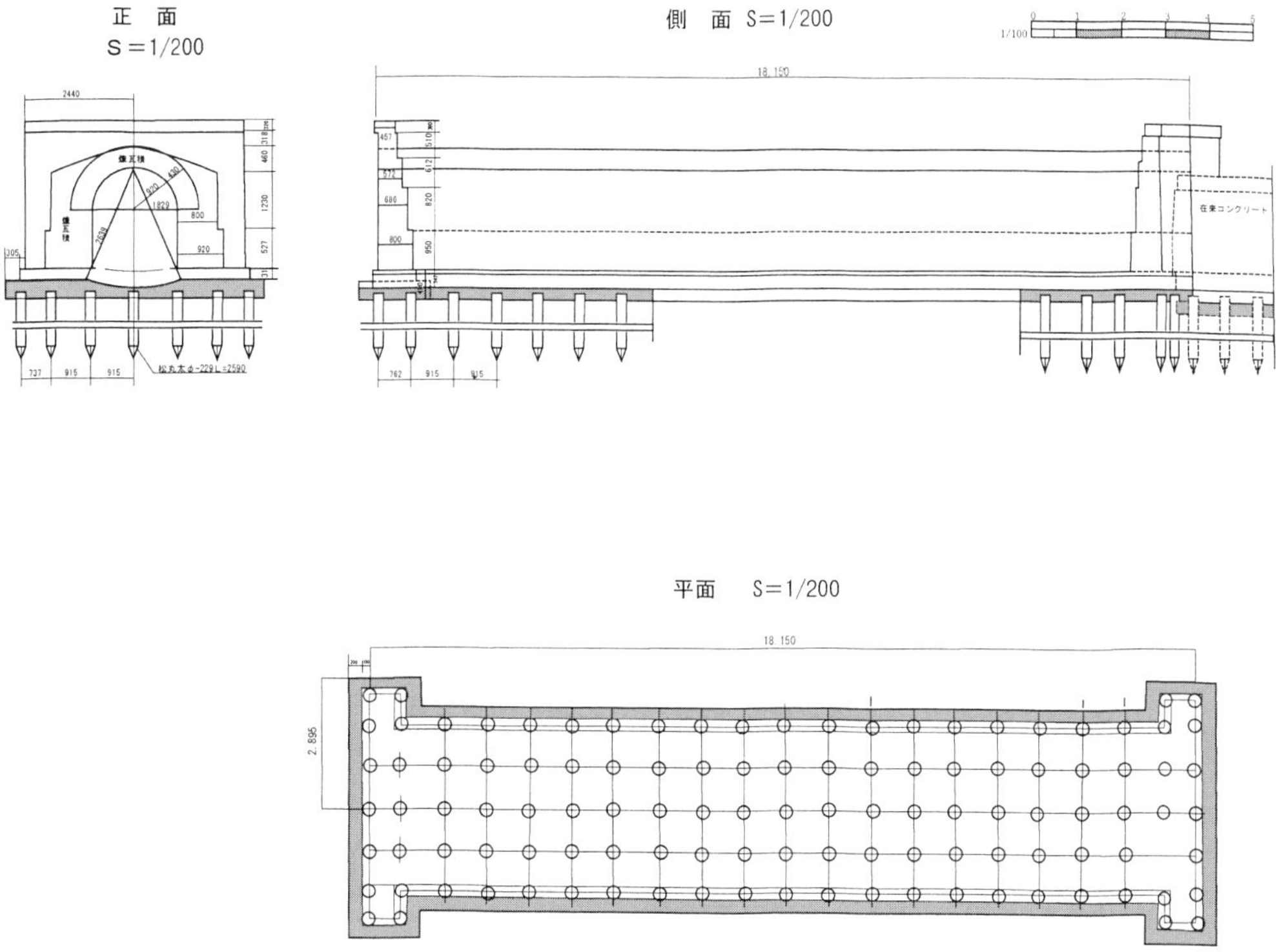

第４図　暗渠図面

測る。ほぼ中央部に桜のマークがみられる。

二　煉瓦構造物及び赤煉瓦の課題

旧岩崎邸については、一八八八年（明治二一）発行の『相陽大磯駅全圖[6]』には記載が無いが、一八九一年（明治二四）発行の『相模大磯全圖[7]』には、「岩崎氏別荘」とあり、南側の低い部分の平地に二階建て二棟、平屋建て一棟が確認できる。また、一八九四年（明治二七）の『神奈川縣大磯明細全圖[8]』には、南側の低い部分に二階建て三棟と、高い部分に平屋建て一棟が確認できる。さらに今回図示できなかったが、一九〇六年（明治三九）測量の「大磯邸内実測図」が残されている[9]。これによると、前記した二本のトンネルも明記され、頂上部附近には大きな家屋があり、南側の低い部分にも大きな家屋と二棟の建物が描かれている。

そして、一八九七年代前半に作成されたと考えられる『家屋台帳[10]』には、大小二〇棟あまりの建物の存在が知られ、中でも主屋草葺居宅二棟は、それぞれ約二〇〇坪と一六五坪と、極めて大きい建物が建っていたことがわかるが、おそらく大磯邸内実測図にある建物と推察される。

今回紹介した頂上部附近の煉瓦壁は、配置等からちょうど大きな家屋と重なるようであり、しかもその下部に位置することから、基礎あるいは部分的な基礎、地下室、ボイラー室などが想定される。しかしながら、設計者や建築業者をはじめ現段階では不明な部分が多く、大きな課題が残る。さらに、上屋はすでになく、この煉瓦壁の部分も今は新しい建築物が建てられ、仮に新たな資料が出てきても、比較検討

写真2　暗渠内部

することができない状況であり、大きな障害となっていることも事実である。

大磯町の初期別荘（明治中期〜後期）には、広大な敷地に洋館と和館を配置する例がある[11]。また、年代的には数年の差があるが、三菱財閥三代目岩崎久弥は、イギリスの建築家ジョサイア・コンドルに設計を依頼して一八九六年（明治二九）、岩崎本宅を建てている。さらにコンドルも、一九〇六年に大磯町に別荘を構えており、煉瓦造の赤星弥之助別荘の設計も行っている[12]。こうしたことから、この敷地内には西洋館の存在が想定される。しかしながら、先の家屋台帳には「西洋造居宅」の記載がないので、西洋館は存在しなかったことが窺え、初期別荘の形式には多様な様相が確認でき[13]、『建物台帳』や『家屋台帳』の研究を通じて、大磯町の別荘建築を再度見直す必要がある。

トンネルをはじめとする煉瓦構造物に用いられた膨大な量の赤煉瓦はどこで製造され、どのような経路で運ばれてきたのであろうか。採取した赤煉瓦については、第2図に示したが、中でも注目されるのは放射状の刻印を有するもので大磯町では初見である。これは、第5図の毎日新聞の広告にあるように『横浜煉化製造会社』の製品で、本社は横浜区相生町（現横浜市中区相生町）、工場は橘樹郡川崎駅在戸手村（現川崎市幸区戸手）、創業は明治二一年である。黎明期の煉瓦産業においては、合併、廃業は凄まじく、同社も同様な変遷を辿ったことが知られている[14]。

同社の製品は、横浜元町公園内、横浜ガス局跡地、明治学院神学部校舎、国学院高校校舎（第四聯隊兵舎使用）など、製造場所に比較的近い場所で確認されている[15]。近年は、藤沢市江ノ島の旧江ノ島植物園敷地内からも出土しているが[16]、ここは英国商人サムエル・コッキングが一八八二年（明治一五）頃植物園を開設したのが始まりと言われている。今回の発見場所は、江ノ島よりもさらに西に約二〇km離れており、今のところ横浜煉化製造会社の製品の西限ととらえることができる。

　なお、桜マークの赤煉瓦については、いわゆる『小菅集治監』製で、同一敷地内であるが、同じ箇所に使用されていたかどうかは不明である。つまり旧岩崎邸内の煉瓦構造物については、現状では二箇所の煉瓦工場から供給された赤煉瓦を使用していることはわかるが、煉瓦壁や煉瓦構造のトンネルなど、どこにどのように使用されていたのかははっきりしていない。同時に、輸送方法についても開通間もない東海道線、あるいは河川から海路なども想定され、今後の大きな課題といえる。

　鳴立沢の橋梁については、「暗渠タイプのアーチ構造」である[17]。側壁は垂直となっており、「イギリス積み」で、天井アーチ部分と下部は「長手積み」であり、一般的に多く見られるパターンである。この暗渠タイプの橋梁はトンネルと違い、躯体を構築し、覆土で埋め戻す「開削工法」によって施工されるが、この附近の鉄道の開通は一八八七年、橋梁の竣工は一八九八年と、約一〇年の開きがある。この間、この場所はどうなっていたのであろうか。第4図には在来コンクリートという記述がある。すでにコンクリート製の構造物があったことが窺えるが、なぜ煉瓦で暗渠を造る必要があったのであろうか、大きな課題である。

　採取した赤煉瓦は、『小菅集治監』製であった。橋梁の竣工が一八九八年であるので、製造の上限を知ることができる。

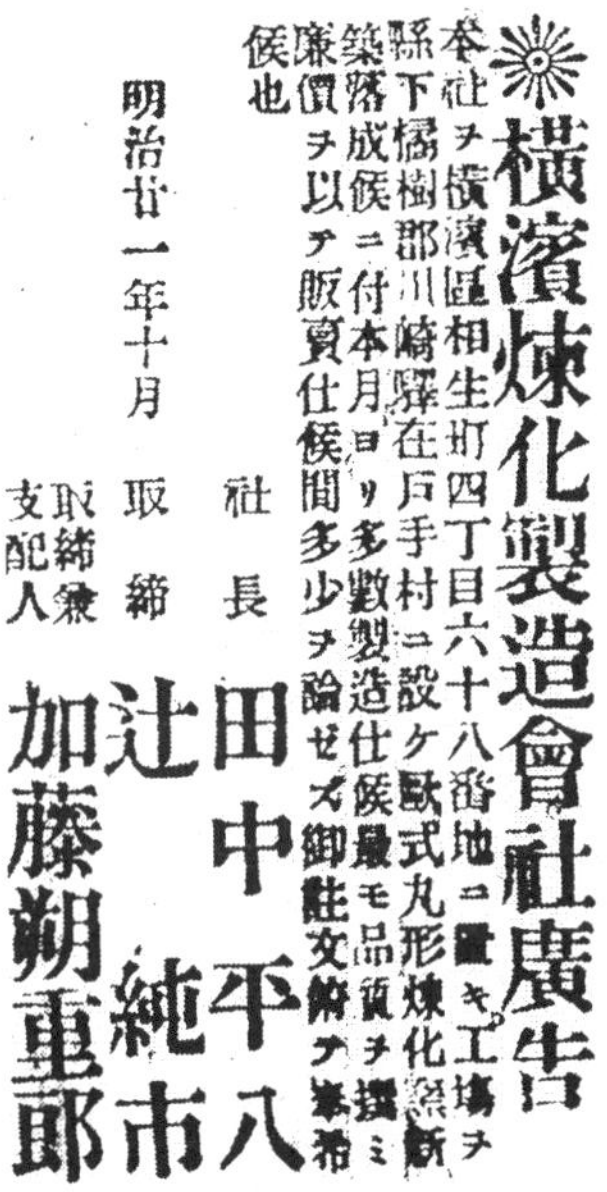
横濱煉化製造會社廣告

本社ヲ横濱區相生町四丁目六十八番地ニ置キ工場ヲ橘樹郡川崎驛在戸手村ニ設ケ獨式丸形煉化窯新築落成候ニ付本月ヨリ多數製造仕候最モ品質ヲ撰ミ廉價ヲ以テ販賣仕候間多少ヲ論ゼズ御註文奉希候也

明治廿一年十月

社長　田中平八
取締　辻純市
取締兼支配人　加藤朔重郎

第5図　広告抜粋
（毎日新聞、明治21年10月14日）

おわりに

　人間が生活するためには、水は欠かせない存在である。大磯町は昔から水の便が悪く、水不足に悩んでいた。岩崎家では別荘陽和洞建築に際して、東海道線北側の水源地を買い、土管を埋設してその中に水道管を通した。水量は豊富で別荘だけでは使いきれないので、近隣に分け与えた記録が残っている[18]。別荘の規模はもとより、膨大な量の赤煉瓦の存在など、この敷地に費やした経費は相当なものであったことがわかる。

　今回紹介した煉瓦構造物は、いずれも一九二三年（大正一二）の関東大震災を経験し、なおその姿を現代に残す、いわば歴史の生き証人である。震災の被害は大きく、「別荘邸宅ノ殆ト倒潰シ又ハ大破セシ」とあるように、伊藤博文（当時李王家）の滄浪閣や梨本宮別邸など多くの著名別荘が全潰している[19]。岩崎邸も相当の被害を受けたものと想像される。

　赤煉瓦は刻印から製造所を特定できたが、構造物の建築年代も判明しているところから、煉瓦製造時期と建物建築時期に矛盾はないので、おおむね赤煉瓦製造年代の上限を抑えることができた。

今後は、旧岩崎邸内の詳細な調査と別荘の内容について追求することはもちろん、輸送経路についても調査していきたい。と同時に、鴫立沢橋梁についても詳細な調査を行っていく所存である。

註

（1）大磯町教育委員会　一九九〇「石造物調査報告書二」『大磯町文化財調査報告書』第二九集

（2）大磯町教育委員会　一九九一「石造物調査報告書四」『大磯町文化財調査報告書』第三四集

（3）鈴木　昇　一九九六「岩崎別荘陽和洞の建設をめぐる話し」『大磯の今昔』七
　川田　羆　一九〇七『大磯誌』

（4）稲葉和也ほか　一九九二「大磯のすまい」『大磯町文化財調査報告書』第三七集

（5）飯田善雄　二〇〇三「第三章交通・運輸・交易」『大磯町史八』別編民俗

（6）大磯町郷土資料館蔵　一八八八『相陽大磯駅全圖』

（7）大磯町郷土資料館蔵　一八九一『相模大磯全圖』

（8）大磯町郷土資料館蔵　一八九四『神奈川縣大磯明細全圖』

（9）岩崎家所蔵の実測図で、明治三九年六月測量とある。

（10）大磯町蔵『旧大磯町行政資料』

（11）前掲（4）に同じ。

（12）前掲（4）に同じ。

（13）水沼淑子　二〇〇八「大磯町における初期別荘建築の様相について」『大磯町史研究』第一五号

（14）坂上克弘ほか　二〇〇八「御幸煉瓦製造所について」『川崎市民ミュージアム紀要』第二〇集

（15）横浜開港資料館　一九八五『日本の赤煉瓦』
　水野信太郎　一九九九『日本煉瓦史の研究』
　水野信太郎　二〇〇一「国内煉瓦刻印集成」『産業遺産研究』第八号

（16）栗原　岳　二〇〇三「江ノ島にて明治中期の煉瓦造温室遺構が出土」『土木史フォーラム』一二五号

（17）小野田滋　一九九八「わが国における鉄道用煉瓦構造物の技術史的研究」『鉄道総研報告』特別第二七号

（18）前掲（3）に同じ。

（19）大磯警察署　一九二四『震災記録』

「コンデルさん」の足跡

——赤星弥之助別荘の赤煉瓦——

はじめに

「湘南発祥の地」として知られる神奈川県大磯町は、一八八五年（明治一八）に海水浴場の開設、また一八八七年（明治二〇）には鉄道開通による大磯駅の誕生により、政財界人が競って別荘を建築、避暑地・避寒地として急速な発展を遂げた。

残されている複数の絵図や文献によれば、一八八八年（明治二一）発行の『相陽大磯駅全圖』[1]には九軒、一八八九年（明治二二）発行の『大磯名勝誌』[2]には二一軒、一八九一年（明治二四）発行の『相陽大磯一覧之圖』[3]には五九軒、一八九四年（明治二七）発行の『神奈川縣大磯明細圖』[4]には七二軒、一九〇七年（明治四〇）発行の『大磯誌』[5]には一〇八軒と順調な伸びが窺え、一九〇八年（明治四一）日本新聞社が公募した優良避暑地において第一位に選ばれ、「海内第一避暑地」[6]と称された。

このことが以後の別荘建築にも拍車をかけたようであり、一九一七年（大正六）発行の『大磯案内』[7]には一四二軒、一九二二年（大正一一）発行の『大磯案内』[8]には二一八軒、一九二五年（大正一四）作成の『大磯町各別荘所有者調』[9]には一九四軒、一九二六年（大正一五）作成の『大磯町各別荘所有者調』[10]には二二九軒、一九二七年（昭和二）作成の『大磯町各別荘所有者調』[11]には二三五軒、一九三〇年（昭和六）発行の『大磯案内』[12]にも二三五軒の別荘を確認することができ、一九二三年（大正一二）に発生した関東大震災で大きな被害を被ったにもかかわらず[13]、その影響を感じさせないほど右上がりに増加していったことがわかる。

しかしながら、戦後は社会構造が一変し、海水浴をはじめとするレジャーが一般化、大衆化すると、徐々に衰退を迎え、またその後の社会情勢の急激な変化により、広大な敷地を有した別荘地は売却後高層建築物に、あるいは切売りされ戸建て住宅に姿をかえ、現在に至っている。現存する歴史的建造物をいかに保存し、後世に継承していくかが大きな課題となっていることはいうまでもないが、同時に失われたこのような時代の所産を、物質文化の側面から解明しようとする近現代考古学に課せられた期待は大きいといえる。

これまでにも、島津忠寛（旧砂土原藩主）邸[14]、細田安兵衛（榮太樓總本鋪主）邸[15]、塩田泰介（三菱造船常務取締役）邸[16]、岩崎弥之助（三菱財閥二代総帥）邸[17]、三井高棟（三井財閥総領家当主）邸[18]などに関連する遺物

第1図　赤星別荘と関連する別荘位置図

1 赤星弥之助邸　2 島津忠寛邸　3 細田安兵衛邸　4 塩田泰助邸　5 岩崎弥之助邸　6 三井高棟邸　7 諸井恒平邸　8 ジョサイア・コンドル邸

を、機会あるごとに紹介をしているが、まだまだ十分とはいえない。（第1図2～6）

本稿では、関東大震災で倒壊した『赤星弥之助別荘』について、残された遺物を紹介し、併せて往時の社会的背景の一端を詳らかにするとともに、大磯町における近代史の空白域を埋めようとするものである。

なお、本資料は一九九六年、大磯町にお住まいのT氏より大磯町に寄贈されたものである。

一　別荘の概要と遺物

赤星弥之助（一八五五年（安政二）～一九〇四年（明治三七））は、鹿児島県出身の実業家で、明治維新後、「大坂の恩人」と称された実業家五代友厚の知遇を得て、さらには海軍大将樺山資紀の援助で、物資調達を一手に行い、一代で巨万の富を築いた人物であり、古美術の収集家としても有名である。[19] また、長男鐵馬はブラック・バスを芦ノ湖に放流したことで、その実弟四郎・六郎は日本近代ゴルフの礎を築いたことで有名である。

さて、赤星家が大磯町に土地を求めたのは、一八九八年（明治三一）が最初であるが、この土地は一九〇五年（明治三八）に古河虎之助に譲渡されている。[20] 次いで一九〇四年に山手に約五〇〇〇坪の土地を取得しており、紹介する別荘もここに建てられていた。

建物の設計はジョサイア・コンドルであり、完成は一九〇七年（明治四〇）である。[21] ちなみに、コンドル設計で同じ年度に竣功した建物としては、煉瓦造二階建の岩崎弥之助（三菱財閥）高輪別邸、木造二階建の末延道成（実業家）鳥居坂邸がある。[22] 赤星弥之助は一九〇四年（明治三七）に亡くなっており、土地の名義は翌年に長男鐵馬に所有権移転されているものの、当時はアメリカ留学中であることから設計は一九〇四年以前と考えられている。

赤星邸の建築図面は京都大学建築学教室に残されており、建坪約七〇坪、一階は煉瓦造石積み、二階は木造ハーフチンバー（木骨様式）で、隣する和館と渡り廊下で繋がっていた。玄関を入ると、ホール兼居間があり、左手には応接兼書斎と食堂がある。半円形に突出した階段室から二階に上がると、廊下を挟んで、寝室と洗面所・体育室が配置されている。（第2・3図）

遺物は、このような建物の一部を構成していたと考えられる赤煉瓦である。資料群のうち、単体で存在する個体三点について図化を行った（第4図）。各個体について概観する。第4図1はほぼ完形の個体で

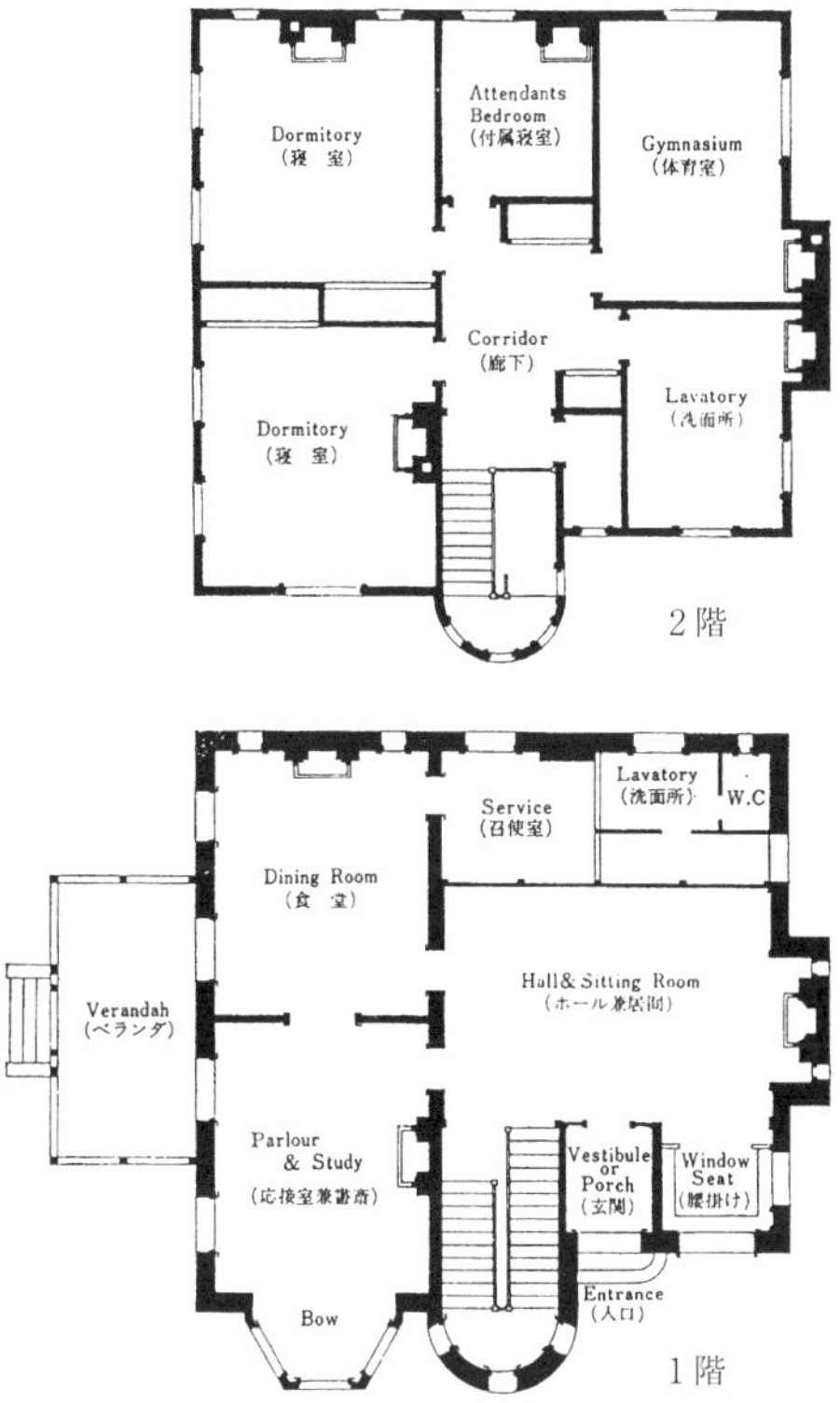

第2図　赤星邸の平面図

第3図　震災前の赤星邸

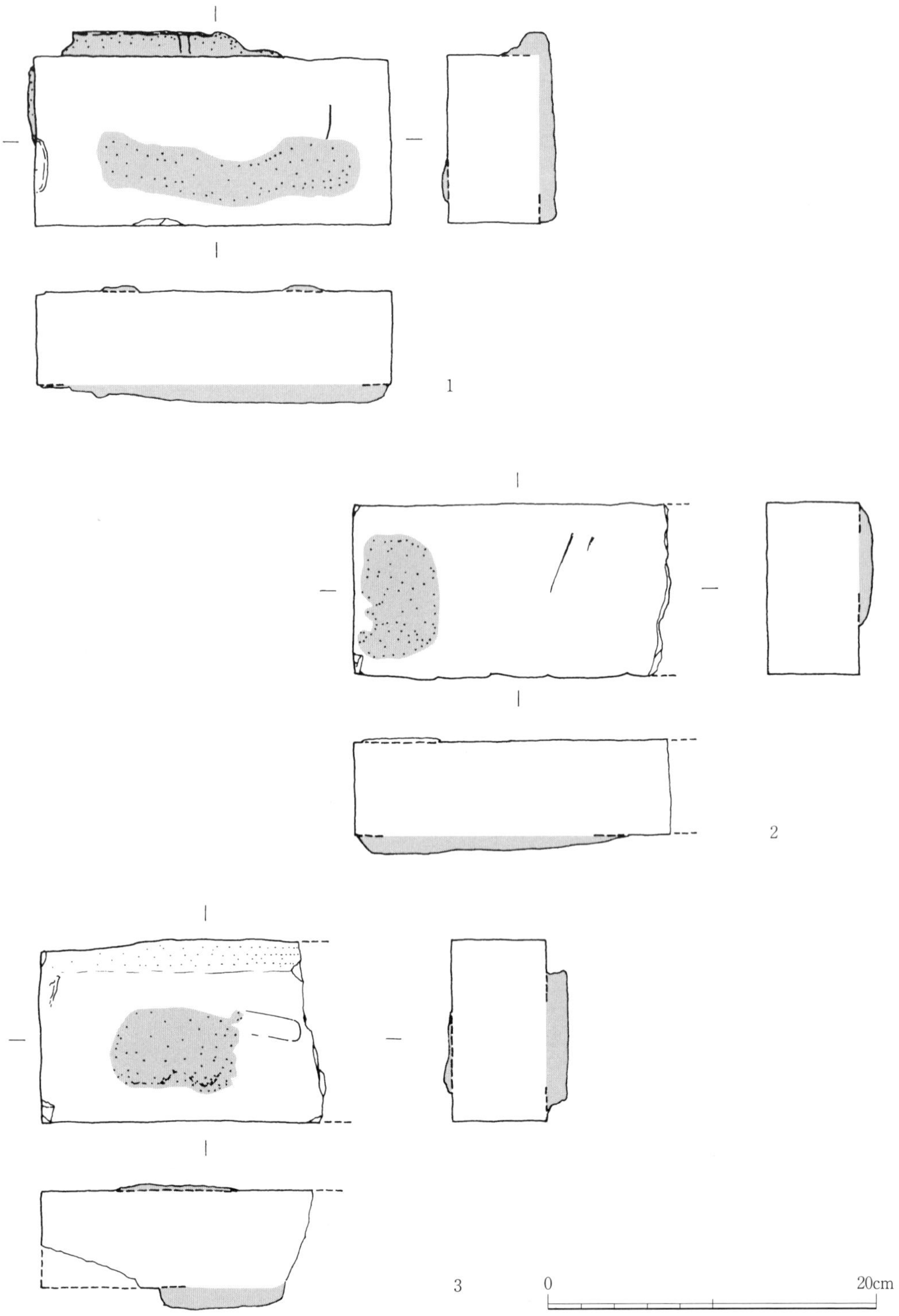

第4図　赤煉瓦実測図

あり、寸法は長さ二一七㎜、幅一〇〇㎜、厚さ五七㎜である。平部及び長手部にモルタル（mortar）の附着がみられる。表面は機械成形時の切断痕により縮緬状を呈し、また条痕が認められる。焼成は良好で、胎土は緻密であり、重量感のある製品であるといえる。色調は暗赤褐色（Hue10R3/2）を呈す。

　2は片方の小口が失われている個体である。寸法は現存長一九一㎜、幅一〇三㎜、厚さ五六㎜である。長手部に波状の湾曲を有する。平部にはモルタルが附着し、1と同じく機械成形の痕跡が認められる。焼成・胎土・色調は1と同様である。

　3は片方の小口の部分が残存する個体である。寸法は現存長一七一㎜、幅一〇九㎜、厚さ五八㎜である。平部にはモルタルが附着するが、空隙に楕円形の刻印が認められる。刻印は鮮明ではなく、さらにモルタル等が附着している為に刻印の文字はきわめて判読し難い状態ながら、拡大鏡等を用いて断片的ながら「上敷免製」の文字が刻されていることが確認できる。焼成は良く、1・2よりは軽い質感である。色調はにぶい赤褐色（Hue2.5YR5/4）を呈する。また長手部側沿いの縁辺に撫でを施す調整がみとめられる。

　前記三点のうち1・2と3は胎土・質感及び調整技法の差異が認められる。仮に1・2をⅠ類、3をⅡ類と分けることとする。本資料群には、今回図示した個体以外には二個体および三個体が各々モルタルによって連結した資料が存在するが、個体毎色調に若干の差異はあるものの、いずれもⅠ類に近い固体ではないかと認識される。3以外の個体はいずれも現状では刻印が確認できないため多くの根拠を持たないが、本資料群は少なくとも二種以上の赤煉瓦によって構成されているのではないかと推察される。

　本資料群は、一九九六年、T氏宅納屋の取り壊し計画に伴う資料調査に際して確認し、受入を行った。当該納屋は当時家人の話によれば建築後「一〇〇年のうえ」とのことであった。納屋の壁上部や外部の石段附近に赤煉瓦が配されており、表面採集等を行った。なお、今回図示しなかった資料は、上述したように複数個体をモルタルで連結した状態であるが、いずれもそろって小口部が表出する常態で組成された一部であると考えられる。また三個体が連結する資料の片側の小口部には漆喰の附着がみられたことが附記されよう。また各個体の寸法は、いずれも長さ二一五～二二〇㎜の範疇である。

　採集時の聞き取り調査によれば、T氏の父親が一九二三年の関東大震災後に、倒壊した赤星別荘から多量にもらってきた。古いが品質の良い煉瓦であることから使用したとのことである。T氏は聞き取り調査時八八歳、関東大震災時は一五歳であった。

　資料群のうち、3については一八八七年（明治二〇）創業の「日本煉瓦製造会社」[23]の製造であることが確認できる。3以外の資料については同一年代・産地である可能性が高いのではないかと考えられるが、刻印が確認されていないこともあり、今後の整理調査等の結果を俟っての考察が必要であろう。

二　収束

　赤星弥之助別荘に使用されていたと考えられる赤煉瓦は、平の部分が縮緬状を呈する機械成形の赤煉瓦で、「日本煉瓦製造会社」の製品が含まれていることが判明した。大磯町内では、一九九二年大磯駅付近において、駐輪場建設に伴う発掘調査の際に、上敷免製の煉瓦（二三〇×一〇八×五六）が出土している[24]。その際の聞き取りでは、関東大震災で倒壊した建物の部材を廃棄したらしいとのことであった。また未確認情報として、倒壊した赤星別荘の煉瓦を廃棄したとの情報もあった。

今回寄贈された赤煉瓦と比較すると、長さは異なるものの、幅、厚さにおいて近似する。そうすると、赤星邸には複数の寸法の異なる赤煉瓦が使用されていたことになり、今後さらなる追及が必要となりそうである。

また、大磯警察署編集の『震災記録[25]』によれば、「李王世子邸滄浪閣及ビ梨本宮別邸ハ全壊シ…」と皇族別邸の記載はあるものの、赤星別荘を含む多くの別荘の状況が不明である。果たして全壊したのか、あるいは半壊程度かが全く窺い知ることができない。年数が経過し、聞き取りも困難な状況であるが、調査する必要を痛感する。

大磯町における近代別荘建築については、『大磯のすまい[26]』に詳しいが、おおむねⅠ～Ⅲ期に分けられる。特に、第Ⅰ期は明治中期～後期にかけてで、駅周辺や海浜部など景観の良い場所が選ばれ、広い敷地に建物は最初小さかったが、やがて洋館部と和館部を別にした大邸宅型別荘が登場する。山縣有朋、伊藤博文、鍋島直大、樺山資紀、山内豊景など、薩摩や長州、土佐といった明治維新の遂行に尽力のあった高級官僚や、三井高棟、岩崎弥之助など財閥資本家が別荘を構えた。

こうした様相から赤星邸をみると、確かに竣工は明治四〇年と明治末期に属するものの、駅近くの広大な敷地に洋館と和館が建つという点や接客中心の部屋割りなどからⅠ期の範疇に含まれるものと理解される。

日本煉瓦製造株式会社の歴史をまとめた『日本煉瓦一〇〇年史[27]』には創業期から同社を支え、取締役となった諸井恒平の名前がみえる。同氏の別荘も大磯町にある（第1図7）。赤星邸とは直線距離で約五〇〇m、大正末期に約五〇〇坪の土地を購入、記録に残る主屋は一九三二年（昭和七）石間工務店の設計施工による純和風木造二階建住宅であり[28]、名義は恒平の長男貫一である。

さらに赤星邸を設計したジョサイア・コンドルもまた、大磯に別荘を構えている（第1図8）。もっとも当時、外国人は土地・家屋を所有できなかったので、妻（前波くめ）が購入していた。和風の二六坪、板葺の簡素な建物であった[29]。地元では「コンデルさん」と呼ばれていた。

おわりに

大磯町はもとより、神奈川県内の多くの歴史的建造物は、一九二三年（大正一二）の関東大震災により倒壊あるいは一部倒壊など多大な被害を被り、姿を消した建物も少なくない。紹介した赤星邸もその一つである。また幸いにして残った建物についても、時代の趨勢からここ数十年の間に、敷地が分割分譲されるなどして失われた建物もある。現存する別荘建築を如何に残し、後世に伝えていくか、大きな課題であり、失われた建物についても土地の変遷の中で時代毎に整理していく必要がある。また、上屋は消失しても基礎が残っている場合もある。そうしたことも十分考慮しながら、別荘跡地の発掘調査には細心の注意を払う必要があろう。今後、機会ある毎に関連遺物を紹介していきたい。

註

（1）大磯町郷土資料館蔵　一八八八『相陽大磯駅全圖』
（2）厚見眞佐次　一八八九『大磯名勝誌』天瀬書屋蔵版
（3）大磯町郷土資料館蔵　一八九一『相陽大磯一覧之圖』
（4）大磯町郷土資料館蔵　一八九四『神奈川縣大磯明細圖』
（5）河田　羆　一九〇七『大磯誌』冨山書房
（6）大磯駅前に『海内第一避暑地』の碑がある。第2位は軽井沢で、鎌倉は第11位。
（7）岩尾杌水　一九一七『大磯案内』菊屋書店
（8）朝倉誠軒　一九二二『大磯案内』三宅書房
（9）大磯町所蔵『旧大磯町行政資料』
（10）前掲（9）に同じ。
（11）前掲（9）に同じ。
（12）朝倉誠軒　一九三〇『大磯案内』菊屋書房
（13）大磯警察署　一九二四『震災記録』
（14）鈴木一男　一九九三「神奈川県大磯町神明前遺跡の煉瓦遺構」『史峰』第一九号　新進考古学同人会
國見　徹　一九九七「別荘地内出土の汽車土瓶」『大磯町史研究』第五号　大磯町
（15）鈴木一男・國見　徹　二〇〇二「海内第一避暑地に於ける煉瓦構造物小攷」『地域考古学の展開―村田文夫先生還暦記念論文集―』
（16）前掲（15）に同じ。
（17）鈴木一男　二〇〇七「第2節近現代遺跡と遺物―6旧岩崎邸の煉瓦構造物―」『大磯町史』10別編考古
（18）前掲（17）に同じ。
（19）一九八一『茶道人物辞典』柏書房による。
（20）前掲（9）及び鈴木　昇　一九八八『大磯町別荘一覧』による。
（21）河東義之編　一九八一『ジョサイア・コンドル建築図面集』Ⅱ　中央公論美術出版
（22）建築学会　一九二〇「コンドル博士作物一覧表」『建築雑誌』四〇二号
（23）日本煉瓦製造株式会社　一九九〇『日本煉瓦一〇〇年史』
（24）鈴木一男　一九九六「湘南地方における赤煉瓦・耐火煉瓦と産業考古学」『考古学の諸相―坂詰秀一先生還暦記念論文集―』
（25）前掲（13）に同じ。
（26）稲葉和也　一九九二「大磯のすまい」『大磯町文化財調査報告書』第三七集　大磯町教育委員会
（27）前掲（23）に同じ。
（28）前掲（26）に同じ。
（29）前掲（26）に同じ。

挿図出典

第1図　国土地理院　二五〇〇〇の一　平塚
第2図　河東義之編　一九八一『ジョサイア・コンドル建築図面集』Ⅱ　中央公論美術出版
第3図　杉崎俊和氏所蔵
第4図　新規作成（國見作図）

煉瓦造の鉄道橋梁
——特に馬入川橋梁を中心に——

はじめに

「汽笛一聲新橋を」で始まる有名な鉄道唱歌の一一には、「支線をあとに立ちかへり　わたる相模の馬入川　海水浴に名を得たる　大磯みえて波すゞし」とある。同じく一二には「国府津おるれば電車あり　酒匂小田原とほからず　箱根八里の山道も　あれ見よ雲の間より」とある。前段は藤沢・茅ヶ崎・平塚・大磯の、後段は国府津を含む小田原・松田の情景が謳われている。

写真１　馬入川橋梁の現状

この湘南地方を東西に走る東海道線は、一八八七年（明治二〇）の新橋・国府津間の開通によるものである。

戦後は「湘南電車」とも呼ばれ、沿線の特産品であるみかんやお茶をイメージしたオレンジ色と濃緑色のツートンカラー（湘南色）の車両は、景観ともあいまって独特の雰囲気を醸し出していた。一九二三年（大正一二）九月一日相模湾北西沖を震源として発生した関東大震災は、人家はもちろん、当時物資流通の根幹を成していた鉄道網にも大きな被害をもたらしたが、震源に近かった湘南地域ではなおさらのことであった。沿線駅舎や橋梁の倒壊、列車の転覆など凄まじいものであった。特に、馬入川橋梁は甚大な被害を被ったが、その様子は一部であるが今でも見ることが出来る（写真1）。一方、その他の山西橋梁や押切架道橋をはじめとするいくつかの煉瓦造の橋梁は、若干の被害を被ったと思われるが、現存しその雄姿を今に伝えている。

本稿では、そうしたいわば歴史の生き証人ともいうべき湘南地域の煉瓦造の橋梁について、現状と課題を整理するものであるが、このような構造物に使われた煉瓦の製造元がほとんどわかっていない現状を踏まえつつ、現地調査で判明した事実を紹介する。特に馬入川橋梁については、倒壊した橋脚がそのまま残っており、遺物も採集できたためより具体的に煉瓦の様相と構築時期について検討を加えるものであり、近代考古学並びに災害遺跡の研究の推進に少しでも寄与できれば望外の幸せである。

一　橋梁の現状と特徴

中島川架道橋（第1図1・写真2・3）［茅ヶ崎市］

馬入川の東側に位置する橋梁で、延長三・六m、幅（奥行）は上り線三・五七m、旧下り線三・六六mを計り、その区別は目視で容易に識別できる。いずれも煉瓦造りでイギリス積みである。写真2は旧下り線であるが、車が一台ようやく通れる幅しかなく、しかも全体的に東西に引っ張られたように歪んでいるが、これは取りも直さず関東大震災の影響と考えられる。一方、上り線はこうした歪みがなく、壁は垂直である。

この旧下り線両側の橋脚（橋台）煉瓦は削り取られているが、ここを観察すると、機械成形煉瓦と手抜き成形煉瓦の双方が確認でき、両者が併用されていたことがわかる（写真3）。しかし、上り線に関しては、両側がコンクリート製の壁で覆われているため詳細な観察ができず、旧下り線と同様の様相であるかどうかは不明である。

煉瓦は現地表から上部の石積直下まで五九段積まれている。隅部のおさまりは、側面側は小口層に七五を、長手層に小口を挟む。正面側は、小口層では端から三個目に七五を、長手層では端から七五、小口、七五と配置しており、極めて珍しい例である。

煉瓦の寸法は、およそ長さ二一七〜二二三mm、幅一〇三〜一〇七mm、厚さ五三〜五六mmの範疇に入る。上り線、下り線での寸法の相違はほとんど窺えないが、僅かに下り線の方が厚さが薄い。

葛川橋梁（第1図3・写真4・5）［中郡二宮町］

名前のとおり葛川にかかる橋梁で、延長九・一四m、橋台幅約八・二mを測る。両橋台（東京方面と沼津方面）とも、下部構造がフランス積みに似た石積み＝布積み（写真4）、その上がイギリス積みによる煉瓦造りになっている。両端は隅石で構成され、煉瓦はその凹凸に合わせるように、長手層及び小口層に七五を用いて隅部のおさまりとしている（写真5）。煉瓦の色調はにぶいオレンジ色を呈するが、現状では機械成形煉瓦か、手抜き成形煉瓦かを確認することはできない。また焼過ぎ煉瓦は確認できなかった。

煉瓦の寸法は、長さ二二二・〇〜二二

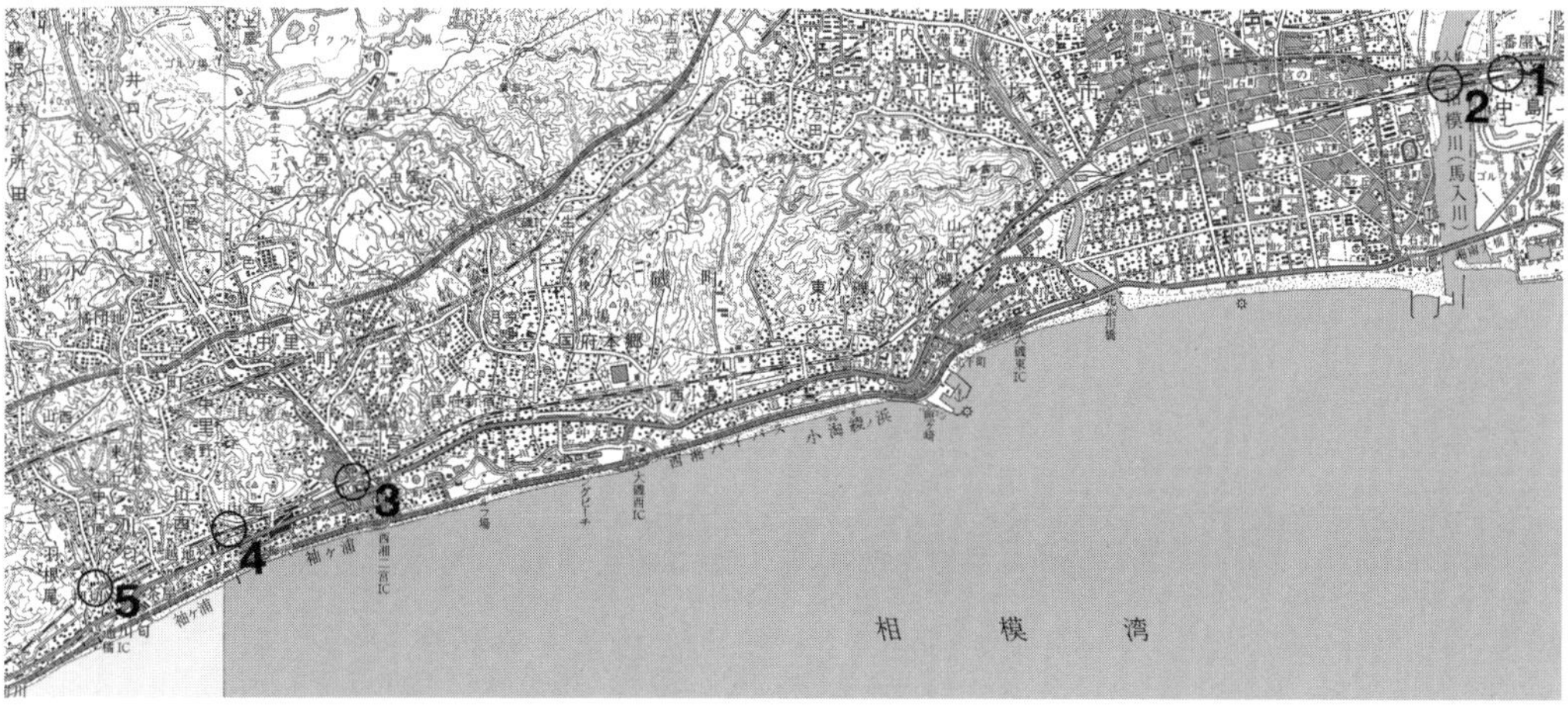

第1図　橋梁の位置図

写真２　下り線の近景（中島川架道橋）

写真３　機械成形煉瓦（中島川架道橋）

写真４　東京方面橋台（葛川橋梁）

写真５　沼津方面橋台（葛川橋梁）

写真６　北側アーチ部分（山西橋梁）

写真７　側壁～天井のクラック（山西橋梁）

写真８　北側アーチ部分（押切架道橋）

写真９　機械成形煉瓦（押切架道橋）

六・〇㎜、幅は一〇八～一一〇㎜、厚さ五九・〇～六一・〇㎜で、上り線と下り線の区別、あるいは両者の煉瓦の相違などは、明確に区別することはできなかった。つまり、この橋梁（橋台）は、最初から八・二mの規模で構築されたものと思われる。

山西橋梁（第1図4・写真6・7）［中郡二宮町］

梅沢川にかかる延長三・〇五mのアーチ橋で、側壁は近年の工事によりコンクリート壁で覆われており、煉瓦の積み方は不明であるが、一部確認できるところではイギリス積みであった。また、側壁上部から天井部にかけては長手積みであり、所々クラックが入っているが、関東大震災の影響かと思われる。

北側正面部分（写真6）は焼過ぎ煉瓦で構成されていて、非常に壮観である。ここから南に二二・五mまでが煉瓦造りであり、その先はコンクリート製である。煉瓦造りの部分をよく観察すると、北側から三・九八m南に行った箇所を境に煉瓦に違いがみられる（写真7）。具体的には北側の煉瓦寸法がおよそ長さ二一八・〇～二二二・〇㎜、幅一〇三～一〇七㎜、厚さ五五～五七㎜を測るのに対して、南側のそれは長さ、幅はほぼ同様で厚さが五九～六一㎜と、厚みがあるのが特徴である。この相違が上り線と下り線に関係があるかどうかは不明である。

写真10　沼津方面下り線橋台（馬入川橋梁）

写真11　東京方面橋台（馬入川橋梁）

押切架道橋（第1図5・写真8・9）［小田原市］

中村川の西側に位置する延長三・六六mのアーチ橋で、東側には関東大震災で被害を被った押切川橋梁がある。県道松田羽根尾線が通る交通の要所でもある。

側壁は現地表から高さ一・六四mまではイギリス積み、そこから上部、さらに天井部にかけては長手積みとなっており、一般的によくみられる構造をしている。奥行きは一五・二二mで、そこから南側はコンクリート製で、現在下り線が走っている。

煉瓦は、写真9に示すとおり、一部で機械成形煉瓦を認めるが、すべてそうであるかどうかは不明である。

煉瓦の寸法は、長さ二二二・〇～二二六・〇㎜、幅は一〇六～一〇九㎜、厚さ五七・〇～六〇・〇㎜を測る。焼過ぎ煉瓦は確認できなかった。また、上り線と下り線の区別、あるいは両者の煉瓦の相違などは、明確に区別することはできなかった。

馬入川旧橋梁（第1図2、第2～4図・写真1、10～14）［平塚市］

1　橋梁の変遷

平塚市と茅ヶ崎市の境を流れる一級河川馬入川（相模川）に架設された上下線総延長四二五三呎六吋（一二九六・四六m）の橋梁で、冒頭でも記したように関東大震災により倒壊してしまったが、清水谷隧道（横浜—戸塚間）とともに横浜—国府津間の主要工事の一つであり、一

写真12　下り線橋脚（馬入川橋梁、側面）

写真13　下り線橋脚（馬入川橋梁、上部より）

八八七年（明治二〇）二月に起工式、同年五月には架設が完成したことが新聞記事から読み取れる。また地盤が悪いため試運転で一尺五寸（約四五cm）も沈んだことも記事となっている。営業運転は同年七月一一日より開始された。

当初は単線で、橋台は基礎が杭打混凝土工、軀体は煉瓦石積で、隅角には石材を使用、橋脚は煉瓦石積の短径七呎六吋（約二・二八m）、長径一二呎二吋（約三・七〇m）の楕円形井筒で、隅角の水切部分には石材を用いるものであった。

東海道線の複線工事は、新橋—品川間を複々線とし、その他の東海道線の全線を複線に改築し、なおかつ停車場その他の設備を改良することを目的に、一八九六年（明治二九）に着手、一九〇五年（明治三八）完成している。馬入川橋梁も下り線は複線増設として、一八九八年（明治三一）建設されたが、橋台は上り線と同様の構造であった。また橋脚は短径七呎六吋（約二・二八m）、長径一三呎八吋（約四・一六m）と上り線よりも若干大きな煉瓦石積の楕円形井筒であった。また、その位置は旧橋梁（上り線を指すと思われる）より下流三〇呎（約九・一四m）の所であった。最終的には、上下線各二八連のプレートガーターを連ねる単線並列式の橋梁であった。その後、上り線においては一九一二年（明治四五）、一九一六年（大正五）と補強改修が行われた。

一九二三年（大正一二）九月一日相模湾北西沖を震源として発生した関東大震災により、鉄道網は大きな被害を被ったが、馬入川橋梁の被害は最大級のものであった。すなわち、両橋台は前方に移動し、橋脚五四基中四八基は切断、そのうち四四基は倒壊し、桁は五六連中四七連が川中に墜落した。その様子は一部ではあるが今でもよく観察することができ（写真14）、災害の様子を現地で体感できる数少ない遺跡として長く後世に伝えたいものである。

なお、現在の旅客線上りと貨物線下りは下部工一体、貨物線上りは単線構造となっており、この三線が関東大震災後の建設で、旅客線下りは一九六五年（昭和四〇）の建設である。改めて言うまでもなく、この四線に挟まれた部分に倒壊した橋梁があったのである。

2　現存する遺構

橋台　東京方面及び沼津方面（写真10・11）の上下線橋台は共に基礎杭の上に混凝土を打ち、軀体は煉瓦積みである。積み方はイギリス積みで、隅石と煉瓦のおさまりは長手層に小口を、小口層に七五を挟むが、上り線橋台の最上部は小口層に羊羹を挟む。隅石に挟まれる煉瓦は共に五段である。表面にみえる部分の煉瓦はすべて焼過ぎ煉瓦である。

煉瓦の寸法は、上り線が長さ二一七～二二二mm、幅一〇三～一〇六mm、厚さ五五～五八mm、下り線は長さ二一二～二一四mm、幅一〇二～

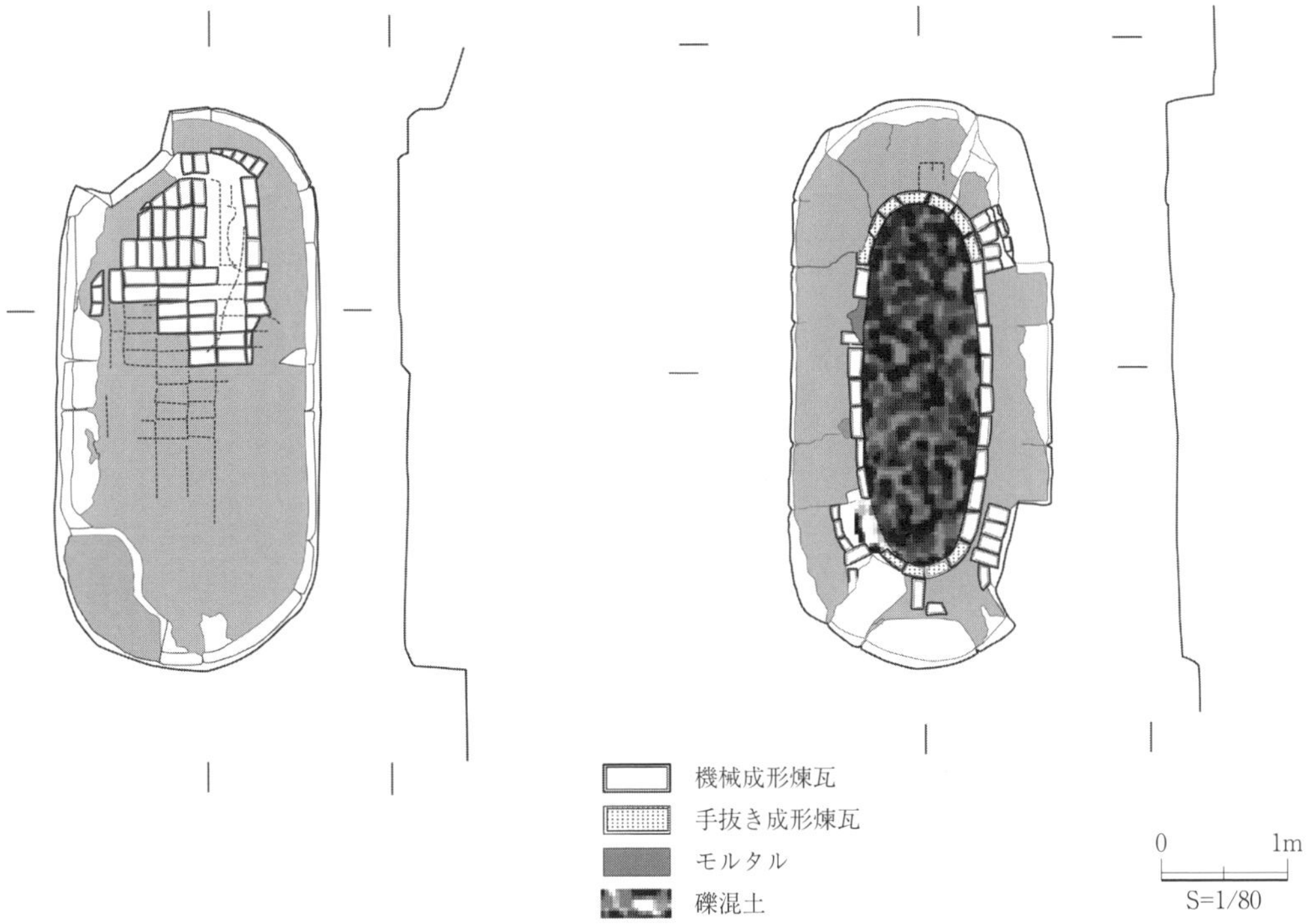

第２図　現存する馬入川橋脚実測図

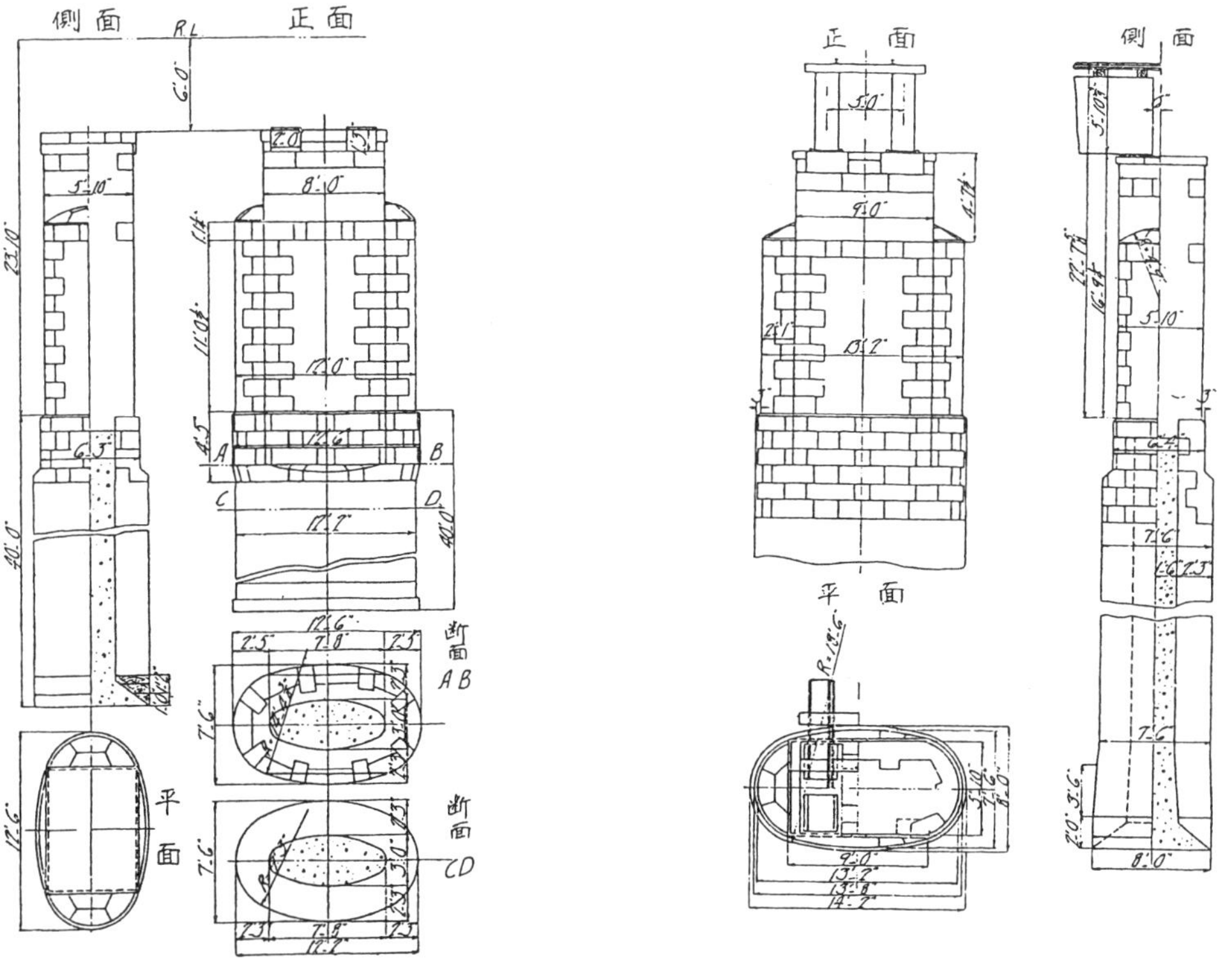

第３図　当時の馬入川橋脚図面（左：上り線　右：下り線）

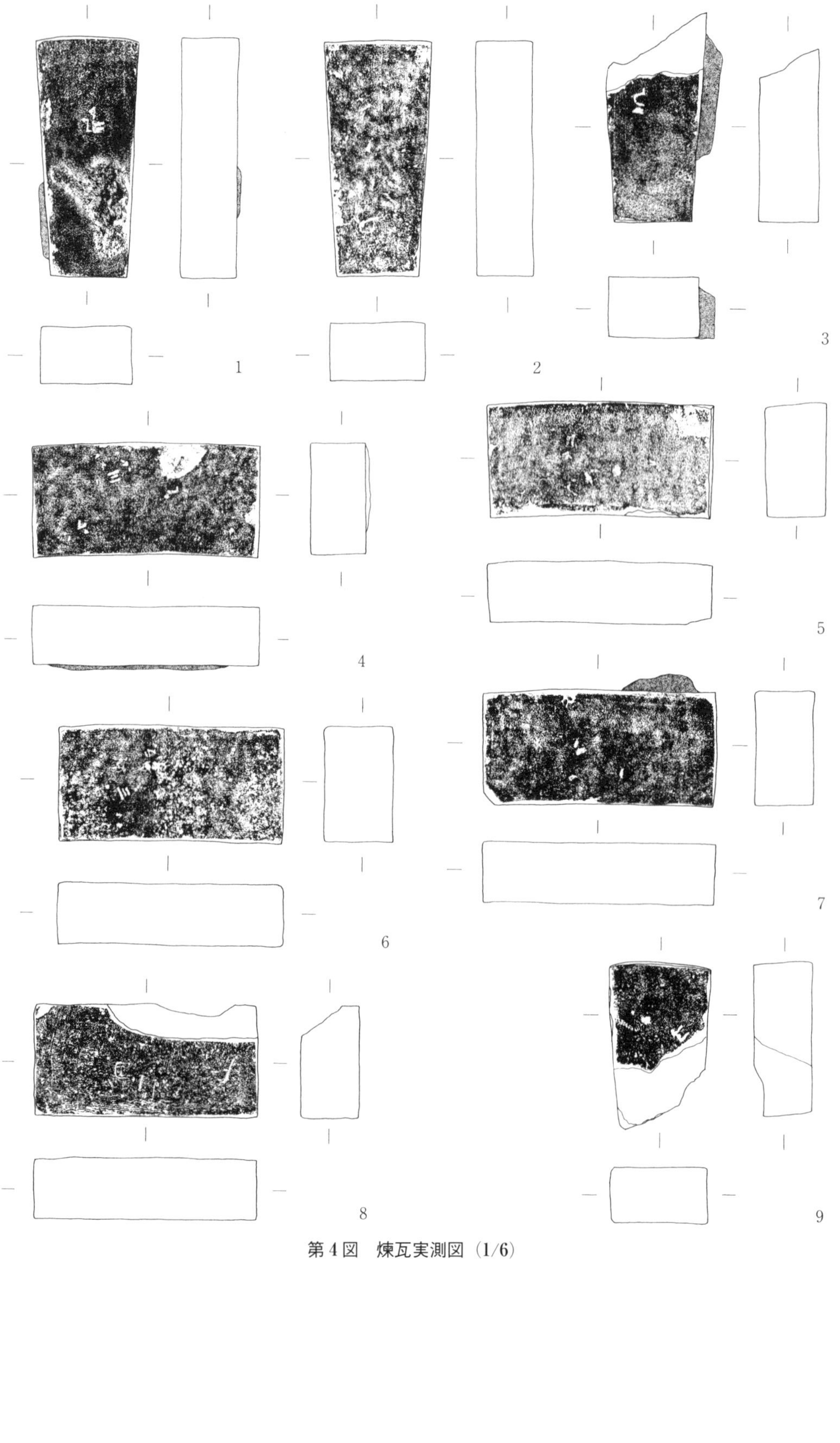

第4図　煉瓦実測図（1/6）

一〇四㎜、厚さ五四～五五㎜を測り、上り線の方がやや大振りである。

橋脚　大半の橋脚は川の中にあって、干潮になると顔を出す状況である。第2図は河川敷に残る橋脚の実測図で、短径二・〇四ｍ、長径四・二四ｍを測る楕円形井筒である。規模及び位置などから下り線の橋脚と判断できる。その構造は、杭打混凝土を中心に躯体を煉瓦で積上げ、隅角の水切りや半円部分には石材を用いるものである。右側に示した橋脚の煉瓦は、機械成形煉瓦と手抜き成形煉瓦の双方がみられるが、混凝土を囲む楕円形を呈する部分の弧状の煉瓦はすべて手抜き成形煉瓦である。

一方左側に示した橋脚は、中心部分に混凝土が無く全面煉瓦で覆われており、右側とは異なる。これは建築当初の図面である第3図でもわかるとおり、中心の混凝土は最上部まで用いられていないので、左側の橋脚は右側の橋脚よりも上部に位置するものと思われる。この左側の橋脚にみられる全面を覆う煉瓦は、すべて機械成形煉瓦であり、長さ二二五～二三二㎜、幅一一〇～一一三㎜、厚さ五四～五七㎜を測る。

参考までに川の中にある現存する下り線の橋脚の様子は、写真12と13のとおりである。

3　採集した煉瓦

採集した煉瓦（第4図）は大別すると、上下の幅に相違がみられる楔形煉瓦（第4図1～3、9）と弧状煉瓦（同4～7）、普通煉瓦（同8）に分けられる。

楔形煉瓦　すべて手抜き成形であり、完形品による計測値は、長さ二二〇～二二六㎜、幅広部分九九～一〇五㎜、幅狭部分七五～八〇㎜、厚さ五五㎜である。刻印は片仮名（ヘ、コ）と漢数字（二、三）がみられるが、1や3には鉤裂きのようなL字に横線を足した刻印もみられる。1や9は幅広の小口面を焼過ぎとしているが、3は幅狭の小口面を焼過ぎとしている。なお、2については刻印並びに焼過ぎは認められなかった。1や3には連結していたことを物語るモルタルが残っている。

弧状煉瓦　すべて手抜き成形である。弧の幅広部分の長さは二一八～二二五㎜、幅狭部分は二一二～二二一㎜を測る。幅は一〇五～一〇七㎜、厚さ五五～五八㎜である。刻印は楔形煉瓦と同様に、片仮名（ヘ、ハ、ラ）と漢数字（二、三）がある。4には1と同じような鉤裂き状の刻印がみられる。5や6は幅広の長手面を焼過ぎとしているが7は片方の小口面を焼過ぎとしている。

普通煉瓦　平面が所謂縮細状を呈する機械成形煉瓦で、長さ二一九㎜、幅一〇七㎜、厚さ五六～五七㎜を測る。楕円区画の中に右から上敷免製の刻印がみられる。

大別三種類の煉瓦は、現地に残る遺構などから、橋脚の楕円形井筒に用いられたもので、楔形煉瓦は幅狭の方を楕円の中心に向かって配置し、弧状煉瓦を挟みながら、外からみて長手面と小口面が交互に並ぶイギリス積みであったことがわかる。

二　煉瓦の様相と構築時期

前章で煉瓦造の橋梁についての現状を記したが、このような橋梁はおよそ一五㎞の範囲に位置している（第1図）。この他、大磯町の鴫立沢橋梁[1]（暗渠・現存）、旧花水川橋梁[2]（関東大震災で倒壊）なども煉瓦造であることから、少なくともこの距離の間に七箇所に及ぶ煉瓦造の橋梁があったことがわかる。

こうした橋梁を含む鉄道用煉瓦構造物の研究は、小野田滋によりようやくその全体像が明らかにされたが、[3]特に煉瓦寸法に関しては、七群一四類型に分類し、全体の傾向と各類型の分布、地域性、時代相を明確にし、「煉瓦の寸法は煉瓦の出自を明らかにしたり、地域性を評価する際の指標として用いることが可能である」とした。ここではこうした研究成果に準拠しながら、調査した橋梁の煉瓦について検討を加えてみたい。

まず、中島川架道橋では、上り線と下り線の区別は目視で容易に判別できる。当初は単線なので後述する馬入川橋梁の有り方を参考にすると、上り線部分が最初の構築と考えられる。横浜・国府津間は一八八七年（明治二〇）七月竣工であるから、時期的にはその前後が想定されるところである。一方、東海道線の平塚・茅ヶ崎間の複線工事は一九〇〇年（明治三三）竣工なので、[4]下り線もこの前後の時期が想定されるところである。

したがって、構築時期の相違が煉瓦の寸法にも現れるのではないかと想定したが、煉瓦の寸法では上り線、下り線ともほとんど変わらず、わずかに下り線の方が長さと幅が大きく、厚さが薄いものの、分類上ではⅤ群1類（並形相当）である。下り線では機械成形煉瓦と手抜き成形煉瓦の併用が確認されているが、我が国初の機械成形煉瓦は、明治二一〜二二年に竣工した日本煉瓦製造会社によるものである。[5]現地調査では、縮緬状の痕跡は確認できたが、日本煉瓦製造会社の製品を示す楕円区画に［上敷免製］の刻印は発見できなかった。一八八七年（明治二〇）以降、東京都下には金町製瓦会社をはじめとする機械成形煉瓦を扱う中小の会社があったので、[6]日本煉瓦製造会社以外の製品の可能性も否定できない。上り線の煉瓦をつぶさに調べれば、下り線と同様の様相を呈しているのか否か、はっきりするが、現状は両側をコンクリートで固められているので、残念ながら確かめることはできない。

したがって、上り線が先行して構築されたことは確認できないが、下り線は機械成形煉瓦の存在から少なくとも複線工事に伴う所産ではないかと想定される。

葛川橋梁では、東京方面橋台と沼津方面橋台共に同様の造りで、しかも上り線と下り線の区別がつかない。したがって上下線一体で構築されたと考えられるが、崩れた箇所もないため、煉瓦の観察もままならず、機械成形か手抜き成形かをも判別することはできなかった。また、煉瓦の寸法からみると、おおむねⅢ群（東京形）2類に属するが、これをもって構築時期決定の材料とは成り得ず、したがって構築時期は不明といわざるを得ない。一方平塚・国府津間の複線工事は一八九九年（明治三二）の竣工なので、ここまで遡る可能性も否定できない。

山西架道橋では、上り線と下り線の区別がつかなかったが、北側から三・九八mを境に煉瓦寸法に相違がみられた。すなわち長さ、幅に大きな相違はないものの、厚さが異なるものであるが、分類上では葛川橋梁と同様にⅢ群の範疇に入るものと考えられる。ただ、こうした途中での煉瓦寸法の相違は、何を意味しているのであろうか。関東大震災に伴う補修工事とも考えられるが、実態はなお不明である。側壁から天井部にかけてクラックが入っているので、関東大震災以前の構築時期とも考えられる。

押切架道橋は、上り線と下り線の区別がつかないアーチ橋であり、煉瓦の寸法ではⅢ群２類に属するものである。機械成形煉瓦を確認しているが、手抜き成形との併用かどうかは不明である。こちらも関東大震災以前の構築と考えられる。

馬入川橋梁は、上り線がⅤ群１類、下り線がⅦ群２類と構築年代の相違が煉瓦寸法の違いに表れている好例である。今回下り線橋脚の調査で、機械成形煉瓦の存在を確認できた。写真13でもわかるとおり、半円形部分には弧状煉瓦と楔形煉瓦が確認できるが、これらはすべて手抜き成形煉瓦である。したがって、下り線では機械成形煉瓦と手抜き成形煉瓦が併用されていることが判明した。

ピアノ線切断による本格的な連続製造ができる煉瓦製造機械は、実際の稼動では日本煉瓦製造会社と下野煉化製造会社におけるもので一八八九年（明治二二）、また可能性のあるものとして金町製瓦会社ぐらいであり、東海道線馬入川橋梁の営業開始が一八八七年（明治二〇）七月ということを考慮すれば、完成当初（単線）の橋脚ではないことは明らかである。おそらく、一八九八年（明治三一）の複線工事に伴う下り線の橋脚の可能性が高いと思われる[7]。しかも、今回採集した普通煉瓦には上敷免製の刻印があったので、少なからず日本煉瓦製造会社の製品が含まれていることはほぼ間違いないものと考えられるが、馬入川橋梁の下り線橋脚に機械成形煉瓦が用いられた事実は今まであまり知られていなかったと思われる。同時に、今回も紹介したような楔形や弧状を呈する手抜き成形煉瓦も併せて用いられており、下り線橋脚に用いられて煉瓦には、少なくとも異なった複数の製造元が想定される。そして、楔形煉瓦や弧状煉瓦の中には刻印が同じものがあり、こうした特殊な異形煉瓦は同一製造所で焼かれたものではないかと想定されるのである。

鉄道と煉瓦の関係については、一八七〇年（明治三）に着手し一八七二年開通した京浜間の鉄道工事においては、「全線一切煉瓦を用いず、専ら石材を使用」したことが知られているが、その理由は沿線に「煉瓦製造者絶無なりしこと」と「煉瓦製造に適する良質粘土を発見し得なかったこと」の二点が挙げられている[8]。一方、一八八六年（明治一九）一一月着手、一八八九年七月開通した東海道線、特に静岡県下では、沿線拠点に煉瓦製造所を設け近隣に供給していたことが知られている[9]。

こうした状況の中、馬入川橋梁に用いられた煉瓦の製造元を想定してみると、上り線は竣工年月日からも、前述したとおり機械成形煉瓦は使われていないものと考えられる。そして、使用する量からも大規模工場からの供給が想定されるが、当時は小菅集治監と東京都下の中小の煉瓦工場があるだけなので、おそらくこうした所の手抜き成形煉瓦ではないかと推察される。現地において、確実に上り線に伴う煉瓦は採集されておらず、上り線の橋脚も現状では不明であるため、一九九六年に採集された桜マークの小菅集治監製の煉瓦[10]をもって上り線の煉瓦の一つの製造元とすることは現状ではいささか無理があろう。

下り線はどうであろうか。鉄道網も地方に延び、煉瓦工場も増え、連続的に煉瓦を生産することができるホフマン窯や機械成形製造機も導入された状況で、品質はもとより寸法もある程度限定され、しかも大量に消費することから考えても、やはり大規模工場で製造される製品を優先的に使用していたと思われる。前述したように機械成形煉瓦に関しては日本煉瓦製造会社が有力である。

三　収束

湘南地域における煉瓦造の橋梁で使用された煉瓦は、中島川架道橋がV群1類、葛川橋梁と山西架道橋及び押切架道橋がⅢ群（東京形）2類に属する。関東地方におけるⅢ群とV群のシェアは九割以上であり、全国においても七割を超している。この点で馬入川橋梁の下り線はⅦ群2類であり、極めてマイナーな存在でローカルな寸法といわざるを得ない。やはり特定の煉瓦工場で焼かせた可能性も否定できない。機械成形煉瓦の存在は、中島川架道橋下り線と押切架道橋、馬入川橋梁下り線で確認することができた。橋梁の建築年代のおおよその特定ができるかも知れない。

また、馬入川橋梁の橋台の煉瓦は、上り線も下り線もすべて焼過ぎ煉瓦であった。しかも長手面も小口面も焼過ぎである。焼過ぎ煉瓦については、日本煉瓦製造会社においても、一八九一年（明治二四）契約の碓氷トンネルで「焼過三種五〇〇万個」、一八九三年契約の淀橋浄水場で「横黒他焼過四四二万個」など比較的早い時期からこうした焼過ぎ煉瓦が作られており(11)、馬入川下り線橋台も同社の可能性が高いが、ただ現状では一つの構造物となっているため、残念ながら刻印の有無や成形の種類など細部を確認することができない。

結局のところ、各橋梁に使用された煉瓦の製造元について可能性を指摘し、構築年代を推察するに止まってしまい、すべてを明らかにすることはできなかったが、今後も調査を続けたいと思う。

註

（1）鈴木一男　二〇一〇「湘南地方における煉瓦構造物について」『芙蓉峰の考古学』池上悟先生還暦記念論文集年

（2）社団法人土木学会　一九八四『復刻版大正十二年関東大地震震害調査報告』

（3）小野田滋　一九九八「わが国における鉄道用煉瓦構造物の技術史的研究」『鉄道総研報告』特別第二七号

（4）社団法人鉄道建設業協会　一九六七『日本鉄道請負業史　明治篇』

（5）日本煉瓦製造株式会社　一九九〇『日本煉瓦一〇〇年史』（ただし、主な納入先リストに東海道線は無い。）

（6）足立区郷土博物館　一九九二『炎のなかから生まれた近代―文明開化とあだちの煉瓦―』

（7）前掲（4）に同じ。

（8）前掲（2）に同じ。

（9）前掲（2）に同じ。

（10）当時立正大学学生であった伊東崇氏（現胎内市教育委員会）が採集した資料を左記の文献において資料紹介した。
鈴木一男　一九九六「湘南地域における赤煉瓦・耐火煉瓦と産業考古学」『考古学の諸相―坂詰秀一先生還暦記念論文集―』

（11）前掲（5）に同じ。

写真14　倒壊したままの橋脚
（馬入川橋梁）

参考文献

会田　進　一九八一「弥生時代住居址と集落」『橋原遺跡』　岡谷市教育委員会
明石　新　一九九〇「根坂間横穴墓群B支群」『平塚市埋蔵文化財シリーズ』一四
明石　新ほか　一九八五「豊田本郷」　豊田本郷遺跡発掘調査団
赤星直忠　一九六四「三浦海岸駅の周辺」三浦古文化第二号
赤星直忠　一九六四「神奈川県大磯町の横穴」『大磯町文化財調査報告書』第一集　大磯町教育委員会
赤星直忠　一九七三「諏訪脇横穴群（西部分）」『神奈川県埋蔵文化財調査報告』四　神奈川県教育委員会
赤星直忠　一九七四「神奈川県金子台遺跡」『横須賀考古学会調査報告』三
赤星直忠　一九七九「小竹横穴群」『神奈川県史』二〇　考古資料編
赤星直忠・大塚真弘　一九八二「横須賀市久里浜伝福寺裏遺跡の調査」　第六回神奈川県遺跡調査・研究発表会要旨
朝日新聞企画第一部編　一九八五『ドキュメント写真集日本大空襲』　原書房
甘粕　健　一九五七「横浜市市ヶ尾遺跡調査の概況」『私たちの考古学』　第三巻第四号
甘粕　健　一九八二「市ヶ尾古墳の発掘」『横浜市史』資料編二一　横浜市史編集室
池上　悟　一九八〇『横穴墓』考古学ライブラリー六
池上　悟　一九九四「横穴墓研究の現状」『立正大学文学部論叢』一〇〇号
池上　悟　一九九五「南関東における家形横穴墓」『王朝の考古学―大川清先生古稀記念論文集―』
石野博信　一九九〇「火災住居跡の課題」『日本原始・古代住居の研究』　吉川弘文館
岩田龍三・川崎義雄　一九六二「三鷹市大沢御塔坂の横穴」『若木考古』第六五号
上田　薫ほか　一九八六『代官山遺跡』神奈川県立埋蔵文化財センター調査報告一一
大坪宣雄　一九九三『東谷横穴墓群発掘調査報告書』　東谷横穴墓群発掘調査団
江坂輝也　一九八四『なすな原遺跡』　なすな原遺跡調査会
大川　清　一九五四「竪穴焼土考」『安房勝山田子台遺跡』　千葉県教育委員会
大塚　実　一九七三「竪穴住居址内に散乱する焼土について」『大谷遺跡』　滑川村教育委員会
岡田威夫ほか　一九八八『折本西原遺跡―I』　同遺跡調査団
岡本　勇　一九六三「堤貝塚」『茅ヶ崎市文化財資料集』二　茅ヶ崎市教育委員会

岡本　勇　一九七九『神奈川県史』考古編　神奈川県教育委員会
岡本　勇ほか　一九八〇『折本西原遺跡』横浜市埋蔵文化財調査委員会
岡本　勇ほか　一九八一『鴨居上ノ台遺跡』横須賀市文化財調査報告書第八集
岡本　勇ほか　一九九一『大塚遺跡―遺構編―』横浜市埋蔵文化財センター
岡本孝之ほか　一九八〇『新羽大竹遺跡』神奈川県埋蔵文化財調査報告一七
神沢勇一　一九六九「後谷原横穴群」『神奈川県立博物館調査報告』三
岸上興一郎ほか　一九八四「称名寺Ⅰ貝塚調査報告書」横浜市埋蔵文化財調査委員会
久保哲三ほか　一九七四「欠の上横穴群」『秦野下大槻』秦野の文化財第九・一〇集　秦野市教育委員会
甲野　勇　一九二九「万田貝殻坂遺跡」『史前学雑誌』第一巻第四号
小島弘義　一九七八「上ノ入B遺跡」『平塚市博物館資料』十三　平塚市博物館
小島弘義　一九八一『中原上宿　平塚海岸・伊勢原線新設工事に伴う発掘調査報告書』中原上宿遺跡調査団
小島弘義　一九八三「中原御殿D遺跡」中原御殿D遺跡発掘調査団
小島弘義　一九八六「四之宮高林寺Ⅲ」高林寺遺跡発掘調査団
小島弘義　一九八七「真土六ノ域遺跡Ⅱ」平塚市埋蔵文化財シリーズ三
小島弘義　一九八七「四之宮諏訪前A」平塚市埋蔵文化財調査報告書第四集
後藤喜八郎　一九九六『久本横穴墓群発掘調査報告書』久本横穴墓発掘調査団
後藤　靖編　一九八六『工場通覧』Ⅰ～Ⅷ　柏書房
後藤　靖・下谷政弘編　一九九二・一九九三『全国工場通覧』一～一三　柏書房
近藤英夫　一九八四『帷子峯遺跡』横浜新道三ツ沢ジャンクション遺跡調査会
斉藤　忠　一九八一『大北横穴群』伊豆長岡町教育委員会
佐野大和　一九四三「横浜市青ヶ台の石器時代遺跡」『古代文化』一四―七　日本古代文化学会
社団法人鉄道建設業協会　一九六七『日本鉄道請負業史　明治篇』
杉山幾一　一九八六『羽根尾堰ノ上遺跡』小田原市教育委員会
杉山博久　一九八四『大磯小学校遺跡発掘調査概報』
杉山博久　一九八七「愛宕山下横穴墓群」『大磯町文化財調査報告書』第二八集　大磯町教育委員会
鈴木一男　一九七六「大磯小学校遺跡」『大磯町文化財調査報告書』第一六集　大磯町教育委員会
鈴木一男　一九七九「平遺跡」『大磯町文化財調査報告書』第一八集　大磯町教育委員会

鈴木一男　一九八二「城山・北ノ端・中堰・坊地：大磯町における沖積段丘上の遺跡発掘調査報告書」『大磯町文化財調査報告書』第二三集　大磯町教育委員会
鈴木一男　一九八五「祇園塚遺跡」『大磯町埋蔵文化財発掘調査小報』第八集　大磯町教育委員会
鈴木一男　一九八五「城山遺跡Ⅱ」『大磯町文化財調査報告書』第二六集　大磯町教育委員会
鈴木一男　一九九二「北中尾横穴墓群」『大磯町文化財調査報告書』第三九集　大磯町教育委員会
鈴木敏弘　一九八一「集落構成の変化」『東京都板橋区成増一丁目遺跡発掘調査報告』同遺跡調査会
高山　純　一九七五『大磯・石神台配石遺構発掘調査報告書』大磯町教育委員会
立花　実　一九九五「三ノ宮・上粟原遺跡」『三ノ宮・下尾崎　三ノ宮・上粟原遺跡発掘調査報告書』伊勢原市文化財調査報告書第一七集　伊勢原市教育委員会
寺沢　薫　一九七九「火災住居覚書—大阪府観音寺山遺跡復元住居の火災によせて—」『青陵』四〇号
都出比呂志　一九七五「竪穴住居の周堤と壁体」『考古学研究』八六
東海大学考古学研究会　一九八四『王子台遺跡とその周辺』
東京大空襲・戦災誌編集委員会　一九七三『東京大空襲・戦災誌』第三巻
東京都江戸東京博物館　一九九五『東京大空襲—戦時下の市民生活—』財団法人江戸東京歴史財団
堂後下横穴墓群発掘調査団　一九九九『堂後下横穴墓群—運動公園建設に伴う埋蔵文化財発掘調査の記録—』
富永富士雄・大村浩司　一九八五「新湘南国道埋蔵文化財調査報告」新湘南国道埋蔵文化財調査会
中山伊佐男　一九九七『ルメイ・最後の空襲—米軍資料に見る富山大空襲—』
服部清道・寺田兼方　一九六四「西富貝塚発掘調査報告」『藤沢市文化財調査報告書』第一集　藤沢市教育委員会
〃　一九六八『大庭城山遺跡・遠藤貝塚調査速報』
日野一郎・杉山博久　一九七二『平台遺跡とその出土遺物』
三上次男　一九七二「諏訪脇横穴群（東部分）」『神奈川県埋蔵文化財調査報告』三　神奈川県教育委員会
水野信太郎編　一九九一『日本窯業史総説』第一巻
水野清一・小林行雄　一九五九『図解　考古学辞典』
水野正好　一九七四「雲雀山東尾根古墳群の群構造とその性格」『古代研究』四
水野正好　一九七五「群集墳の構造と性格」『古代史発掘』六
村田文夫　一九九二「火災住居からみた住居空間考（覚書）」『武蔵野の考古学』吉田格先生古稀記念論文集
山崎直方　一八八七「大磯駅近郊にある横穴塚穴の話」『東京人類学会雑誌』二〇

横須賀考古学会　一九五二「上宮田砂丘遺跡」横須賀考古学会報№四
横浜開港資料館　一九八五『日本の赤煉瓦』
吉田　格　一九六〇「横浜市称名寺貝塚」東京都武蔵野郷土館調査報告書第一冊
若林邦勝　一八八七「相模国淘綾郡大磯及び山西村横穴実見記」『東京人類学会雑誌』二二
渡辺一雄　一九八四「清戸迫横穴墓群の群構成とその背景」『標葉における横穴墓群の研究』

初出一覧

【縄文時代】

神奈川県大磯町における意匠把手二例　一九八五『史峰』第一四号

神奈川県大磯町大磯小学校遺跡出土の注口土器　一九八九『考古学雑誌』第七四巻第三号

神奈川県における砂層出土の縄文土器について　一九九〇『史峰』第一五号

【弥生時代】

大磯町馬場台遺跡出土の弥生土器について（共著）一九八五『神奈川考古』第二〇号

弥生時代焼失住居の一例　一九九八『列島の考古学Ⅰ』渡辺誠先生還暦記念論文集

【古墳時代】

墓道小考　一九九六『標葉文化論究―小野田禮常先生頌寿記念論集―』

神奈川県に於ける玄室平面横長の横穴墓について　二〇〇三『史峰』第三〇号

相模に於ける横穴墓壁面仕上げの一技法について　二〇〇六『考古学の諸相Ⅱ―坂詰秀一先生古稀記念論文集―』

神奈川県における横穴墓付帯施設としての組合せ式石棺の一例　二〇〇七『考古学の深層』瓦吹堅先生還暦記念論文集

所謂肋状仕上げの横穴墓について：類例の追加と課題　二〇〇九『地域と学史の考古学』杉山博久先生古稀記念論集　六一書房

【中　世】

低地における遺跡の実態―神奈川県大磯町の実例―　一九九四『史峰』第二〇号

神奈川県の十三塚　二〇〇五『歴史智の構想：歴史哲学者鯨岡勝成先生追悼論文集』

【近　現　代】

湘南地方における赤煉瓦・耐火煉瓦と産業考古学　一九九六『考古学の諸相Ⅰ―坂詰秀一先生還暦記念論文集―』

海内第一避暑地に於ける煉瓦構造物小攷（共著）二〇〇二『地域考古学の展開―村田文夫先生還暦記念論文集―』

湘南地方の戦争遺跡について（一）―遺跡から発見される焼夷弾―　二〇〇七　『列島の考古学Ⅱ』渡辺誠先生古稀記念論文集
湘南地方における煉瓦構造物について　二〇一〇　『芙蓉峰の考古学』池上悟先生還暦記念論文集
コンデルさんの足跡：赤星弥之助別荘の赤煉瓦（共著）　二〇一一　『栴檀林の考古学』大竹憲治先生還暦記念論文集
湘南に於ける煉瓦造鉄道橋梁について　二〇一三　『考古学の諸相Ⅲ―坂詰秀一先生喜寿記念論文集―』
煉瓦造の馬入川橋梁について　二〇一三　『史峰』第四一号

協力者一覧（敬称略、五十音順）

【個　人】
青木秀雄、明石　新、東　真江、池上　悟、池田　要、石川日出志、稲葉和也、上田　薫、上原正人、遠藤　仁、大竹憲治、大塚真弘、大槻直行、大村浩司、落合　裕、片倉和郎、金子祐正、瓦吹　堅、國見　徹、河野喜映、小瀬村昭、坂詰秀一、佐川和裕、末村光介、杉崎俊和、杉山浩平、杉山博久、須田弥生、田尾誠敏、高山　純、竹内愛純、立花　実、田中大輔、玉林美男、近野正幸、戸塚和美、中島　登、西海誠一、野本孝明、橋本勝雄、畠山恵子、早崎　薫、藤森輝信、堀　勇良、水野信太郎、村田文夫、矢沢邦治、矢野慎一、矢野　孝、矢納健志、山本輝久、渡辺　誠

【企　業】
㈲片倉ボートマリーナ、品川白煉瓦㈱、東海カーボン㈱、日本煉瓦製造㈱

【行政機関等】
伊勢原市教育委員会、大磯町教育委員会、大磯町郷土資料館、小田原市教育員会、神奈川県教育員会、鎌倉考古学研究所、鎌倉市教育委員会、茅ヶ崎市遺跡調査会、茅ヶ崎市教育委員会、秦野市教育委員会、平塚市遺跡調査会、平塚市教育委員会、平塚市博物館

あとがき

　本書は、私が大磯町教育委員会に奉職してから退職するまでの間に執筆した論文や資料紹介の中から抜粋し、加筆修正したものである。一九七五年（昭和五〇）夏、大学三年生であった私は、故池田彦三郎先生（元大磯町教育委員会教育長）の依頼を受け、母校である大磯小学校の体育館建設に伴う発掘調査に参加した。縄文時代後期の遺跡で、膨大な量の土器とともに配石遺構や甕被葬の人骨など興味深い遺構が発見されたが、これがきっかけとなって卒業後は大磯町教育委員会に奉職することとなった。

　しかし、私は最初から考古学の道を進もうと思ったわけではない。小学生の時は岩石や化石に夢中になった。中学時代は歴史は好きであったが、部活動の方に熱中し、高校時代は西洋史が加わったことでなぜか歴史全体が嫌いになってしまった。ところが、高校三年生のとき転機が訪れる。試験前で学校が半日だったある日、勉強もせず映画館に行った。確か「戦争と人間」だったと思うが、日中関係と太平洋戦争に至る経緯が実によく理解できた。翌日は日本史の試験で正にこの部分からの出題、しかも○×式ではなく、戦争に至った原因や理由などを求める記述式の問題であった。映画で見た場面が思い出され、すらすらと回答できたため、成績は一番、皆の前で褒められた。先生からは「やればできる」といわれてその気になり、本当は好きだった料理の道に進む予定だったのを急きょ方向転換して大学進学を目指した。

　運よく立正大学文学部史学科に入ったが、右も左もわからず、麻雀やパチンコの毎日、夏休みや冬休みは大磯ロングビーチやゴルフコースのクラブハウスで調理師見習いのアルバイトに精を出す始末。それでも、二年生から三年生に無事進級。当時は、一、二年生は通学圏によって大崎と熊谷の校舎に分かれており、三年生になると大崎校舎で合流する形であった。その時点で何を専攻するかを決めなければならなかった。当初、日本史を考えたが、なぜか考古学を選んだ。熊谷校舎から来た学生は、皆まじめで驚いた。その中には、生涯の友となる、大竹憲治氏や佐藤訓敏氏（故人）、青木秀雄氏のほか、鵜飼幸雄氏、内田祐治氏、井口直司氏などもいた。皆、入学以前から考古学に情熱をもっており、あらゆる知識において、私とは月とスッポンであった。

　そうした環境の中、とにかく追いつかなければと、神田の古本屋で専門書を漁ったり、発掘現場に行ったりする毎日が続いた。その一方で、同じ下宿だった大竹・佐藤両氏には、考古学の基礎から教わることが多かった。マイナスからの出発であったが、一番勉強した時期だと思う。

　やがて四年生になり、卒業論文のテーマを決めた。冒頭に記した大磯小学校遺跡の縄文土器が気になり、「神奈川県西部の縄文時代後期の土器様相」を書こうと思った。指導教官は久保常晴先生で、丁寧にご指導いただいた。就職の面接と口答試問が重なり、無理を言って日程をずらしていただいたこともあった。

大磯町教育委員会では、平板や水平器といった測量器具もそろっていない、文字通りゼロからのスタートであったが、故池田彦三郎先生や故鈴木 昇氏（元大磯町収入役）、故飯田善雄氏（元大磯町教育委員）など地元の郷土史家の方々はもとより、小田原の杉山博久先生の暖かいご指導、ご支援のお陰で、二〇〇箇所以上の遺跡の発掘調査に携ることができた。

大学時代には接点の少なかった坂詰秀一先生（立正大学名誉教授）には、教育委員会に奉職した時から終始気にかけていただき、細かなところまでご指導を賜り、現在に至る。本書巻頭のお言葉も頂戴し、感謝に堪えない。また、池上 悟先生（立正大学教授）にも、何年にもわたり横穴墓群の詳細分布調査を実施していただいたり、町史の執筆をお願いしたりと、本当にお世話になった。

隣接する二宮町在住の高山純先生（帝塚山大学名誉教授）にも学生時代からたびたびお世話になり、また渡辺 誠先生（名古屋大学名誉教授）には、帰郷や上京の際にわざわざ発掘現場にお立ち寄りいただき、有意義なご指導も賜った。感謝の気持ちで一杯である。

大磯町での発掘調査において、当時学生であった井上洋一氏や大村浩司氏、上原正人氏など多くの方々が、現在、国の機関や地方自治体の職員として全国で活躍なさっている。彼らから「大磯は良かった、勉強になった」との声を耳にするたび、うれしいやら恥ずかしいやら、私の大きな財産として誇らしく思うところである。

在職中は、発掘調査はもとより、図書館の建設、郷土資料館の建設等、貴重な体験をし、郷土資料館長や福祉課長、教育次長、総務部長、首席理事、監査委員事務局長など、職務を全うできた。お世話になったすべての方々に感謝申し上げたい。

本書の刊行にあたっては、六一書房の八木環一会長、編集をしていただいた三陽社の若槻真美子氏、表紙写真を提供していただいた大磯町郷土資料館および國見 徹氏に大変お世話になった。厚くお礼申し上げる。

母、恵子は本書の出版を待たず六月二九日に逝ってしまった。厳しくもやさしかった母の霊前に本書を捧げたい。

最後に、三人の子育てのかたわら私の両親の介護をもこなし、三八年間の私の行政の職と研究とを支え見守ってくれた妻、繁子に心から感謝し、上梓できた喜びを分かち合いたい。

本書が次代を担う考古学研究や郷土史研究の学徒にとって、多少なりともお役に立てれば、望外の幸せである。

二〇一四年一〇月　大磯にて

鈴木一男

著者紹介

鈴木一男（すずき　かずお）

1953年　神奈川県大磯町生まれ

1976年　立正大学文学部史学科考古学専攻卒業

大磯町教育委員会、郷土資料館長・福祉課長・教育次長・総務部長・首席理事等を歴任

現在、大磯町郷土資料館勤務

主要論文

「西相模におけるミニチュア土器について」『史峰』第14号　新進考古学同人会　1989年

「石神台」『大磯町文化財調査報告書』第35集　大磯町教育委員会　1992年

「北中尾横穴墓群」『大磯町文化財調査報告書』第39集　大磯町教育委員会　1993年

「神奈川県大磯町神明前遺跡の煉瓦遺構」『史峰』第19号　新進考古学同人会　1993年

「大磯町における遺跡発掘調査の記録～先人たちの偉業を振り返る～」『大磯町史研究』第4号　大磯町　1995年

「大磯町の横穴墓—詳細分布調査の成果と課題—」『考古論叢神奈河』第五集　神奈川県考古学会　共著　1996年

「第2章　研究史、第11章 近現代」『大磯町史』10　別編考古　大磯町　2007年

湘南の考古学

2014年11月15日　初版発行

著　者　鈴木　一男

発行者　八木　環一

発行所　株式会社　六一書房

〒101-0051　東京都千代田区神田神保町2-2-22

TEL　03-5213-6161　　FAX　03-5213-6160

http://www.book61.co.jp　　E-mail info@book61.co.jp

振替　00160-7-35346

印　刷　株式会社　三陽社

ISBN 978-4-86445-050-8 C3021